ADMINISTRATION DES DOMAINES

DIRECTION DE ROUEN

INSTANCES DE LA BAIE DE SEINE

(ATTERRISSEMENTS MARITIMES)

Etat ancien et Caractère maritime de la Baie
Législation
Jurisprudence
Nature du droit à l'alluvion
Décisions diverses

IMPRIMERIE DU JOURNAL LE HAVRE (L. MURER, Imprimeur)
35, Rue Fontenelle, 35

1890

ADMINISTRATION DES DOMAINES

DIRECTION DE ROUEN

INSTANCES DE LA BAIE DE SEINE

(ATTERRISSEMENTS MARITIMES)

Etat ancien et Caractère maritime de la Baie

Législation

Jurisprudence

Nature du droit à l'alluvion

Décisions diverses

IMPRIMERIE DU JOURNAL LE HAVRE (L. MURER, Imprimeur)
35, Rue Fontenelle, 35

1890

Etat ancien de la Baie de Seine

Généralités

La baie de Seine constitue, entre le port du Havre et le cap du Hode, au Nord, Honfleur et Berville-sur-Mer, au Sud, un estuaire dont la largeur varie entre 5,000 et 9,000 mètres.

Depuis un certain nombre d'années, une masse considérable de bancs s'est formée dans la partie Nord de la baie, depuis la pointe du Hoc jusqu'au cap du Hode, sur une largeur de plus de 2 kilomètres.

La partie de ces bancs la plus voisine de la terre, quoique visitée périodiquement par les marées de vives-eaux, s'est couverte de végétation sur une très grande largeur.

La propriété de ces terrains a été souvent l'objet de contestations, soit entre les riverains de la baie, soit entre ceux-ci et les Communes ou l'Etat.

Ces discussions ont donné lieu à des décisions judiciaires souvent contradictoires entre-elles, par le motif que la ligne séparative du domaine public maritime et du domaine public fluvial, à l'embouchure de la Seine, n'ayant pas été fixée par l'autorité administrative, seule compétente pour la déterminer, les tribunaux manquaient d'une base fixe pour donner aux terrains en litige le caractère de lais de mer, dont la loi attribue la propriété à l'Etat, ou celui d'alluvions fluviales qui sont la propriété des riverains lorsqu'elles se sont formées dans les conditions constitutives de l'alluvion, c'est-à-dire successivement et imperceptiblement et par l'œuvre seule de la nature. — Les atterrissements créés et retranchés du lit du fleuve par l'effet de travaux d'art appartenant à l'État.

Un décret du 24 février 1869 est venu mettre un terme à cette incertitude, en fixant « les limites entre la mer et la Seine, à l'embouchure du fleuve, par

» une ligne partant du cap du Hode, sur la rive droite, et aboutissant, sur la » rive gauche, au point où la digue projetée rejoint la côte en aval de Berville. » *(Voir le volume des titres et documents).*

Ce décret reconnaît donc que tout le littoral des communes de Graville-Ste-Honorine, Gonfreville-l'Orcher, Rogerville, Oudalle, Sandouville et St-Vigor, situé en aval du cap du Hode, constitue une dépendance du rivage de la mer.

Le 30 mars 1873, il a été procédé à la délimitation du rivage de la mer dans la partie reconnue maritime de la baie, c'est-à-dire depuis le cap du Hode jusqu'à la pointe du Hoc, sur la rive Nord. Cette délimitation a été sanctionnée par un décret du 9 juin 1877 *(voir le volume des documents)* qui, sur un recours formé par les riverains, a été annulé par une décision du Conseil d'État en date du 10 mars 1882 *(voir le volume des documents)*, par le motif que la marée du 30 mars 1873 aurait été influencée par des circonstances météorologiques anormales. La même décision a, au contraire, maintenu définitivement la délimitation du 24 février 1869 « comme n'ayant pas étendu le domaine public » maritime au-delà de ses limites naturelles. »

L'annulation de la délimitation latérale de 1877 n'a d'autre effet que de rendre indécise la question de savoir si les terrains d'origine alluvionnaire qui s'étendent en aval du Hode, continuent à dépendre en *totalité du domaine public maritime*, ou si une zône quelconque se trouve définitivement asséchée et est entrée dans le domaine de l'État *à titre de lais de mer*.

Assignation donnée à l'Etat par MM. Quertier et cinq autres propriétaires, du 14 mars 1883.

Lors des expropriations, pour la construction du canal de Tancarville qui traverse les terrains dont il s'agit du Sud-Ouest au Nord-Est, six propriétaires riverains de la baie de Seine (MM. Quertier, Bobée, de Bernis, de Mortemart, de Bois-Hébert et Pinguet), auxquels il n'a pas été offert d'indemnité de la part de l'Administration, ont actionné l'État devant le Tribunal civil du Havre, pour :

Voir dire et juger que les demandeurs sont en possession et jouissance régulières et immémoriales et qu'ils sont, d'ailleurs, propriétaires des marais et de leurs dépendances alluvionnaires, situés communes de Gonfreville-l'Orcher et de Rogerville, bornés dans leur ensemble à l'Ouest, par la rivière la Lézarde, au Nord, par d'autres immeubles leur appartenant et le chemin de grande communication n° 81, à l'Est par les marais d'Oudalle et au Sud, par le courant ou chenal de la Seine.

Assignation donnée par l'Etat à la commune de Gonfreville, du 28 avril 1883.

D'un autre côté, et par exploit du 28 avril 1883, l'État fit assigner devant le même Tribunal la commune de Gonfreville, autre propriétaire riverain, pour :

Voir dire et juger que la commune de Gonfreville-l'Orcher n'a le droit de propriété que : 1° sur la portion de marais cédée à ses habitants par un acte transactionnel du 6 février 1613 ; et 2° sur les terrains qui se trouvaient asséchés lors de la publication de la loi du 1er décembre 1790 ; dire à bon droit la revendication de l'État pour le surplus. Dire et juger, en conséquence, qu'à l'Etat appartiennent : 1° toute la portion de marais enclose en 1853, comprise entre la chapelle St-Diguefort à l'Ouest, l'extrémité de la dite renclôture à l'Est et la même renclôture au midi ; 2° toutes les portions de cette même renclôture qui faisaient encore partie du domaine public en 1853 ; 3° toute l'enclôture créée en 1879 et qui contient 15 hectares ; et 4° tous les terrains alluvionnaires non enclos qui s'étendent au Sud de la digue construite en 1869 et aussi au Sud du chemin n° 81, depuis le point où finit l'enclôture de 1853, à l'Ouest, jusqu'au point, à l'Est, où finissent les terrains alluvionnaires dont la commune de Gonfreville s'est mise en possession. Voir dire et juger que c'est à tort et sans droit que la commune a vendu à son profit, depuis 1869, les herbes excrues sur les terrains ci-dessus ; s'entendre condamner la dite commune à restituer à l'Etat la somme de 223,371 francs, montant des ventes d'herbes par elle encaissées de 1869 à 1882 inclusivement, sauf déduction de la part afférente à la petite parcelle formant l'ancien marais à elle concédé par l'acte du 16 février 1613, et s'entendre condamner aux intérêts de droit de la dite somme et aux dépens.

L'instance Quertier n'a pas eu de suite, le terrain litigieux ayant été concédé à ce riverain, moyennant le paiement de sa valeur intégrale, par acte administratif du 20 avril 1889 approuvé par décret du 15 juin suivant.

L'État a contesté le bien fondé des actions intentées par MM. Bobée, de Bernis, de Mortemart, de Bois-Hébert et Pinguet, en ce qui concerne d'abord les parties de terrains couvertes périodiquement par le grand flot de mars, qui devaient être considérées comme des dépendances du rivage de la mer imprescriptibles et inaliénables et ensuite les parties de ces mêmes terrains constituant les lais et relais que la mer aurait définitivement abandonnés, mais qui seraient possédés depuis moins de trente ans par les riverains.

Le Tribunal n'ayant pas admis les demandes de ces cinq propriétaires et ayant fait droit, pour partie, aux prétentions de l'État contre la commune de Gonfreville-l'Orcher, MM. Bobée, de Bernis, de Mortemart, de Bois-Hébert et Pinguet et la commune de Gonfreville, ont relevé appel des jugements rendus le 17 janvier 1884 *(voir infrà)*.

Arrêts de la Cour de Rouen, du 29 juillet 1885.

A la date du 29 juillet 1885, la Cour de Rouen a rendu six arrêts portant que les appelants n'ont pas de droit acquis sur les terrains en litige en vertu d'actes de concessions antérieurs à l'ordonnance de Moulins de 1566 *(voir cette ordonnance infrà)*, et que, pour la solution des difficultés pendantes, il y a lieu de renvoyer les parties à se pourvoir au préalable devant l'autorité compétente pour faire déterminer la limite du rivage de la mer au droit des terrains contestés *(voir ces arrêts infrà)*.

L'opération demandée par la Cour a produit tous ses effets, en ce qui concerne les terrains situés au Sud du canal de Tancarville. Mais il n'en est pas de même pour la partie comprise entre les digues de ce canal et la laisse des eaux de 1873, qui se trouve définitivement soustraite par ces digues à l'action des marées.

Conséquence du décret de délimitation

Comme on vient de le voir, l'Administration des Domaines ne peut plus arguer de la présence du flot de mars pour prouver la domanialité *publique*, dans le présent de la zône d'alluvions sise au Nord du canal de Tancarville ; mais il lui est facile de démontrer que les terrains situés en arrière des digues du canal constituent des *lais de mer* appartenant à l'État, comme ayant été abandonnés par la mer depuis une époque trop peu ancienne pour que les riverains aient pu les acquérir par prescription.

C'est ce qui sera établi plus loin.

I. — Terrains au Sud du canal de Tancarville

Par un arrêté du 9 décembre 1885 *(voir le volume des documents)*, M. le Préfet de la Seine-Inférieure a institué une commission, à l'effet de procéder à la délimitation du rivage de la mer, dans la baie de Seine, à partir et en aval de la limite transversale déterminée par le décret du 24 février 1869, depuis le cap du Hode jusqu'à la pointe du Hoc, dans le département de la Seine-Inférieure.

Les opérations confiées à cette commission ont eu lieu le 21 mars 1886, et il résulte du procès-verbal dressé à cette date, et des plans annexés (voir 1re partie, page 377), que : *depuis le Hoc jusqu'au canal de Tancarville*, la mer est venue battre le pied de la digue Quertier, section F, n° 9, a recouvert entièrement la Crique d'Espagne (F. n° 8), puis s'est écartée de la ligne de délimitation de 1877, en venant baigner le pied d'une autre digue construite le long de la Lézarde par les héritiers Bobée en 1875, c'est-à-dire postérieurement aux reconnaissances qu'avaient servi de base au décret du 9 juin 1877, *et que le long du canal de Tancarville*, les eaux ont complètement recouvert les terrains au Sud, jusque contre les dépôts des déblais du canal.

Dans le même procès-verbal, il est constaté que le temps était très calme et que l'état de l'atmosphère ne pouvait avoir aucune influence perturbatrice sur la marée.

Aucune protestation n'a eu lieu lors de l'enquête de commodo et incommodo *(voir le volume des documents)*. Les opérations de délimination ont été sanctionnées par un décret du 13 juillet 1887, dûment publié, et devenu définitif *(voir le volume des documents)*. Les terrains situés en dehors des digues Bobée et les atterrissements au Sud du canal de Tancarville, délimités par une ligne rouge sur le plan annexé audit décret, constituent donc des dépendances du domaine public maritime imprescriptible et inaliénable, et les actes de possession ou de propriété invoqués par les riverains ne peuvent, en conséquence, être opposés à l'État, gardien des choses du domaine public, et ne sauraient, s'ils étaient prouvés, servir de fondement à la prescription au préjudice de ce domaine.

II. — Terrains au Nord du Canal

Avant d'énumérer les plans et documents anciens qui doivent servir à démontrer qu'à diverses dates antérieures et, notamment, depuis moins de trente ans, cette zône de terrains, aujourd'hui à l'état de lais de mer, dépendait du domaine public, il est utile de rappeler que la commission de délimitation qui a procédé le 21 mars 1886, a constaté dans son procès-verbal du même jour, que le niveau atteint par la pleine mer a été de 8^{m}66 au-dessus du zéro des cartes marines, sauf vers la pointe du Hode où il a varié entre 8^{m}35 et 8^{m}50 ; que la hauteur de la marée, au moment du plein, enregistrée par le marégraphe de la marine, a été de 8^{m}21 ; que le marémètre de la Chambre de Commerce indiquait, au même moment, la cote 8^{m}15, et que la cote de la marée, à l'annuaire de M. Gaussin, était de 8^{m}10 *(voir le volume des documents)*.

Ces différences dans les hauteurs sont nettement expliquées dans une lettre de M. l'Ingénieur ordinaire Widmer, adressée à M. Champy, Sous-Inspecteur des Domaines, le 20 décembre 1888, et dans une note de M. Quinette de Rochemont, en date du 4 janvier 1889. Ces lettre et note sont ainsi conçues :

Lettre de M. Widmer, Ingénieur ordinaire, du 20 décembre 1888.

Monsieur,

J'ai l'honneur de confirmer les explications que je vous ai données hier soir verbalement.

Le procès-verbal de la Commission de délimitation de 1886, porte que la cote de la marée du 21 mars, d'après l'annuaire de M. Gaussin, était de 8^{m}10, et que le marémètre de la Chambre de Commerce indiquait la cote 8^{m}15. Cette différence (0^{m}05) est plus apparente que réelle. En effet, les hauteurs de la marée sont indiquées, dans l'annuaire, *en décimètres et demi-décimètres* et l'on ne tient pas compte des centimètres. Ainsi *81* représente 81 décimètres ou 8^{m}10 et *81.* représente 81 décimètres et demi ou 8^{m}15. Mais en même temps, comme les centimètres ne sont pas indiqués, *81* représente aussi bien 8^{m}11, 8^{m}12, 8^{m}13 ou 8^{m}14 que 8^{m}10. Ainsi la cote exacte de la marée du 21 mars 1886 a pu être 8^{m}14 aussi bien que 8^{m}10 et, par conséquent, ne différer que d'un centimètre avec celle qu'on a observée au marémètre.

D'un autre côté, les cotes inscrites à l'annuaire ne sont calculées que pour Le Havre et elles ne sont nullement applicables aux divers points de l'estuaire. La pleine mer atteint toujours une cote plus élevée au Hoc, à Harfleur, au Hode, à Tancarville qu'au Havre. Je vous communique deux documents que je retrouve dans mes papiers et qui n'ont pas été faits pour les besoins de la cause, et qui établissent très nettement ce que j'avance. Le premier est un profil en long de la Seine. Prenez sur ce dessin la ligne pointillée bleue, sur laquelle on a inscrit : *Haute mer de coefficient 100.* Vous y voyez que le niveau de la pleine mer s'élève quand on remonte du Havre jusqu'au delà de Quillebeuf, et que la différence des niveaux est d'autant plus accusée que le coefficient de la marée est plus fort.

Un second document est un ensemble de courbes de marées relevées à Tancarville ; ces courbes sont tracées en bleu, j'y ai fait rapporter en noir les courbes des mêmes marées du Havre. On voit que la mer monte toujours plus haut à Tancarville qu'au Havre. Il en est de même du Hoc au Hode, cela tient à la configuration de l'estuaire.

Veuillez agréer, etc.

Signé : Maurice WIDMER.

NOTE

Le Havre, le 4 janvier 1889.

Note de M. Quinette de Rochemont, du 4 janvier 1889.

A. — Le zéro du marégraphe ne correspond pas au zéro des cartes marines, niveau à partir duquel sont comptées les hauteurs des marées, mais il se trouve 0m10 plus bas. La cote observée au marégraphe 8m21 donne donc une hauteur de 8m11 pour la marée, ne différant de la cote prévue que de 0m01.

Voir l'observation des anciens annuaires, notamment celui de 1861, page 189. En replaçant l'échelle du nouveau marégraphe, M. Quinette a eu grand soin de conserver cette différence de 0m10 pour rendre les anciennes et nouvelles observations du marégraphe comparables.

B. — Le zéro des cartes marines de Honfleur à partir duquel on compte les ascensions de marée se trouve à 0m126 au-dessus du zéro des cartes du Havre.

C. — La brochure de M. Quinette indique pour la différence de niveau des pleines mers entre Le Havre et Tancarville en vives-eaux, 0m40. *Cette quantité est la moyenne des différences de niveau pour toutes les vives-eaux* ; elle est supérieure à la différence constatée en faibles vives-eaux et moindre que celle existant en grandes vives-eaux. Elle se rapporte à une vive-eau dont le coefficient serait d'environ 100.

D. — La différence de hauteur d'eau entre Le Havre et les divers points de l'embouchure à pleine mer est donnée pour une période de 5 mois 1/2 sur le tableau remis à M. le Président du Tribunal civil. Cette différence varie suivant l'amplitude de la marée, elle atteint jusqu'à un mètre à un certain jour ; ce tableau montre qu'en grandes vives-eaux, comme celle où se fait la délimitation, la différence de niveau de pleine mer au Havre et à la Rille dépasse fréquemment 0^m50.

Observations anciennes de MM. PARTIOT, COMOR, etc.

	LE HAVRE	LE HODE	TANCARVILLE
27 Juin 1854	98.30	97.98	98.27
4 Janvier 1855	98.33	97.94	97.95
5 Mars 1855	97.85	97.36	97.36
21 Mai 1856	98.36	97.65	97.70
18 Août 1856	97.42	97.09	96.95
9 Mars 1860	97.54	96.75	96.89

Pour rendre les résultats qui précèdent, faciles à comprendre, nous donnons la différence de hauteur des pleines mers entre Le Havre et Le Hode, aux marées qui sont indiquées ci-dessus :

27 Juin 1854 .... 0^m32
4 Janvier 1855 .... 0^m39
5 Mars 1855 .... 0^m49
21 Mai 1856 .... 0^m71
18 Août 1856 .... 0^m33
9 Mars 1860 .... 0^m79

L'Ingénieur en Chef,

Signé : QUINETTE DE ROCHEMONT.

Cette surélévation de la marée au fur et à mesure qu'elle s'engage dans la baie, se trouve, du reste, expliquée et constatée dans un rapport de M. l'Ingénieur en Chef Emmery, en date du 19 avril 1860, « sur les phénomènes qui » accompagnent la formation et la propagation de la Barre dans la Basse-Seine, » et sur les moyens proposés pour y remédier », et dans un autre rapport » sur les améliorations dont sont encore susceptibles la Seine maritime et son » estuaire » présenté le 3 janvier 1881, à M. le Maire de Rouen, par M. Vauthier, ingénieur des Ponts-et-Chaussées.

Dans le premier de ces rapports, on lit, page 5 :

Rapport de M. l'Ingénieur Emmery, du 19 avril 1860.

Il est admis, en pareil cas, que la marée doit atteindre une exagération de hauteur due à cette forme convergente des deux rives. *Et, en effet, il est d'observation constante que les pleines mers montent d'un mètre plus haut à Tancarville qu'au Havre, et, celle du 9 mars (1860), en particulier, a accusé sous ce rapport, une différence de 0m71 avec le Hode.*

Dans celui de M. Vauthier, il est dit, page 41 :

Rapport de M. Vauthier, Ingénieur, du 3 janvier 1881.

En examinant ce profil, on est frappé du surhaussement fortement accusé qui se manifeste dans le plan des hautes mers, en la Risle et Villequier. Ce surhaussement a porté, le 20 septembre 1880, les eaux jusqu'à 0m 74 au-dessus du niveau de la haute mer au Havre, et le profil officiel de 1875 indique, pour les vives-eaux ordinaires, une proéminence analogue, quoique moins accentuée. Un tel relèvement du niveau refoulé par rapport aux eaux du large n'a rien en soi d'anormal. Il se produit dans tous les fleuves à marées et l'on pourrait presque dire qu'il en manifeste le bon fonctionnement.

Il s'ensuit donc que le rehaussement maximum de 0m56, constaté le 21 mars 1886, n'a rien d'exagéré.

Nivellement au Nord du Canal.

Depuis cette délimitation, il a été procédé, par le service des Ponts-et-Chaussées, à un nivellement sur les terrains revendiqués par l'Etat tant au Nord du canal de Tancarville qu'en deça de la digue construite en 1875 par les héritiers Bobée. Ces opérations ont donné des résultats très favorables à la défense de l'Etat ainsi qu'on peut s'en rendre compte par le tableau ci-après :

TERRAINS REVENDIQUÉS par l'ETAT contre les PROPRIÉTAIRES ci-après	HAUTEUR DE L'EAU le 21 Mars 1886	MAXIMUM DE COTE sur les terrains	OBSERVATIONS
Bobée	8.66	8.30	Les cotes supérieures figurant sur le plan ont été relevées sur le sommet des digues ou sur le chemin de grande communication n° 81.
De Bernis	8.66	8.52	
Commune de Gonfreville	8.66	8.60	
De Mortemart	8.66	8.30	
De Bois-Hébert	8.66	8.32	
Pinguet	8.66	8.47	
Veuve Diguet et Gelée	8.66	8.20	Une cote de 8.79 a été relevée au pied du chemin 81.
Lemoine et Fouache	8.66	8.20	
Leberquier	8.66	8.20	
Veuve Duchemin	8.66	8.20	
Héritiers Martin	8.66	8.20	
Périer	8.66	8.20	
Commune de Sandouville	8.65	8.53	
Lecordier	8.65	8.63	
Bréauté	8.65	8.63	
Veuve Lequesne	8.65	8.63	
Veuve Bréard	8.50	8.50	
Delaunay	8.50	8.50	
Morise	8.35 et 8.40	8.30	

Il résulte donc de ce nivellement que, si les digues du canal n'avaient pas existé, la zone nord des atterrissements aurait été couverte par la marée du 21 mars 1886 jusqu'à la laisse de haute mer du 30 mars 1873, ou, tout au moins, jusqu'au pied des talus de remblais du chemin de grande communication, n° 81. De même, en ce qui concerne les héritiers Bobée, le flot se serait étendu jusqu'aux terrains endigués en 1828, s'il n'avait été arrêté pour partie par la digue de 1875 et, pour le surplus, par la digue du canal. La marée aurait également couvert toute la zone endiguée par la commune de Gonfreville-l'Orcher en 1869, si l'eau n'avait été arrêtée par aucune digue.

Ces opérations de délimitation et de nivellement sont, du reste, rappelées dans un rapport de M. Widmer, ingénieur des Ponts-et-Chaussées, en date du 4 juin 1886, sur la comparaison de l'état actuel avec l'état ancien de la baie de Seine ; lequel rapport, approuvé par M. Quinette de Rochemont, ingénieur en chef, le 5 juin suivant, est conçu comme suit :

Rapport de M. Widmer, Ingénieur, du 4 juin 1886.

DÉLIMITATION DU RIVAGE DE LA MER DANS LA BAIE DE SEINE

Comparaison de l'état actuel et de l'état ancien

RAPPORT DE L'INGÉNIEUR ORDINAIRE

Un décret du 24 février 1869 (*voir le volume des documents*) a fixé la limite de la Seine et de la mer suivant une ligne joignant le cap du Hode (rive droite) à l'abbaye de Grestain (rive gauche). En 1873, une Commission a été chargée de rechercher dans l'estuaire de la Seine, en aval de cette ligne, les limites séparatives du domaine public maritime et des propriétés privées. Cette Commission a procédé à cette opération à la pleine mer du 30 mars 1873, et un décret du 9 juin 1877 (*voir le volume des documents*) a fixé ces limites suivant les lignes relevées par elle. Ce décret a été annulé par le Conseil d'Etat, en 1882 (*voir le volume des documents*) parce que la marée du 30 mars 1873 avait été influencée par des circonstances météorologiques défavorables aux riverains. La délimitation longitudinale a dû, en conséquence, être recommencée. Une nouvelle Commission, nommée par M. le Préfet de la Seine-Inférieure, a procédé le

21 mars dernier (*voir le volume des documents*) à une opération analogue à celle de 1873 ; elle a pris soin de constater, et le fait a été reconnu par divers riverains présents sur les lieux, que la marée de ce jour n'était influencée par aucune circonstance extraordinaire, et que, par conséquent, elle pouvait légitimement être considérée comme le « grand flot de mars » dont l'extension, aux termes de l'ordonnance de 1681, détermine le rivage de la mer. Un décret va être très prochainement rendu sur les propositions de la Commission et il n'y aucune raison de penser qu'il puisse être déféré au Conseil d'Etat pour excès de pouvoir.

Ce document va donc constater la limite du domaine public maritime sur la rive Nord de l'estuaire de la Seine, en 1886.

Or, la situation de cette rive Nord est profondément différente de celle de 1873 ; une digue, longeant la rive droite de la Lézarde, a été construite en 1875 par M. Bobée, brasseur à Montivilliers, pour mettre à l'abri des grandes marées une certaine étendue de prairies qu'avait couverte le grand flot de mars en 1873, et qu'il considérait comme sa propriété.

En 1881-1882, le service des Ponts-et-Chaussées a commencé la construction du canal de Tancarville et pour en faciliter le creusement, il a fait élever entre la Lézarde et Tancarville une digue insubmersible, afin d'empêcher les grandes marées d'envahir le chantier.

Ces deux faits suffiraient à eux seuls à établir que les terrains situés au-delà de ces digues et enclos par elles étaient de temps en temps couverts par les eaux de la mer ; que, par conséquent, les opérations du 21 mars 1886 ont été faussées par des obstacles artificiels, et que la ligne relevée par la Commission de délimitation aurait compris dans le rivage de la mer une étendue de terrain beaucoup plus considérable, si ces digues n'avaient pas existé. Il résulte de là que l'on a transformé artificiellement en lais de mer des terrains qui feraient partie du domaine public maritime, et qu'à défaut de titres contraires, il existe au delà de ces digues des terrains qui doivent appartenir à l'Etat.

La limite de ces lais de mer peut-être établie par un nivellement : le 21 mars 1886, la Commission a pris soin d'observer en plusieurs points la hauteur atteinte par la pleine mer ; les cotes qu'elle a relevées ont été inscrites sur le plan où est figurée la limite de la pleine mer de ce jour. D'autre part, nous avons fait rechercher le niveau du sol situé au-delà du canal de Tancarville et de la digue construite en 1875 par M. Bobée, et même de deux parcelles encloses en 1853 et 1868 par la commune de Gonfreville-l'Orcher. Il résulte de cette opération (*voir suprà, page 11*) que si l'on trace des lignes perpendiculaires au canal et à la digue de M. Bobée, la hauteur de la marée du 21 mars 1886, sur l'une quelconque de ces lignes, est égale ou supérieure à la cote maxima du terrain correspondant à cette même ligne. Il en résulte encore que, si les digues du canal, celle de M. Bobée et celles de la commune de Gonfreville-l'Orcher n'eussent pas existé, le grand flot de mars observé par la Commission de 1886 aurait recouvert non-seulement les terrains que le décret du 9 juin 1877 avait englobés dans le domaine public maritime, mais encore les parcelles encloses en 1853 et 1868 par la commune de Gonfreville-l'Orcher.

Or, les décrets de délimitation n'ont pas pour objet de faire entrer dans le domaine public telles ou telles portions de terrain, ce sont de simples constatations, ainsi qu'il résulte du texte même du décret du 21 février 1852 (*voir infrà*), dont l'art. 2 commence en ces termes :

« Les limites de la mer seront déterminées par des décrets du Président de la République rendus sous la forme de règlements d'administration publique... »

Ces décrets, qui réservent les droits des tiers, n'ont pas non plus pour objet de trancher des questions de propriété.

Il résulte de là que la ligne brisée relevée par la Commission de délimitation représente bien les limites du rivage de la mer en mars 1886 ; mais il en résulte aussi que si des obstacles artificiels ont empêché le rivage de la mer de s'étendre plus loin, ces obstacles ne peuvent avoir pour effet de faire trancher des questions de propriété, réserve faite toutefois de la prescription trentenaire. Par conséquent, s'il est démontré par un nivellement que certains obstacles artificiels, créés par l'Etat ou par des particuliers depuis moins de trente ans (1), ont empêché le grand flot de mars de couvrir certains terrains, il est établi par là que ces terrains-là sont des lais de mer appartenant à l'Etat, à moins qu'il n'en soit disposé autrement par des titres valables de propriété.

Ces titres ont été produits devant les Tribunaux par les riverains de la baie de Seine ; ils sont contestés par l'administration des Domaines ; nous n'avons pas mission de les discuter.

Comme on vient de le voir, les nivellements faits récemment, permettent de déterminer l'étendue des conséquences que l'Etat peut tirer des observations faites le

(1) La prescription trentenaire qui aurait pu atteindre la parcelle enclose en 1853 par la commune de Gonfreville-l'Orcher a été interrompue en 1883 par une action que le Domaine a intenté à cette commune devant le Tribunal civil du Havre.

21 mars 1886. Les documents antérieurs que nous avons entre les mains confirment ces conclusions. Les seules pièces dignes de foi que nous possédions sont les cartes dressées, depuis 1834, par les Ingénieurs hydrographes de la marine. En 1834, M. Beautemps-Beaupré a reconnu qu'il existait en face d'Harfleur, de Gonfreville-l'Orcher, de Rogerville, un banc soudé à la côte en divers points, et émergeant au-dessus des basses mers; mais la cote la plus élevée qui soit portée sur la carte est de 14 pieds, soit 4^m 55 au-dessus du zéro des cartes ; il résulte de là que ces terrains étaient en voie de formation et qu'ils étaient toujours recouvert par la mer aux nouvelles et pleines lunes, à fortiori, par le grand flot de mars dont la cote a été trouvée variable entre 8^m66 et 8^m35.

En 1866, on a pris quelques indications sur la hauteur du même banc ; mais, sauf vers le Hode, on n'a pas poussé les profils jusqu'à la côte. Au Hode, les points les plus élevés sont côtés 4^m90 ; ils étaient donc encore inférieurs aux niveaux des marées de vive-eau.

En 1869, le point le plus rapproché de terre dont on ait pris le niveau (7^m40) est à un kilomètre au moins des terrains endigués situés en face d'Harfleur.

En 1875, douze profils ont été levés par les soins de M. Estignard entre la Lézarde et le Hode. Sauf deux points cotés 8^m80, on ne trouve pas de cotes supérieures à 8^m30.

En 1880, les points les plus hauts ont été trouvés à la cote 8^m30, sauf trois points cotés 8^m40, 8^m60 et 8^m70, ces deux derniers au bord du chemin 81.

Ces divers documents sont très intéressants dans l'espèce, puisqu'ils montrent que les terrains litigieux sont de formation relativement très récente, mais ils ne permettent pas d'en déterminer exactement l'étendue. Au contraire, les nivellements auxquels notre service vient de procéder, comparés aux observations du 21 mars 1886, suffisent à établir que tous les terrains situés à l'intérieur de la ligne tracée sur les plans joints au décret annulé du 9 juin 1877, ainsi que les parcelles encloses en 1853 et 1868 par la commune de Gonfreville-l'Orcher, ont fait partie depuis moins de trente ans du domaine public maritime ; que les parties de ces terrains situées en dehors de la laisse du grand flot de mars 1886 sont devenues des lais de mer à diverses époques ; et que ces parties sont la propriété de l'Etat, sous la réserve du droit des tiers.

Vu et adopté par l'Ingénieur en chef soussigné,

Havre, le 5 juin 1886. — Havre, le 4 juin 1886.

Signé : QUINETTE DE ROCHEMONT. — *Signé :* MAURICE WIDMER.

On verra ci-après que les plans et documents anciens confirment ces constatations.

Mais, préalablement, il convient de s'expliquer sur le caractère des atterrissements et leur mode de formation.

Caractère des atterrissements

Les atterrissements dont les riverains de la baie de Seine revendiquent ou essayent de conserver la propriété, n'ont jamais eu, à supposer qu'ils soient sortis du domaine public maritime, le caractère d'alluvion, telle que celle-ci est définie par l'article 195 de la Coutume de Normandie, et par le Code civil. Sous l'ancienne législation comme sous la nouvelle, l'alluvion était l'accroissement qui s'attachait à *l'héritage contigu.* Or cette contiguité, condition sans laquelle le riverain n'avait aucun droit sur l'atterrissement, n'existe que pour l'étroite bande de terrain qui, le long de la côte septentrionale de la baie, a remplacé depuis quelques années, les criques et les courants qui y avaient séjourné jusque-là.

L'exactitude de ce fait est facilement démontrée par le mode, aujourd'hui parfaitement connu, suivant lequel les bancs se forment dans l'estuaire de la Seine, par l'état de la baie qui, dans toutes ses parties et depuis un temps immémorial, avait toujours été couverte par le flot à toutes les marées, par les titres et documents irréfutables qui permettent de suivre pour ainsi dire pas à pas, depuis 1776, l'accroissement des bancs formés au milieu de la baie, et leur réunion au rivage.

Mode de formation des Bancs

Dans tout cours d'eau, il existe le long des bords un contre-courant produit par les portions du liquide qui se dirigent vers la source après avoir frappé la rive. « Dans les grands fleuves, dit Buffon, il y a le long des bords un remous considérable, et d'autant plus considérable qu'on est moins éloigné de la mer, et que le lit du fleuve est plus large » (Hist. nat. preuv. thé. terre, œuv.

t. II, p. 49). En appliquant cette observation à la Seine et en remarquant que les côtes qui encadrent son lit sont très irrégulières, on est forcé de reconnaitre que ce cours d'eau présente toutes les conditions voulues pour que le remous possède la plus grande force possible. Lorsque le contre-courant est faible et presque stationnaire, il favorise naturellement le dépôt, contre les berges du fleuve, des matières tenues en suspension dans les eaux, et par suite la formation de l'alluvion ; mais, lorsqu'il est violent, ces matières, au lieu d'atteindre les berges, restent et tournoient dans la partie du lit où les actions du courant et du contre-courant se neutralisent, c'est-à-dire à une assez grande distance de la rive, jusqu'à ce qu'elles se déposent. Il est à prévoir, déjà, que d'après ces principes, les atterrissements dans la Seine se forment rarement sur les bords.

Un autre phénomène vient augmenter, dans la baie, la force de remous dont il est question, ou plutot s'y substituer, puisque la Seine est impuissante à remplir sa vaste embouchure; c'est le courant qui part du cap d'Antifer, passe devant les jetées du Havre et se dirige ensuite vers l'Est, emportant avec lui les matériaux arrachés aux falaises du Nord de la Hève. Les effets de ce courant, sa direction, son intensité, sa durée, sont connus non seulement des pilotes, mais encore de toute la population du Havre. On en trouve une étude complète dans une enquête au XVIIe siècle, reproduite dans les mémoires signifiés entre la châtelaine d'Orcher et les habitants de l'Heure au cours de leur procès terminé par l'arrêt du parlement du 17 juillet 1769. M. l'Ingénieur Marchal, dans un mémoire reproduit par les Annales des Ponts et Chaussées (1854, 1er semestre, page 187, rapporte le résultat de l'analyse des matières déposées par ce courant, et montre qu'elles renferment 81 °/ₒ de sables qui, examinés à la loupe, laissent voir des éléments de coquilles. Ces sables sont enlevés aux fonds situés à un mille vers l'ouest de la Hève, et dont la nature est indiquée sur les cartes de la Marine, levées en 1853 et en 1875.

Le courant dont il s'agit, en remontant le cours du fleuve le long de la côte septentrionale a donc empêché les dépôts de s'effectuer le long du rivage. Ceux-ci n'ont pu se produire que sur la limite des deux courants parallèles et contraires qui sillonnaient la baie, limite variable suivant la direction et la persistance des vents, mais toujours éloignée de l'une ou de l'autre des deux rives.

La connaissance des causes de la formation naturelle des bancs dans l'estuaire de la Seine conduit ainsi, seule, à cette conclusion théorique, savoir que les atterrissements commencent à apparaître loin du rivage. On verra tout à l'heure avec quelle force les faits viennent coroborer cette conclusion.

Lorsque la mer restait longtemps calme, les dépôts prenaient peu à peu de la consistance et ne tardaient pas à émerger pendant les marées basses. Néanmoins comme l'action continue des eaux, à chaque marée, empêchait les végétaux de croître et de se développer, les grèves restaient pendant longtemps à l'état de grèves blanches.

Il est intéressant, pour la suite de ce travail, de découvrir le moment précis où la végétation devient possible sur les grèves. Or, si l'on remarque que la plus grande période donnée par la mer au germe de la plante pour se développer, est l'intervalle entre deux grandes marées consécutives, on est conduit à chercher la hauteur moyenne de ces marées. Les tableaux imprimés au pied des cartes de la Marine de 1834 et de 1875 indiquent 7ᵐ50 et 7ᵐ68. Dès que les fonds ont acquis cette altitude au-dessus du zéro des cartes, on est donc certain de les voir couverts de végétation. On n'a qu'à se reporter aux mêmes cartes pour se convaincre de la justesse de l'observation. Les plus grandes altitudes observées dans la baie, en 1834, depuis le Havre jusqu'à Tancarville ont été de 19 pieds (6ᵐ08) sous Rogerville, et de 21 pieds (6ᵐ72) sous St-Sauveur ; aussi les fonds sont-ils indiqués, en ces deux endroits, comme étant sablonneux. Sur la carte de 1875, le point coté 6ᵐ08, en 1834, s'est élevé à 8ᵐ30 et se trouve dans un terrain herbé ; la limite de la végétation s'aperçoit, ainsi qu'il était facile de le prévoir, entre les cotes 7ᵐ00, 7ᵐ70, 7ᵐ10, 7ᵐ90, 7ᵐ48, 8ᵐ00, 7ᵐ40 7ᵐ80, etc. Le niveau des plus hautes marées d'équinoxe étant généralement de 8ᵐ30 au moins, il s'en suit que les terrains herbus peuvent être couverts à l'époque de ces marées de 3 pieds d'eau environ, et de deux pieds pendant les marées de nouvelle lune, mais seulement vers la limite en question.

La plante qui apparaît la première est la criste-marine ; elle se montre d'abord isolément à la surface du sol ; puis apparaît quelquefois, mélangée à la criste-marine, une herbe à longue tige, de la famille des joncs, qui offre une certaine résistance au courant, et facilite l'assimilation par le sol, des matières solides qu'il tient en suspension. Les débris de ces plantes accumulées finissent par constituer une sorte d'humus, sur lequel vient prendre naissance une herbe salée, éminemment propre à l'engraissement des moutons. Les bancs présentent alors l'aspect d'îlots de verdure. Plus tard, le chenal qui les sépare du rivage venant à disparaître, ils s'épaulent contre la côte et semblent, à ce moment, s'être formés en s'étendant du rivage vers le milieu de la baie.

M. Tostain, Ingénieur en chef des Ponts et Chaussées du Calvados, dans un rapport du 7 septembre 1852 *(voir documents, page 102)*, résumait ainsi les différentes manières dont les bancs prennent naissance :

Les plantes qui croissent sur ces bancs, lorsqu'ils ont atteint une certaine hauteur, ne pourraient végéter sur des terres qui ne seraient point baignées par des eaux salées. Les atterrissements sont tous apportés par la mer, et la marche de leur formation est tout-à-fait différente de celle des alluvions fluviales. Ils apparaissent subitement sur de grandes étendues, *souvent au milieu de la baie*, s'élèvent progressivement, sur toute leur largeur, par le dépôt successif des apports des marées, et *s'étendent la plupart du temps du milieu de la baie vers les côtés*, dont ils restent longtemps séparés par des cours secondaires qui finissent enfin par disparaître. Ils se trouvent ainsi réunis au continent *après avoir formé une véritable île.* Ces bancs demeurent toujours au-dessous du niveau des grandes marées, par lesquelles ils sont périodiquement couverts...

Etat de la baie avant 1790

Les riverains de la baie prétendent qu'ils ont été propriétaires de tout temps, par eux ou leurs auteurs, des alluvions litigieuses, ou, tout au moins, d'alluvions de même étendue qui auraient été enlevés de 1830 à 1836. Rien n'est plus facile que de réduire à néant cette assimilation des atterrissements actuels aux terrains sur lesquels les riverains ou les seigneurs féodaux s'étaient appropriés le droit de pâturage dans les siècles précédents.

Le phénomène le plus ancien dont il soit fait mention et qui puisse éclairer le débat, est l'ensablement de Lillebonne, où l'on a découvert récemment, en pratiquant les fouilles pour l'établissement de la gare, des murs ayant servi à soutenir des quais. M. Jonglez de Ligne en rend compte comme il suit dans son ouvrage intitulé le Port maritime de la Seine (Dentu 1869) :

Les trois courants maritimes, dont nous avons distingué les directions dans le golfe extérieur (courant des côtes de Basse-Normondie, courant du large et courant d'Antifer) venaient converger dans l'intérieur de l'embouchure et y former un seul faisceau de leurs apports. Les sables, poussés jusqu'au fond du golfe, s'amoncelaient dans l'anse de Juliobona. Là, se trouvait le point de rencontre du flot et du jusant. En ce point la Seine cessait réellement d'être un fleuve pour se jeter dans un bras de mer. Le conflit des eaux donna rapidement naissance à *des bancs de sables* qui obstruèrent l'attérage de Juliobona. Ajoutons que la rivière de Bolbec, dont l'embouchure formait le port de Juliobona, présentait l'inconvénient des fleuves qui se jettent dans les mers intérieures. Les alluvions de Bolbec durent former un delta considérable ; le port favori de César se trouva donc *doublement* menacé.

Ainsi donc, suivant M. Jonglez de Ligne, l'ensablement du port de Lillebonne doit être attribué, d'une part, à la formation d'un delta par la rivière, et, d'autre part, à l'agrandissement des bancs qui avaient été apportés devant le port et qui finirent par se souder au delta.

Tel devait être plus tard le sort d'Harfleur près duquel les Anglais purent débarquer, en 1415, dans un endroit que tous les historiens du Havre et le géographe Jules de St-Denis s'accordent à placer entre le Hoc et les tours d'Harfleur, au Nord de la Crique d'Espagne.

Harfleur. — L'Heure

Des documents émanés de la châtelaine d'Orcher renferment des faits autrement précis. Il s'agit des mémoires qu'elle a produits dans son procès contre les habitants de l'Heure.

Mémoire de la Châtelaine d'Orcher, dans son procès contre les habitants de l'Heure.

Dans le mémoire intitulé « Réponse à griefs que fournit en la Cour Noble » dame Françoise Planterose, Dame, Patronne et châtelaine d'Orcher, Veuve » de messire Charles-Etienne Duhamel de Grémonville, en son vivant » Conseiller au Parlement de Normandie, » on lit, page 4 :

« *En 1458, il n'y avait en ce lieu nul marais ; .... La mer couvrait alors le fonds où est actuellement les herbages de M. le Comte de la Marche ; les marais et herbages d'Orcher, les communes de Graville, les herbages du Hommet, les herbages tenus par M. de Rhumare et tout le marais contesté jusqu'à l'ancien havre d'Harfleur, nommé l'ancien Hoc en D ;* la mer battait le long des murailles et du galet que l'on voit au point 26.

Le seigneur d'Orcher avait alors des droits à lever sur les navires et sur les marchandises qui arrivaient en ce havre qui était la rade d'Harfleur.

Toute cette étendue était occupée par la mer, lorsqu'elle était dans son plein, jusqu'à la pêcherie située aux portes d'Harfleur.

L'ancienne rivière d'Harfleur, nommée la Lézarde, avait alors son canal dans les vases *qui étaient dans ce vaste anse, que la mer couvrait de haute-mer,* ainsi qu'il arrive encore actuellement (1760) au courant de cette rivière...

Plus loin, Madame de Melmont précise la hauteur du flot au-dessus du banc herbé (page 9). *La mer qui couvrait ce marais lors des pleines mers, comme elle les couvre encore aujourd'hui, de 2 à 3 pieds de hauteur en toute leur étendue.*

Autre mémoire en réponse au seigneur de Valliquerville et aux habitants de Leure.

Dans un autre mémoire en réponse à M. de la Rivière-Lesdo, Chevalier, Seigneur et Patron de Valliquerville, et aux propriétaires et habitants de Leure, Madame de Melmont s'exprimait ainsi, page 21 :

Si les parties eussent bien voulu se reporter dans le temps où cet aveu fut rendu en 1458, il y a près de 300 ans, ils auraient reconnu *que les marais de Graville, dont le Hommet dépend, les marais d'Orcher, qui sont de ce côté-là, et le marais contentieux ne subsistaient point et qu'en leur place était un banc sous les eaux de la rivière de Seine,* sur lequel le seigneur d'Orcher exerçait ses droits de pêche et de marais par alluvion, depuis les peroys, ouvrages de maçonnerie qui sont encore apparents à la petite Leure, *jusque vers Socance où s'étendait la Seine, et de là vers Orcher jusqu'à Rogerville.*

On lit encore, page 26 :

Lorsque les vases et les eaux qui formaient la fosse du Hoc, ou d'autres circonstances, ont rendu ces endroits dangereux aux bestiaux des fermiers des seigneurs d'Orcher, faute de retraites vers Leure : circonstances forcées qui ne peuvent altérer le droit du seigneur d'Orcher, lorsqu'il s'agit d'un objet de peu de valeur, *et d'un marais qui est encore actuellement un rivage de la mer* aux termes de l'ordonnance de la Marine.

Il est donc évident que les fonds auxquels il est fait allusion étaient de simples bancs herbés que les riverains qualifiaient de marais et sur lesquels ils auraient dû, depuis l'ordonnance de 1681, renoncer à toute entreprise, puisqu'ils étaient recouverts à toutes les marées par le flot de la mer.

Le Hoc

Le premier mémoire explique encore, en ces termes, la formation du Hoc (page 6) :

En ces temps-là, la mer ayant augmenté et élevé les bancs qui étaient sous l'eau en toute cette vaste étendue ci-devant indiquée, depuis la ville d'Harfleur, au long du canal de l'ancienne rivière d'Harfleur jusqu'aux Paroy, sur lequel banc le seigneur d'Orcher avait exercé son droit de pêche et sur lequel il avait le droit d'alluvion à exercer, *il s'y forma des marais; il s'en forma de semblables vis-à-vis la rade et havre d'Harfleur et la mer apporta, peu après, le galet que l'on voit à présent depuis le point (24) jusqu'au Lazaret et pointe (50) nommée Le Hoc* lequel galet est accumulé et élevé de 8 à 9 pieds au-dessus du niveau du dit marais.

Ainsi, le marais situé au Nord du Hoc étant alors, comme on l'a vu tout à l'heure, en contre-bas de 2 à 3 pieds du niveau des hautes mers, le Hoc a été primitivement une île contre laquelle sont venus plus tard s'ajouter les herbages appartenant aux héritiers Dégenétais.

En conséquence, lorsque Madame de Melmont annonce (page 7) que les terres d'alluvion qui s'attachèrent à sa terre en 1605, le long de la pêcherie, contenaient 6 à 700 acres, il faut entendre non seulement les atterrissements entièrement formés, mais encore les bancs herbés couverts à toutes les marées.

Or, en récapitulant les contenances des herbages appartenant aujourd'hui à M. de Bernis et des prairies vendues ou partagées depuis la mort de Madame de Melmont, tant à gauche qu'à droite de la Lézarde, on trouve que la limite de l'herbé *coïncidait à peu près avec les digues extérieures actuelles.*

Conclusions Bobée du 29 novembre 1883.

Les assertions de Mme de Melmont sont, du reste, confirmées par les conclusions prises devant le Tribunal civil du Havre, au nom des héritiers Bobée, et signifiées le 29 novembre 1883. Ces conclusions sont ainsi conçues :

En ce qui concerne spécialement les herbages ou marais de Graville possédés actuellement par les héritiers Bobée (partie des anciens herbages du Hoc), attendu que, vers 1613, *les marais situés au devant d'Harfleur ayant été submergés*, le canal creusé en 1572 et 1582 s'était comblé.

Carte de 1677.

La plus ancienne carte de l'embouchure de la Seine est celle de 1677, qui se trouve manuscrite au dépôt national de la Marine à Paris, et reproduite dans l'Atlas de M. Lennier (l'*Estuaire de la Seine),* planches 18 et 18 bis. Elle porte le titre de carte de l'embouchure de la rivière de Seine, par Le Bocage, hydrographe au Havre. Elle représente l'estuaire de Seine depuis la vallée de Lillebonne jusqu'au large du banc de l'Eclat, sur la rive Nord, et depuis Quillebeuf jusqu'au banc aux Bœufs, sur la rive Sud. On voit sur cette carte l'indice d'une baie qui s'ouvre au Nord entre le banc de l'Eclat et la Hève, et s'étend, en se rétrécissant, jusqu'à la fosse de l'Eure. Vers l'Ouest et le Sud-Ouest, cette baie est limitée par l'Eclat, les hauts de la rade et le banc des Neiges qui se rattache au littoral et qui découvre à basse-mer. La Lézarde n'atteint la mer qu'en coupant un vaste banc qui règne tout le long de la rive Nord depuis l'Eure jusqu'à Tancarville.

A côté de ce grand banc, on voit, sur la rive Est de l'embouchure de la Lézarde, un marais herbé de forme triangulaire, bordé à l'Ouest, par la Lézarde; au Sud, par le banc d'alluvions; à l'Est et au Nord, par les côteaux élevés du mont Cabert et du Chouquet.

Une autre partie d'alluvion herbée se voit à l'Ouest du nais de Tancarville jusqu'à Saint-Jean-d'Abbetot, à un point désigné sous le nom de Chapelle Saint-Jacques.

Le surplus de la baie de Seine est occupé par des atterrissements désignés comme suit : « Banc de sable découvre ».

Carte de Leprévost 1699.

Une autre carte manuscrite, dressée par Leprévost en 1699, montre aussi qu'à cette époque la mer recouvrait, au moment du plein, toute la Pêcherie jusqu'à Harfleur et la plus grande partie de l'Eure sur la rive droite de la Lézarde.

Une troisième carte ayant pour titre : « Plan de la rivière de Seine » comme elle se voit avec ses balures et profondeurs d'eau au mois de » Novembre 1717 », constate qu'en dehors du marais de la Pêcherie sous Harfleur, il n'existait dans la baie de Seine, que des bancs changeants (voir planche 19 de l'Atlas de M. Lennier). Carte de 1717.

La carte de 1749 (planche 15 du même atlas), et celle de 1753, intitulée « Topographie d'Orcher pour l'intelligence des limites de cette seigneurie » (planche 16) le prouvent également. Cartes de 1749 et de 1753.

On peut encore citer la carte-fonds Montbret de la fin du XVIIIe siècle, et le plan de la Bretonnière et Méchain de 1776, desquels il résulte qu'à cette dernière date, et sauf au-dessous d'Harfleur, aucun atterrissement n'était formé. Ainsi, sur la carte de 1776, on voit que du nais de Tancarville au cap du Hode, il existait un chenal séparant le continent d'un banc changeant, et du cap du Hode à la pointe du Hoc, *un banc immense qui découvrait seulement aux basses-mers des grandes marées.* Carte de la Bretonnière et Méchain 1776.

Sous Orcher

De l'aveu de la châtelaine d'Orcher, les seuls marais qui s'attachaient à sa terre étaient, en 1605, les marais de la Pêcherie (1er mémoire, page 7). Il en résulte que depuis Saint-Dignefort et en s'étendant vers l'Est, on ne trouvait aucune trace de végétation.

Pour établir que la mer s'étendait jusque sous les falaises d'Orcher, nous citerons :

1° La transaction de 1613 intervenue entre le seigneur d'Orcher et les habitants de Gonfreville, dans laquelle il est dit *(voir aux documents) :* Transaction entre le seigneur d'Orcher et les habitants de Gonfreville, 1613.

Et en cas que ledit tiers desdits joints (tiers appartenant actuellement à la commune de Gonfreville « fut diminué par la mer, etc. ».

2° Le passage suivant de l'ouvrage de M. Lennier « l'*Estuaire de la Seine* » (page 237, vol. 2) :

Sur la carte de 1677, on remarque entre Harfleur et Orcher, deux chapelles, dont l'une, celle qui se trouve la plus rapprochée d'Harfleur, est désignée sous le nom de Saint-Quillefort. Dans son mémoire sur Orcher, M. Martin, qui désigne la première chapelle sous le nom de Saint-Dignefort, dit que cette dénomination a succédé à une autre peu connue, celle de Port-Marie, à cause d'une chapelle à la Vierge édifiée en cet endroit. Le Port-Marie n'a très probablement *servi qu'à abriter des barques*, et encore ne *devaient-elles, au XIIIe siècle, y accéder que pendant les vives-eaux.*

Bail par M. de Novion à la veuve de Jean Bénard, du 29 juillet 1680.

3° Le bail consenti le 29 juillet 1680, devant les tabellions d'Harfleur, par le secrétaire de M. de Novion à la veuve de Jean Bénard, de la terre d'Orcher (pièce produite par les adversaires, page 25), contenant la clause ci-après :

Jouira ladite preneuse pendant son bail, du droit de pêche dépendant de ladite châtellenie d'Orcher, en toute son étendue, ensemble des marais *en cas qu'ils reviennent en leur plein et entier.*

Nota. — Ils étaient donc disparus.

Déclaration des biens et revenus composant le temporel de la chapelle de St-Dignefort, 15 juillet 1694.

4° L'acte de déclaration des biens et revenus qui composent le temporel de la chapelle de Saint-Dignefort, située à Gonfreville, dépendant du prieuré de Graville, du 15 juillet 1694 et relative à des terres situées au Nord du tiers lot attribué à la commune (pièce produite par la commune de Gonfreville), dans lequel il est énoncé que :

Les grands marais ayant été inondés et presque tous couverts de sable depuis 6 ou 7 ans le revenu de ladite chapelle se trouve par là diminué d'un tiers...

Bail par M. de Novion à Fouache, 16 septembre 1699.

5° Le bail du 16 septembre 1699 consenti devant les notaires de Montivilliers à François Fouache par le représentant de M. de Novion (pièce produite par les adversaires, p. 25), relatant ce qui suit :

Jouira ledit preneur de tous les marais appartenant audit seigneur qui sont de présentement en nature et *qui pourront revenir.*

6° Les baux passés devant Me Doublet, notaire à Montivilliers, les 13 août 1724 et 19 juin 1766 (pièces produites par les adversaires p. 26), par M. de Vitry à Jean Bosquet, dans lesquels il est stipulé :

Baux Vitry à Bosquet, 13 août 1724 et 19 juin 1766.

Jouira aussi de tous les marais qui sont en nature maintenant et de *ceux qui peuvent revenir* par accroissement depuis le Hoc et terres de Graville, jusqu'aux terres de la chapelle de St-Dignefort tout et autant que lesdits marais peuvent s'étendre entre lesdits deux terrains, parce que ledit preneur ne pourra demander aucun dédommagement audit bailleur *en cas de diminution ou perte des marais qui existent à présent ou de ceux à venir, etc...*

Nota. — On voit donc qu'ils étaient fréquentés par la mer.

Le 25 février 1782, Mme de Melmont, propriétaire unique des deux domaines d'Orcher et de Rogerville, a présenté au roi deux aveux qui constatent, comme suit, l'existence de quatre pièces en marais dans le domaine d'Orcher, savoir :

Aveu au roi du 25 février 1782.

La troisième pièce contenant 170 acres, ou environ, bornée : d'un côté, vers l'Occident, le cours actuel de la rivière de la Lézarde ; d'autre côté, vers l'Orient, la pièce ci-après (n° 4) ; d'un bout, vers le Nord, en plusieurs haches, les héritages et terres du hameau de la Pêcherie et d'autre bout, *vers le Midi, les sables et blancs bancs*, **nouvellement accrus et qui se trouvent encore couverts d'eau à chaque marée.**

La quatrième et dernière pièce, contenant 200 acres ou environ, *nouvellement accrue et formée depuis quelques années, dont partie commence à être herbée et le surplus ne pousse encore que la criste-marine* ; bornée d'un côté, vers le Nord, le Perrey et bas des côtes de madite seigneurie ; d'autre côté, vers le Midi, *des sables et blancs-bancs qui s'accroissent encore journellement depuis quelque temps et qui ne découvrent qu'à la basse mer* ; d'un bout, vers l'Orient, les marais de Rogerville, et d'autre bout, vers l'Occident, la pièce ci-devant, dernière déclarée.

C'est principalement sur ces deux aveux que M. de Mortemart s'appuie pour justifier de ses prétendus droits de propriété ; mais on va établir que le commencement d'alluvion, dont parle le seigneur d'Orcher, n'a pas tardé à disparaître, emporté par le flot.

Partage de Melmont, 22 germinal an VI.

En effet, le 22 germinal an VI, on procède avec le plus grand soin à l'estimation et à l'évaluation par arbitrage des immeubles dépendant de la succession de la dame de Melmont, et on n'y voit plus figurer les marais en formation en 1782.

Les biens sont partagés et l'acte du 7 prairial an VI, qui attribue au premier lot (dame de Nagu) le château d'Orcher, ne fait mention d'aucun marais au-dessous de ce château.

D'après ces actes, il n'y avait donc aucun atterrissement en dehors des 167 acres de la Pêcherie et des 282 acres vers le Hoc, non revendiqués par le domaine de l'Etat.

Conclusions de Mortemart, du 14 mars 1883.

Comme dernière preuve des faits articulés, on rappellera que M. de Mortemart a pris devant le Tribunal civil du Havre, le 14 mars 1883, des conclusions conçues dans les termes suivants :

Considérant *que la partie de marais au devant du château, fut inondée à différentes reprises et quelquefois sur une grande superficie, mais que le propriétaire a toujours repris possession du terrain submergé dès qu'il a reparu* ; que cela était d'autant plus facile et plus juste que le sol ne *disparaissait jamais entièrement*, que la marée basse laissait apercevoir un banc adhérent à la rive et qui ne tardait pas à se couvrir de nouveau de végétation, que, *pendant un certain nombre d'années, ces terrains inondés* ont continué à acquitter la contribution foncière, et qu'ils n'ont cessé d'être imposés que parce qu'ils n'étaient susceptibles d'aucun revenu imposable *pendant leur inondation de plusieurs années.*

Enfin il convient d'ajouter que Mme de Melmont avait fait entourer de digues une portion de marais sise dans la commune de Gonfreville-l'Orcher et que ces digues n'ont pu résister à l'action du flot lors des grandes marées.

Déclaration de Mme de Melmont, du 19 janvier 1791.

Ce fait résulte d'une déclaration de Mme de Melmont, en date du 19 janvier 1791 ainsi conçue (pièce produite par la commune) :

Pour satisfaire au décret de l'Assemblée nationale du mois de novembre dernier, Mme de Melmont déclare aux maires et officiers municipaux de la paroisse de Gonfreville-l'Orcher, que, pour procurer du travail et du pain à quantité d'ouvriers l'été dernier, elle a fait construire des digues, enclore et dessécher une portion de marais, de la contenance d'environ 15 acres, assise en ladite paroisse au delà du canal de la rivière la Lézarde, adjacents à ceux qu'elle a anciennement desséchés et présentement affirmés au sieur Martin ; mais que ces digues nouvellement faites n'ayant pas acquis la consistance dont elles ont besoin, ont beaucoup souffert *par les grandes marées* survenues depuis leur confection, *ce qui fait que l'eau s'infiltre au travers de ces digues* et l'oblige à de nouvelles dépenses, qui, faute d'être faites à temps, remettraient sous l'eau ladite portion de marais desséchée.

Rogerville

Les archives du comte de Tancarville (Archives départementales : Fonds du comte de Tancarville) permettent de faire l'histoire à peu près complète des atterrissements dans la baie de Seine pendant près de 400 ans, de 1400 à 1790. On y trouve aussi quelques pièces indiquant l'existence de terrains antérieurs au XVe et même au XIVe siècle.

Le comté de Tancarville, érigé par le roi Jean en 1315 en faveur de Jean de Melun, possédait avec beaucoup d'autres droits celui de profiter de toutes les prairies, pâtures et marais, l'accroissant du côté du Nord, *depuis la pierre du Figuier sous le château d'Orcher*, jusqu'au Val Varin ou Crique des Saulx, près de Radicatel.

Vers 1480, il y avait des atterrissements en aval du Hode, ainsi que le prouve une requête des habitants de Sandouville dont le fermier des marais avait saisi les troupeaux en 1469.

Les marais sont revenus vers 1510 pour disparaître en 1525.

En 1575, on loue pour 6 ans la ferme des marais du Val-Salé et de Cressenval, commençant au château de Tancarville *jusqu'à la pierre d'Orcher*. On sait d'abord qu'il y avait *très peu de chose ou même rien au-dessous du Hode*.

En 1583, on trouve un procès-verbal de descente sur les lieux, rédigé par un conseiller au Parlement, lequel constate qu'il y avait des marais devant Rogerville, en aval du Hode, qui ont disparu vers 1590.

Les marais ne commencent à revenir qu'en 1672, pour disparaître de nouveau en 1689. Madame Cramesnil constate dans une lettre de 1689, qu'il n'y avait rien en aval du Hode.

Bail par Mme de Melmont à Pierre Prothais, 19 janvier 1766.

Cet état de chose subsistait encore au XVIIIe siècle, ainsi que cela résulte d'un bail du 19 janvier 1766 produit par les adversaires et consenti par Mme de Melmont à Pierre Prothais. Dans cet acte il est stipulé ce qui suit :

Comme aussi se réserve la dite dame tout droit des choses gaives *ou épaves que la mer pourra apporter sur le dit fonds.*

Mme de Melmont sait donc bien que la mer baignait les terrains adhérents à la terre de Rogerville et faisant partie du bail.

On peut citer encore à l'appui de cette assertion : 1° l'aveu du 25 février 1782 *(voir suprà, page 27),* constatant qu'il n'y avait aucun atterrissement dépendant du domaine de Rogerville ;

Et 2° le contrat passé devant Me Picard, notaire à Rouen, le 20 prairial an XI, relatif à la vente consentie par le sieur Robert Bigot au sieur Lefebvre (auteur Pinguet), lequel ne fait pas mention des marais alluvionnaires.

Oudalle et Sandouville

D'après M. Lennier (l'*Estuaire de la Seine*, vol. 2, page 235), Oudalle aurait été baigné par la mer en 1027, car, à cette époque, il y existait des salines.

Pétition présentée au Roi par le duc de Luxembourg, sentence du vicomté de l'eau de Tancarville.

A l'appui de la pétition qu'il a présentée au Conseil du Roi, en exécution de l'arrêt du 26 octobre 1759, le duc de Luxembourg a produit une sentence du vicomté de l'eau de Tancarville, qui condamne le nommé Chevalier au payement de 60 livres pour le pâturage de ses moutons sur les marais d'Oudalle. Il s'agissait, évidemment, de marais baignés périodiquement par la mer, puisque l'herbe était salée. Quant à l'étendue des marais, elle devait être fort restreinte le long des côtes. En effet, les extraits tirés des comptes du Receveur de Tancarville pour les années 1401 à 1559, en faisant mention des fermes de la vicomté des Cauries de St-Vigor et d'Outre-Seine, des fermes de la pêcherie en applet séant et vergant, ensemble des marais de Cressenval, Val-Salé, Oudalle et autres, aucun desquels font mention des marais qui se « faisant depuis l'endroit du nais jusqu'au » Auricher baillés à ferme au profit du dit sieur Comte de Tancarville, » ajoutent : « autres comme d'iceux marais on ne tenait compte parce qu'ils » étaient fondus en Seine. »

Val Hullin. — Cressenval. — Val Salé. — Tancarville

Plus loin, on rencontre entre le Hode et la pointe de Tancarville, une sorte de baie presque demi-circulaire.

Dans une enquête faite en 1480, à propos des droits de pêche réclamés par le possesseur du fief de Drumare (Voir aux Archives départementales : Fonds du comté de Tancarville. — Notamment 3 vol. de 1750 intitulés, le 1er : Baux, titres et procédures concernant les marais ; le 2e : Marais, procédures contre Cramesnil, Drumare, etc., et le 3e : Inventaire des fermages), on dit que le courant passait le long des terres de Tancarville et de Drumare. En 1440, un témoin a naufragé contre les terres de Drumare ; en 1475 ou 1476, une nef, également naufragée, fut halée au Val-Hullin (ou Val St-Jacques). Enfin, en 1480, ce sont les droits de pêche et de varech que réclame le sieur de Drumare, et non les droits de pâture.

Enquête faite en 1480, à propos des droits de pêche réclamés par le possesseur du fief de Drumare.

Les mêmes archives constatent, en outre, les faits suivants : de 1483 à 1490, on a affermé le bac pour passer du Val Hullin à Honfleur.

En 1555, le Receveur dit qu'il y a des marais au Val-Salé et à Cressenval.

L'exercice de ces droitures fit naître un différend soulevé par le sieur de Cramesnil. Il ressort de la procédure qu'en 1564, il y avait au Val Hullin, entre les marais et la falaise, un ruisseau qui permettait encore aux bateaux, à la faveur de la marée, de venir se charger au Val Hullin (ou Val St-Jacques).

Procès intenté par le sieur de Cramesnil, 1564.

En 1585, le sieur Cramesnil se fit délivrer les 100 acres auxquels il avait droit, par une haute mer quand tout était couvert d'eau, de sorte que lorsque la mer fut retirée, il se trouvait en avoir beaucoup plus. On ne voit pas comment finit la contestation ; il est probable que le procès dura jusqu'à ce que la Seine se fût chargée de mettre les parties d'accord en enlevant l'objet du litige.

En 1583, on trouve un procès-verbal de descente sur les lieux rédigé par un Conseiller au Parlement, lequel constate que la Seine passait au pied du château de Tancarville et que les marais de ce côté se fondaient journellement, le commissaire enquêteur en a même vu partir une grande parcelle sous ses yeux, tandis qu'il était sur le quai dudit Tancarville. Il existe toujours d'ailleurs

Procès-verbal de descente sur lieux, 1583.

un cours d'eau au pied de la falaise à partir du Hode, la mer y monte à chaque marée et il faut des ponts pour mener les bestiaux au marais.

D'autres considérations peuvent être invoquées pour établir que les pâturages situés entre le Hoc et Tancarville ne devaient pas avoir une grande importance.

Le duc de Luxembourg avait droit à la possession et jouissance d'un bateau passager, établi au Val Hullin ou à Tancarville, et allant à Quillebeuf et à Honfleur. La redevance, pour un homme transporté du Val Hullin à Quillebeuf, soit 2 heures 1/2, était de 3 sols. Il fallait donc que le bateau, dont le tirant d'eau devait être assez considérable puisqu'il était obligé d'affronter la traversée de Quillebeuf à Honfleur, pût atterrir au Val Hullin, c'est-à-dire au fond de l'anse. En 1644, un procès s'élève au sujet d'une gribane de sel périclitée dans les eaux de Cressenval. Le 16 juillet 1680, le comte de Tancarville donne à bail la ferme de la Coutume, sur les denrées qui s'embarquent depuis Tancarville jusqu'à Cressenval, avec le droit de dye. Il est donc évident qu'à cette époque, depuis le nais de Tancarville jusqu'au Val Hullin et sur le pourtour de la baie, les bateaux de pêche, au moins, pouvaient aborder.

Bail par le Comte de Tancarville, 16 juillet 1680.

La carte de 1677 indique clairement que, dans cette partie, il existait un marais herbé de 1/8 de lieue de largeur maximum, depuis la chapelle St-Jacques (Val Hullin) jusqu'au nais de Tancarville et un banc de sable qui découvre.

Celle de 1717 fait voir du nais au Hode des terrains découverts qui ne sont encore que des blancs-bancs.

La carte dressée par Le Cœuldre de la Bretonnière et Méchain, en 1776, montre un immense banc changeant à l'état d'île, entre Tancarville et le Hode, en face de Cressenval.

Enfin, on peut invoquer l'ouvrage de M. Lennier (l'*Estuaire de la Seine*, 2ᵉ vol. page 86), dans lequel on lit :

Pétition Mustel et Cie, 1773.

En 1773, une Compagnie entreprit de réunir à la terre ferme tous les bancs qui s'étendaient depuis la pointe d'Etelan jusqu'au Hode, y compris celui de l'Estrangle et ceux qui se trouvaient alors entre Honfleur et Quillebeuf. Cette Compagnie demandait à fixer tous les bancs, *à les mettre à l'abri de la barre*, à la condition qu'elle aurait à son profit les *atterrissements qui résulteraient de ces travaux, ainsi que les vasières, baignées par les grandes marées,* **dont se sont emparés les riverains.**

Le Conseil d'Etat n'accueillit pas favorablement la demande de cette Compagnie et le projet resta sans exécution.

Les vasières auxquelles il est fait allusion ne sont autre chose que les marais herbés figurant sur les cartes de 1677, 1717 et 1776 ; en sorte que l'on peut en conclure que tous les atterrissements compris entre le Hode et Tancarville étaient recouverts par les eaux jusqu'au pied des falaises.

En résumé, depuis la pointe du Hoc jusqu'à Tancarville, la mer, aux XVIIe et XVIIIe siècles, venait baigner les rives de la baie, et il est parfaitement démontré que du Hoc à l'extrémité Est de la Pêcherie, sous St-Dignefort, les marais herbés étaient couverts de 2 à 3 pieds d'eau à la marée, et qu'en dehors du marais de la Pêcherie il n'y avait que des bancs changeants découvrant aux basses-mers des grandes marées ; qu'au pied du château d'Orcher et sous Rogerville, il n'existait plus aucun atterrissement ;

Que les marais d'Oudalle et Sandouville étaient salés et par conséquent baignés par la mer ;

Qu'enfin du cap du Hode au nais de Tancarville, les bateaux pouvaient atterrir le long de la côte.

Etat de la baie depuis 1790

A partir de cette époque, on va diviser ce travail de manière à réunir, sous un même paragraphe, tous les faits et tous les documents se rapportant à chacune des instances engagées, soit devant la Cour de Rouen, soit devant le Tribunal civil du Havre.

Commune de Graville

Instance Bobée

Bien que la partie des herbages comprise entre une digue ancienne et la Lézarde dût être encore inondée périodiquement par les flots, les descendants de Mme de Melmont n'en obtinrent pas moins que tous les herbages désignés sous le nom d'Herbages de Folleville, fussent inscrits au cadastre.

Vers 1828, une seconde digue, parallèle à la première, fut construite en avant et de nouveaux terrains furent encore divertis du rivage.

Peu après, une troisième digue aurait, d'après certaines assertions, été établie à peu près à l'emplacement de la digue de 1875 ; mais l'exécution de ce dernier ouvrage, s'il a existé, était prématurée. En effet, la mer, s'élevait contre la digue à une hauteur telle que les flots conservaient toute leur force et qu'ils parvinrent à renverser l'obstacle qu'on avait tenté de leur opposer; de sorte que les terrains revendiqués, c'est-à-dire ceux s'étendant jusqu'à la digue construite en 1828, étaient submergés à toutes les grandes marées.

Cet état de choses subsistait encore en 1870 et a subsisté jusqu'en 1875; époque à laquelle les héritiers Bobée ont construit une troisième digue qui a arrêté l'expansion du flot, à la date du 21 mars 1886, ainsi que l'indiquent les plans annexés au procès-verbal de la Commission de délimitation portant la même date *(voir le volume des documents)*.

Pétition de la Marquise d'Uzès, du 19 avril 1870.

En effet, l'administrateur judiciaire de la marquise d'Uzès ayant reconnu que les terrains susceptibles d'être exploités étaient de beaucoup inférieurs à ceux que Mme de Folleville avait fait inscrire au cadastre, a adressé, le 19 avril 1870, à M. le Préfet de la Seine-Inférieure, une pétition ainsi conçue :

A l'honneur de vous exposer que, par suite de l'irruption des eaux de la Seine, les parties indiquées au cadastre sous les nos 23, 31, 32, 33, 34, 35 et 41 *ont été en grande partie corrodées et envahies par les eaux depuis un grand nombre d'années* et qu'il y a pertes totales de revenus ;

Qu'ainsi les nos 31 et 35, portés au cadastre pour 16 h. 80 a. 20 c. ne contiennent plus aujourd'hui qu'environ 7 h. 32 a.; *que toutes les autres parcelles sont entièrement submergées ou corrodées.*

En conséquence, il demande la décharge, pour cette année et pour l'avenir, de tout le terrain corrodé dont il a perdu le revenu depuis nombre d'années.

Signé : WATTER.

Le Maire de la commune de Graville et les répartiteurs ont appuyé cette demande de l'avis suivant :

Avis du Maire de Graville.

Considérant que, par suite de la destruction des digues par des marées extraordinaires qui ont eu lieu pendant la période de 1830 à 1835, les parcelles n°s 32, 33 en totalité, la parcelle 35 en partie, *sont exposées aux inondations, aux époques de grande marée, etc.*

Le Contrôleur des Contributions directes a fait ensuite des propositions dans les termes ci-après :

Propositions du Contrôleur des contributions directes.

Une partie des parcelles inscrites sous les n°s 23, 33, 34 et 35 de la section F a été corrodée peu à peu et fait actuellement partie du lit de la rivière.

Une autre partie de la propriété, contiguë à la première et comprise entre le nouveau lit de la Lézarde et les digues respectées par l'inondation ou rétablies peu de temps après leur destruction, a été considérablement détériorée par l'irruption des eaux de l'Océan et se trouve, depuis 1835, sujette à des inondations périodiques qui se produisent 7 à 8 fois par an, aux époques des grandes marées. Ces terrains qui comprennent, en tout ou en partie, les parcelles 24, 31, 32, 33 et 35 de la section F doivent, etc...

A la suite de ces propositions, le Conseil de Préfecture, par un arrêté du 1er octobre 1870, a accordé un dégrèvement de 796 fr. 26, applicable spécialement aux terrains disparus et à ceux qui étaient baignés par la mer jusqu'à la renclôture respectée par l'inondation.

Arrêté du Conseil de Préfecture, du 1er octobre 1870.

Il est à remarquer que les parcelles désignées dans la pétition du sieur Walter comme corrodées et envahies par les eaux, sont précisément celles qui sont revendiquées par le Domaine. Il en résulte donc qu'en 1870 ces terrains faisaient encore partie du rivage de la mer, défini par l'Ordonnance de 1681 sur la Marine. La confirmation de ces faits résulte encore :

1° D'un plan intitulé : « Plan d'une grande propriété en herbages, pâture » avec bâtiments, située en la commune de Graville-Ste-Honorine, avec » extension sur Gonfreville, près le Havre, quartier du Hoc, appartenant aux » héritiers de M. le marquis de Rougé, contenant en total, *y compris la partie* » *submersible dans les grandes marées* » dressé par M. Bucaille le 10 avril 1870

Plan des herbages de Graville et Gonfreville, dressé par Bucaille, le 10 Avril 1870.

et désignant les terrains compris entre la digue construite en 1828 et la Lézarde, sous le nom de « *Pâture submersible dans les grandes marées* » ;

Procès-verbal d'adjudication Bobée, du 14 mai 1870.

2° Du procès-verbal d'adjudication devant le tribunal de la Seine, du 14 mai 1870, aux termes duquel le sieur Bobée a été déclaré adjudicataire du 3° lot, désigné comme suit :

Les herbages de Graville situés commune de Ste-Honorine, Gonfreville et Orcher, arrondissement du Havre (Seine-Inférieure). Ces herbages sont divisés en deux zônes par une digue en terre, *la zône maritime qui touche à la rivière de la Lézarde et ne produit que des foins salés*, et la zône méditerranéenne, en deçà par conséquent de la digue et dans laquelle poussent de plantureux herbages.

Et 3° des opérations de délimitation du rivage de la mer, en date du 30 mars 1873, constatant que la mer est venue battre le pied de la digue construite en 1828 (*voir le volume des documents).*

De tout ce que dessus on peut conclure que la possession des héritiers Bobée n'a pas une durée assez longue pour leur permettre d'invoquer la prescription, puisqu'il est établi que le terrain revendiqué était encore baigné périodiquement en 1870, et faisait, dès lors, partie intégrante du rivage de la mer.

Le service des Ponts et Chaussées pourra justifier par un procès-verbal dressé contre le sieur Bobée que cette portion de terrain n'a été soustraite à l'action de la marée que dans le cours de l'année 1875.

Territoire de Gonfreville

INSTANCES DE BERNIS, DE MORTEMART ET COMMUNE DE GONFREVILLE

Renseignements généraux

Dans l'ouvrage de M. Lennier « l'*Estuaire de la Seine* », on lit page 68, vol. 1 :

A l'Est de la rivière la Lézarde, un cordon littéral des galets se voit au pied des falaises sur un grand nombre de points, jusqu'au Hode; ces galets forment même, à l'entrée des vallées d'Orcher, d'Oudalle et de Sandouville, de *véritables digues naturelles qui empêchent la mer, dans les grandes marées, de pénétrer dans les vallées.* Nous ne croyons pas que ces galets aient été transportés de loin ; ils sont généralement moins arrondis que le véritable galet de mer ; et pour nous ils proviennent des falaises situées immédiatement au-dessus de la rive.

Pour reconstituer l'état de la baie de 1790 à 1832, en ce qui concerne les instances de Bernis, de Mortemart et commune de Gonfreville, il suffit de rappeler que :

1° Dans un bail du 1er avril 1820 (pièce communiquée par les adversaires) consenti par Madame de Nagul à Simon, de 100 acres de marais clos et non clos, il a été inséré une clause de non responsabilité pour destruction des terrains par la violence des eaux, ainsi conçue : « Si les digues nouvellement élevées étaient rompues, le preneur..., etc. » Bail par Mme de Nagu, à Simon, du 1er Avril 1820.

2° Qu'au moment de l'établissement du cadastre, de 1824 à 1828, les marais et herbages de la pêcherie, enclos ou non, avaient été cadastrés pour leur superficie herbée, *que le surplus étant alors inondé* et ne produisant aucun revenu imposable n'avait pas été compris dans le cadastre ; que, 10 ans plus tard, *une autre partie des marais enclos ayant encore été submergée,* le revenu cadastral avait été diminué d'autant ; et que pendant un certain nombre d'années une partie des marais non enclos de la Pêcherie, *est restée sous l'eau pendant les hautes marées.* Ces faits sont, du reste, mentionnés dans les conclusions de Bernis signifiées le 24 novembre 1883. Conclusions de Bernis, du 24 novembre 1883.

On ajoutera que le plan cadastral, qui paraît remonter à 1832, fait voir que la mer couvrait les atterrissements dans la baie de Seine jusque contre les parcelles désignées sous les nos 154, 155, 33, section B, et 16 p. de la section C, du cadastre de la commune de Gonfreville.

Une reconnaissance hydrographique de la baie eut lieu en 1834 sous la direction de M. Beautemps Beaupré, ingénieur en chef. En ce qui concerne la partie située entre Orcher et la pointe du Hoc, elle était séparée de la rive par deux bâches où il restait un pied d'eau à marée basse, et par une large crique le long de la Lézarde, de la Pêcherie et de toute la côte jusqu'en face de la Pierre-du-Figuier. Les profondeurs de la crique variaient entre 2, 5, 15 et 20 pieds au-dessous des plus basses-mers d'équinoxe. Il restait aussi entre la Carte hydrographique par Beautemps-Beaupré, 1834.

crique et les bâches deux espaces, l'un de 400 mètres, l'autre de 480, qui ne découvraient que d'un pied à mer basse, et par lesquels on pouvait accéder au banc. Il est difficile, dans cet état, de considérer ce banc, qui d'ailleurs n'était point encore couvert de végétation, comme une alluvion s'attachant au rivage.

La situation fournie par la carte du dépôt de la guerre, levée en 1832 et publiée en 1844, est identique à celle résultant de la carte de 1834.

Au surplus, en 1835, ce banc n'existait plus, et on citera à l'appui de cette assertion :

1° Le rapport de la commission instituée par arrêté du 20 juin 1835, pour rechercher et constater quelle est la ligne de séparation des rives de la Seine d'avec le rivage de la mer, dans lequel on lit (*voir documents, page 90*) :

Au commencement du XVIIe siècle, en 1613, un procès existait entre divers particuliers et la dame d'Orcher ; il avait été renvoyé, par arrêt du conseil du roi, au parlement de Grenoble, le 6 février 1613, et fut terminé par une transaction, qui reçut la sanction de l'autorité supérieure. Trois lots furent faits du marais litigieux, se trouvant en deçà de la rivière d'Harfleur, allant vers le château d'Orcher ; des bornes furent apposées en terre ferme, pour la séparation de ces lots. Deux lots échurent à la dame d'Orcher, un lot fut dévolu à ses adversaires ; les bornes existent encore. Le lot de la dame d'Orcher, du côté de l'Ouest, forme des herbages enclos et en plein rapport. Le lot mitoyen sert de commune pâture aux propriétaires des fermes que possédaient, en 1613, les parties adverses de la dame d'Orcher. *Quant au dernier lot, du côté de l'Est, les eaux l'ont enlevé.*

Bail de Nagu à Simon, 1er septembre 1827.

Et 2° un bail du 1er septembre 1827, prorogé le 3 septembre 1838, par Mme de Nagu à Simon (pièce produite par les adversaires), sur lequel on a mentionné à la date du 9 septembre 1835 que les clauses du bail ne peuvent être exécutées *à cause de l'enlèvement des marais tant dans la partie close que dans la partie non close*, et que chaque année il sera fait un arpentage.

Les marais de la Pêcherie ont été de nouveau submergés en 1839 (voir conclusions de Bernis, du 24 novembre 1883).

En 1853, les bancs avaient réapparu, grâce aux endiguements pratiqués dans la Seine ; mais ils n'avaient pas encore atteint l'altitude à laquelle on voit la végétation se développer. La carte hydrographique dressée par MM. Chazallon et Gaussin, indique que du chenal de la Seine aux digues de la Pêcherie et à la côte septentrionale, le fonds est en nature de sable et élevé seulement de 6m50. Sous le château d'Orcher, l'altitude n'est plus que de 5m70. **Carte Chazallon et Gaussin, 1853.**

En 1875, M. Estignard, ingénieur hydrographe, a procédé à une reconnaissance des fonds de la baie. Il a constaté que tous les fonds, entre le Hoc et le Hode étaient herbés et atteignaient près de la côte les hauteurs de 8m30, 8m20 et 8m10, c'est-à-dire celles des plus fortes marées. Tous ces atterrissements ont donc moins de 30 ans d'existence. **Carte Estignard, 1875.**

Une dernière reconnaissance hydrographique a été effectuée par M. l'ingénieur Germain en 1880. Certains passages de son rapport présentent un réel intérêt: **Carte Germain, 1880.**

La reconnaissance hydrographique de 1880 avait pour objet principal de constater et de mesurer les modifications que la baie de Seine avait pu subir depuis la reconnaissance exécutée, en 1875, par M. Estignard, c'est-à-dire dans un espace de cinq années pendant lequel, aucun travail d'endiguement n'ayant été exécuté, le régime des eaux avait été pour ainsi dire laissé à lui-même. **Rapport Germain, 1880.**

Entre le méridien de l'entrée de la Seine endiguée et la ligne joignant Honfleur à la pointe du Hoc, les bancs herbés se sont généralement exhaussés et atteignent, à des distances de la côte moindres qu'en 1875, le niveau des plus hautes mers (8m30 environ) ; mais, à l'Ouest du Hoc et de Honfleur, la ligne de côte ne s'est pas sensiblement modifiée.

Au Nord, le grand banc de sable vaseux qui séparait le chenal des bancs herbés paraît s'être abaissé, tandis que le sol des bancs herbés s'est élevé, sur presque toute son étendue, jusqu'au niveau des pleines mers de vive-eau, 8m30.

(Lennier, l'*Estuaire de la Seine*, vol. 1, page 166).

Comme dernière preuve que la mer inondait tous les atterrissements qui se sont formés dans la baie de Seine, depuis la construction des digues, on citera la découverte d'un cadavre faite, le 11 juin 1864, sous Orcher, à peu de distance du rivage. Le *Journal du Havre* du 14 juin 1864 relate ce fait de la manière suivante : **Journal du Havre, 14 juin 1864.**

Il restait à savoir comment l'infortuné M. Decaens est tombé à l'eau, et comment son corps a été transporté en Seine, enfoui sous les sables et découvert onze ans après.

M. Decaens est tombé à l'eau dans l'avant-port du Havre, en novembre 1853.

La chute s'explique par un retour subit du malaise que M. Decaens avait déjà ressenti. La direction du flot montant laisse deviner comment le corps a été emporté en rivière. Enfin, on sait quelle est la mobilité des bancs de sable dans la Basse-Seine.

A l'époque de l'événement, la mer venait battre la base des falaises du côté d'Orcher, où le corps a été déposé par le flot.

Plus tard, des alluvions ont exhaussé le terrain graduellement. Ce n'est que dans ces derniers temps que le cours du fleuve s'étant de nouveau modifié, la mer a repris ces terrains, enlevé les couches de sable et de détritus superposés, et remis à jour le corps enseveli pendant 10 ans.

Rapport de M. Vauthier, Ingénieur, du 3 janvier 1881.

Le comblement de la baie de Seine est donc un fait très récent qui, du reste, est reconnu par tous les écrivains qui se sont occupés de l'amélioration de la navigation entre Rouen et la mer, et M. Vauthier, l'ardent et savant défenseur du Port de Rouen, le reconnaît lui-même en ces termes, dans son rapport sur les améliorations dont sont susceptibles la Seine maritime et son estuaire, en 1881, page 33 :

Il est bien évident, et personne n'a pensé à le contester, que depuis la terminaison des digues (1867), il s'est formé au Nord, entre la pointe du Hoc et Tancarville, en passant par le Hode, de vastes atterrissements qui ont relevé le niveau moyen de la baie, et remplacé par des alluvions *qu'atteignent à peine les plus fortes marées, des espaces que les marées recouvraient antérieurement de hauteurs d'eau plus ou moins considérables.*

M. Vauthier dans son rapport, page 37, constate, en outre : « qu'en » 1863, à 5 kil. au Nord du chenal principal, *se trouvait* sous le château » d'Orcher et Rogerville un chenal secondaire tout prêt à recevoir le courant. »

Instances de Bernis et de Mortemart

Renseignements particuliers.

L'inondation des marais peut être encore établie par les opérations de délimitation du rivage de la mer, en date du 30 mars 1873 (*voir le volume des documents*), et tout particulièrement au moyen des documents ci-après désignés et produits par les adversaires, dans le cours du procès.

Savoir :

1° Bail du 8 août 1854, consenti par Mme de Nagu à Simon, des prairies closes et non closes de digues, dans lequel on lit :

Bail de Nagu à Simon, 8 août 1854.

Si une partie des *herbages clos de digues était enlevée par les eaux de la Seine* il en serait tenu compte au preneur ; l'enlèvement des terrains non clos n'est pas susceptible d'indemnité.

La mer baigne donc les digues.

2° Bail du 11 mars 1867, par M. de Bernis à Bouju, renfermant la clause suivante :

Bail de Bernis à Bouju, 11 mars 1867.

Entretien et, si besoin est, reconstruction des digues extérieures qui existent actuellement ou qui seront établies, quand même la *dégradation ou la démolition totale de ces objets serait occasionnée par la rapidité des eaux ou le flux de la mer.*

3° Conclusions prises devant le Tribunal du Havre, le 24 novembre 1883, ainsi conçues :

Conclusions de Bernis et de Mortemart, 24 novembre 1883.

Considérant que, pendant les inondations du marais, le chenal navigable ne s'étendait pas jusqu'aux falaises ; qu'il restait toujours *un banc d'alluvions, plus ou moins herbé*, **qui découvrait à marée basse**.

De toutes ces observations, on peut conclure que les marais non endigués ont fait partie du rivage de la mer, couvert périodiquement par le grand flot de mars, jusqu'en 1882, époque à laquelle les travaux du canal de Tancarville ont été entrepris, et qu'ils n'en sont sortis qu'à cette dernière date, pour être rangés dans le domaine de l'Etat, à titre de *lais de mer*.

Instance commune de Gonfreville.

En ce qui concerne la commune de Gonfreville, on trouve la preuve que les terrains revendiqués étaient recouverts par la mer, lors des grandes marées, dans les documents ci-après :

1° Délibération du 10 mai 1853, par laquelle le Conseil municipal de Gonfreville, décide la construction le long de la mer, d'une digue désignée sur le plan par les lettres O K :

Délibération du Conseil municipal de Gonfreville, 10 mai 1853.

M. le Maire expose au Conseil municipal que depuis longtemps il eût été nécessaire de faire une digue sur le marais communal pour empêcher la mer de submerger le terrain et l'endommager...

Devis des travaux à exécuter, 22 mai 1853.

2° Devis des travaux à exécuter sur le terrain des marais appartenant à la commune de Gonfreville, pour l'endiguement et la clôture dudit marais, dressé par Fréval, entrepreneur, le 22 mai 1853, et approuvé par le Maire le 23 du même mois, duquel il est extrait :

1° Construction d'une digue le long de la mer, depuis la propriété des héritiers de Mortemart, etc... Le surplus des terres sera pris *en dehors* de la digue, *le long de la mer.*

2° Construction de deux buses, dans la digue, pour l'écoulement des eaux ayant un clapet avec ferrures, *fermant à la mer montante et ouvrant à la mer basse.*

On craignait donc que la mer ne pénétrât sur le terrain communal.

Rapport du Conseil municipal de Gonfreville, 5 août 1861.

3° Rapport présenté au Conseil municipal de la commune de Gonfreville, dans sa séance du 5 août 1861, en réponse au mémoire de MM. les héritiers de Mortemart :

Le Maire de Gonfreville-l'Orcher considérant... que ce qu'ils (les héritiers de Mortemart) revendiquent aujourd'hui *c'est la propriété de cet ancien marais d'Orcher* **disparu sous les flots pendant très longtemps** et remplacé aujourd'hui par des alluvions de formation relativement toute récente, dont la commune est en possession, exclusivement à tous, depuis qu'elles existent...

Mais considérant que, dans tous les cas, ces prétendus titres ne concerneraient que l'ancien marais d'Orcher, *lequel a disparu sous les flots depuis de longues années*, et resteraient sans application à des alluvions nouvelles, de formation très récente et dont la commune a pris possession aussitôt qu'elles ont surgi, avec un commencement de consolidation, *du lit même du fleuve ou des bancs mobiles et submersibles qui le bordent.*

Délibération du Conseil Municipal de Gonfreville du 14 Octobre 1868.

4° Délibération du Conseil municipal de Gonfreville, du 14 octobre 1868, ainsi conçue :

Le Conseil, après en avoir délibéré, considérant que pour assurer l'avenir des ressources communales et *soustraire les alluvions à l'invasion des grandes marées*, il est très urgent de commencer, dans le plus bref délai, l'endiguement d'une portion des alluvions (il s'agit de la parcelle n° 16 du cadastre), conformément au mode suivi antérieurement et *qui a pour effet de donner à la commune un herbage parfaitement consolidé et d'un excellent rapport.*

5° Procès-verbal de contravention dressé par le service des Ponts et Chaussées le 26 avril 1869, et constatant que la commune de Gonfreville *a établi une seconde renclôture (O T V K du plan) sur un terrain que la mer recouvrait lors des marées d'équinoxe et que cette renclôture a eu pour résultat d'arrêter l'expansion des marées.*

Procès-verbal de contravention du 26 avril 1869.

Et 6° Lettre du Commissaire de l'Inscription maritime du Havre, au Commissaire général en date du 1er juillet 1872, n° 211, relative aux travaux que M. le Maire de Gonfreville faisait exécuter, dans laquelle on lit :

Lettre du Commissaire de l'Inscription maritime du 1er juillet 1872.

Cette affaire fait ressortir une fois de plus la nécessité de délimiter le rivage maritime. Déjà la digue a été construite il y a quelques années, malgré les protestations des Ponts et Chaussées, *et a enclavé une grande quantité de terrains sur lesquels la mer ne peut plus aujourd'hui pénétrer quoique son niveau soit plus élevé.*

Communes de Rogerville, Oudalle, Sandouville, La Cerlangue et Tancarville

Renseignements généraux

S. B. J. Noël, en 1802, disait (Tableau statistique de la navigation de la Seine, Rouen 1802, page 17 et suivantes) :

Tableau statistique de la Navigation de la Seine, par Noël, 1802.

Après les marais de Radicatel, on trouve le nais de Tancarville. La falaise du nais n'a rien de remarquable, tout annonce dans ses coupes abruptes qu'elle a été autrefois battue par les eaux.

Du nais de Tancarville, la côte décrit une légère courbe jusqu'au Hode, autre pointe qui, dans le système actuel de l'embouchure de la Seine, correspond avec celle de Grestain, sur la rive du Sud. *Dans l'intervalle qui sépare le nais du Hode, il n'existe point en ce moment de terres d'alluvions, parce que le courant principal de la Seine ronge aujourd'hui le pied de la côte.*

En continuant de se diriger au Nord-Ouest, on trouve les côteaux de Sandouville, ceux de Rogerville et de Gonfreville, coupés par les vallons d'Oudalle et autres, qui, originairement, ont été le produit naturel de quelques grands ravins, lorsque les campagnes voisines étaient encore couvertes de bois.

A partir d'Orcher, en suivant les basses terres *et les marais inondés dans les hautes marées des grandes mers, surtout aux équinoxes*, tout le sol est le produit des alluvions jusqu'à l'embouchure de la Lézarde.

Les plans cadastraux des communes de Rogerville et d'Oudalle, terminés en 1823, constatent que le rivage de la mer s'étendait jusque vers les parcelles A, 218, 226, 227 et 222 de la commune de Rogerville, et B, 256, 232, 195, 196, de la commune d'Oudalle. Ceux de Sandouville, St-Vigor, La Cerlangue et Tancarville montrent également la Seine au pied des falaises et n'indiquent aucune alluvion dans ces parages.

Pétition Lefebvre, Taveau et Martin, 22 août 1826.

Quelques années après la confection du cadastre, les sieurs Lefebvre, chevalier de St-Louis, Taveau et Martin, ayant remarqué que les terrains d'alluvion situés dans les communes de Rogerville, Oudalle et Sandouville ne figuraient pas sur les plans cadastraux, adressèrent une lettre à M. le Préfet de la Seine-Inférieure, à la date du 22 août 1826, pour demander que ces terres d'alluvion y soient portées. Mais, dès le lendemain, M. le Maire de St-Romain protestait contre cette demande dans une lettre à M. le Préfet, conçue en ces termes :

Protestation du Maire de Saint-Romain, 23 août 1826.

Les terrains dont il s'agit se composent de 2,000 acres de terre environ que *la Seine laisse à découvert dans le moment et qu'elle reprend et abandonne successivement plusieurs fois dans le cours d'un siècle.*

Les communes voulurent alors, par application du Code civil, empêcher les riverains de s'emparer des terrains herbus abandonnés par la Seine. Dans une enquête faite par le juge de paix de St-Romain le 12 août 1827 *(voir le volume des Documents, page 35)*, douze témoins déposèrent que l'apparition originaire des atterrissements s'était manifestée depuis trente ou quarante ans, *vers le milieu du lit de la Seine*, et que, depuis quelques années seulement, par l'effet du retrait des eaux, tout l'espace compris entre la berge et les terrains qui avaient ainsi apparu, tendait à se combler.

Enquête devant le Juge de paix de Saint-Romain, du 12 août 1827.

Ces terrains, déclaraient ces témoins, se sont montrés sous forme d'îles, couvertes plus tard de pâturages, à une distance d'un demi-kilomètre du rivage et quelquefois plus.

Le mémoire des communes de Rogerville, Oudalle, Sandouville, La Cerlangue et Tancarville contre les riverains (1827) *(voir Documents, page 8)*, prouve que les dépositions de ces témoins n'étaient point exagérées et précisaient, d'une manière exacte, le mode de formation des alluvions dans la baie de Seine.

De ce document on extrait ce qui suit :

Il se forme par intervalles, sur les différents points de la partie inférieure du canal de la Seine, depuis Quillebeuf jusqu'à Orcher, des atterrissements considérables qui, à peine formés, sont détruits par l'action des marées, pour faire place à un nouveau canal que ce fleuve se forme sur l'emplacement qu'ils occupaient, et sont reportés sur un autre point où ils sont également bientôt détruits pour être reportés ailleurs.

Ce phénomène est attribué à l'action des marées : on sait, en effet, que la mer remonte dans la Seine jusqu'à une très grande distance et qu'elle s'élance, en quelque sorte, dans le lit de ce fleuve, avec une violence et une impétuosité qu'aucune force humaine ne saurait arrêter.

Les eaux ainsi élevées au-dessus du niveau du sol voisin, le couvrent, minent les terres légères et sablonneuses qui le composent, et, se trouvant arrêtées dans des cavités, se pratiquent, par infiltration, des issues dont l'action des marées augmente l'étendue, et bientôt en enlèvent des masses énormes qui semblent tomber au fond du lit du fleuve avec un fracas épouvantable, mais qui réellement sont reportées sur un autre point où elles forment un nouvel atterrissement.

L'apparition de ces atterrissements est, en général, subite ; cependant ils s'accroissent encore pendant l'espace de 6 mois à un an ; alors ils restent stationnaires pendant un temps plus ou moins long ; mais bientôt les causes qui les avaient produits viennent les détruire et en former de nouveaux sur un autre point.

C'est ainsi que se forment, sur la rive droite de la Seine, les atterrissements qu'on trouve par intervalles, en face de Radicatel, Tancarville, St-Vigor, Sandouville, Oudalle, Rogerville et Orcher.

Au bout d'un certain temps, le terrain reconquis sur les eaux se couvre d'herbe et devient un pâturage abondant.

Il ne faut pas croire cependant que jamais le fleuve l'abandonne en entier ; aux époques mêmes de sa plus grande prospérité, il le couvre de ses eaux deux fois par mois, c'est-à-dire lors des grandes marées des nouvelles et des pleines lunes...

Nous avons vu que ce terrain, *successivement submergé ou abandonné par la mer ou la Seine*, n'a aucune fixité ; *que ne pouvant être mis à l'abri des envahissements du fleuve dont les eaux le couvrent encore deux fois chaque mois*, il n'est susceptible ni de culture, ni d'aucune amélioration.

Cette assertion est reconnue par Madame la duchesse d'Albuféra, MM. Lefebvre, Taveau, Martin et Champion, propriétaires de terrains à La Cerlangue, Oudalle, Sandouville, Tancarville et Rogerville, dans leur pétition adressée à M. le Préfet le 28 mars 1827, à la suite de la publication du mémoire des communes *(voir le volume des Documents, page 19).*

Dans cette pétition, il est énoncé ce qui suit :

Lorsque ces atterrissements demeurent à sec, ils prennent de la consistance, *mais les grandes marées les couvrent encore de temps en temps* et y déposent de nouveau ce limon auquel ils doivent leur existence, ce qui augmente de plus en plus la hauteur. (*Loco citato, page 24.*)

Il faut donc reconnaître que les atterrissements ne résultent pas d'une extension successive et imperceptible de la rive et de son empiètement sur les eaux, mais d'un amoncellement de terrain et de *vase au milieu du cours du fleuve ;* et que, même en complet état de maturité, ils *sont recouverts par la mer deux fois par mois*, lors des *grandes marées.*

Ces faits peuvent encore être établis :

Lettre du Receveur de Saint-Romain, du 11 septembre 1827.

1° Par une lettre du Receveur de St-Romain, en date du 11 septembre 1827, dans laquelle on lit :

Entre les terrains d'alluvion et les propriétés de la duchesse d'Albuféra et autres propriétaires riverains (communes de Tancarville, La Cerlangue, Sandouville, Oudalle et Rogerville), *il existe et a toujours existé un courant plus ou moins considérable dont le lit est encore d'une certaine profondeur, mais dans lequel présentement les eaux ne coulent en abondance que lors des marées des pleines et nouvelles lunes, parce que ces atterrissements ayant commencé à environ une lieue au large, ont fini par se rapprocher des fonds des propriétaires riverains.*

2° Par une seconde lettre du même agent en date du 22 juin 1842 *(voir le volume des Documents, page 95)*, faisant connaître ce qui suit :

Il est constant que tous les renseignements que j'ai pris, auprès des maires, des adjoints et autres notables habitants de la côte, indiquent en thèse générale que les atterrissements qui couvrent les fonds de Tancarville, St-Vigor, Sandouville, Oudalle et Rogerville, jusqu'à Harfleur, *étaient créés dans le lit du fleuve* pour venir ensuite s'épancher sur les bords.

Et 3° par une lettre du 22 juin 1830, adressée par le Directeur des Domaines de Rouen à M. le Préfet, conçue en ces termes *(voir le volume des Documents, page 50)* :

Un courant d'une certaine profondeur a séparé longtemps dans toute leur étendue et *sépare encore aujourd'hui*, dans certaines parties, l'atterrissement des propriétés riveraines ; *la partie de l'atterrissement la plus éloignée de la rive étant sortie la première du sein des eaux* est plus élevée que celle qui l'avoisine ; enfin, il y a peu de temps encore, cette partie fournissait déjà des récoltes de foin tandis que l'autre, d'une formation plus nouvelle, n'était susceptible de rien produire.

Dans cet état de choses, il paraît constant que si les atterrissements doivent être considérés comme formés dans le fleuve, ils appartiennent à l'Etat comme îles.

M. le Directeur proposait donc au Préfet d'autoriser le Domaine à se mettre en possession.

Mais ces atterrissements ne tardèrent pas à disparaître. Ce qui le prouve, c'est que M. le Préfet répondait à cette proposition, le 13 juillet 1830, dans les termes suivants *(voir le volume des Documents, page 54)* :

Je suis informé qu'il ne reste plus rien de ces terrains, lesquels auraient été enlevés par l'impétuosité du fleuve.

C'est une raison qui me force à ajourner l'examen de votre proposition, car, s'il n'y a plus de terrain en litige, toute mesure devient inutile et toute contestation cesse.

Le Receveur de St-Romain, par une lettre du 22 juillet 1830 *(voir le volume des Documents, page 56)*, le constate aussi de la manière suivante :

Les atterrissements qui existaient à Rogerville et Oudalle, qui étaient contigus aux propriétés Lefebvre, Martin et autres, *ont entièrement disparu.*

La carte du dépôt de la Guerre, publiée en 1832, et la reconnaissance hydrographique de 1834 font voir que ces alluvions se reformèrent peu de temps après. En effet, le chenal de Tancarville au Hode persistait à suivre les falaises; mais les bancs situés devant Oudalle, Rogerville et Sandouville commençaient à se souder au rivage. L'adoucissement de la teinte représentant le sable sur la carte marine indique qu'une dépression existait le long de la falaise.

Instances de Bois-Hébert et Pinguet

Renseignements communs

En ce qui concerne les terrains revendiqués contre les sieurs de Bois-Hébert et Pinguet, nous pouvons démontrer par des documents spéciaux que la mer les a recouverts jusqu'à leur disparition, en 1830. En effet, dans la pétition adressée à M. le Préfet, le 28 mars 1827 *(voir Documents, page 19)*, par quelques propriétaires riverains (pétition que nous avons déjà citée page 46) il est reconnu ce qui suit :

Que la propriété de M. Lefebvre (auteur de Pinguet) est en grande partie de niveau à la rivière, et dans les hautes marées, les *eaux viennent battre jusque contre les fossés de sa masure*. Il arrive même souvent qu'il éprouve des dommages considérables sur son terrain.

Le père du sieur Quertier, actuellement maire de Rogerville, a lui-même signé, en 1810, un certificat qui atteste ces dégâts causés par les eaux. Ce n'est pas d'aujourd'hui que ces inconvénients existent puisque nous voyons dans un procès-verbal dressé les 22 et 26 germinal an 6, par des experts nommés par le gouvernement, que la propriété Lefebvre n'a été estimée que la somme de 11,500 fr., vu la mauvaise qualité du terrain, ainsi qu'à cause de la situation incommode de cette ferme, étant exposée aux inondations.

... Les autres propriétaires sont absolument dans le même cas. Il arrive à chaque instant *que des portions assez considérables de leurs terrains sont enlevées, submergées ou englouties.*

Mais, dit-on, il existe un chemin qui traverse la commune de Rogerville, entre les propriétaires riverains et les alluvions; ainsi celles-ci sont donc séparées des terrains des propriétaires qui les réclament ? Il n'existe véritablement pas de chemin, *on y passe à pied très difficilement et à marée basse.*

Au-devant du fossé de la mâsure de M. Lefebvre existe une rangée d'arbres à pied ; ces arbres sont anciens, *et les navires venaient s'y attacher avant la formation des alluvions, c'est-à-dire il y a environ 25 ou 30 ans. Au pied de ces arbres est le sentier ; dans les grandes marées, la Seine bat jusqu'au pied des arbres en couvrant ce sentier.*

Le cours du fleuve qui vient miner et enlever le pied de la falaise, occasionne des éboulements considérables ; ces éboulements diminuent et ruinent la propriété du dessus.

La description des atterrissements situés sur le territoire de Rogerville est, en outre, rapportée dans une enquête faite devant un juge du Tribunal civil du Havre, les 31 juillet, 21 et 31 août 1829, lors d'un procès suivi contre le sieur Lequesne par le sieur Lefebvre alors propriétaire de la ferme de Rogerval (aujourd'hui héritiers Pinguet).

Enquête des 31 juillet, 21 et 31 août 1829.

Voici quelques extraits des dépositions : les sieurs Vincent, Carpentier et Delesque (2e, 3e et 4e témoins), ont déclaré que les moutons allaient paître :

Sur la totalité du terrain Lefebvre dans l'hiver comme dans l'été, chaque fois que le temps était favorable pour les faire sortir et autant *toutefois que ledit terrain n'était pas couvert par la mer, ce qui n'arrivait, du reste, que dans les fortes marées. Les moutons susdits y ont été ainsi pendant cinq ou six ans et n'ont cessé que depuis un an, à peu près, qu'il est couvert par la mer.*

Le 9e témoin, le sieur Pitte, a fait la déposition suivante :

Le terrain Lefebvre avait environ un demi-quart de lieue de profondeur sur trois ou quatre cents pas de largeur; il était couvert d'herbes, mais *la mer le gagnait tous les jours et il a même fini par être entièrement couvert depuis plus d'un an.*

Le 1er témoin de la contre-enquête a déclaré :

Contre-enquête du 31 août 1829.

En 1826, ce qui se trouvait en face de M. Lefebvre était un assez bon pâturage, *la mer le gagna au bout de quelque temps, de manière qu'à la fin de 1827 il était déjà considérablement diminué et qu'à la fin de 1828 il était entièrement couvert d'eau.*

Le 4e témoin a confirmé en ces termes les déclarations précédentes :

Je sais que le troupeau de M. Lequesne ne pouvait y aller que dans l'été et que *depuis plus d'un an le terrain est entièrement couvert par la mer.*

Il n'est question de la réapparition des marais de Rogerville, pour M. de Bois-Hébert :

Déclaration de succession de Martainville, du 22 octobre 1859.

1° Que dans la déclaration de succession du 22 octobre 1859, après le décès du fils de Martainville, où on énonce qu'il existe une alluvion non louée dont on ne peut déterminer l'étendue, mais qu'on reconnaît ne pouvoir dépasser un revenu brut de 200 fr.

Déclaration de succession de Bois-Hébert, du 28 avril 1863.

Et 2° dans celle du 28 avril 1863, au décès de de Bois-Hébert, où on déclare l'existence d'alluvions d'une étendue très variable qu'il est impossible de déterminer, louées verbalement pour le prix de 300 fr.

Et pour les héritiers Pinguet :

Déclaration de succession Pinguet du 26 Janvier 1861.

1° Dans la déclaration de succession, faite le 26 janvier 1861 après le décès du sieur Pinguet, qui comprend seulement un hectare environ de terrains alluvionnaires ;

Déclaration de succession Pinguet du 10 juillet 1866.

2° Et dans celle du 10 juillet 1866, après le décès d'un des héritiers Pinguet, conçue dans les termes suivants :

Alluvions sur Rogerville. — La contenance de cette alluvion qui varie sans cesse ne peut-être déterminée. Aujourd'hui, elle présente 500 mètres de large sur 500 mètres de long.

De toutes ces observations, on peut conclure que les consorts de Bois-Hébert et héritiers Pinguet n'ont pris possession des terrains revendiqués que vers l'année 1860, au plus tôt, et que cette jouissance, en la supposant dans les conditions prévues par l'article 2,229 du code civil, ne serait pas assez longue pour leur permettre d'invoquer la prescription (l'instance ayant été engagée en 1883), même dans l'hypothèse où ces terrains auraient, dès cette époque, été susceptibles de prescription, comme sortis définitivement du domaine public et entrés, par suite, dans le domaine privé de l'Etat.

D'ailleurs, il est constant que ces atterrissements n'ont pas cessé d'être couverts par le plus grand flot de mars jusqu'à l'époque où les travaux du canal de Tancarville ont été commencés et qu'ils étaient, dès lors, imprescriptibles et inaliénables.

Ce fait peut être démontré, notamment :

1° Par le proçès-verbal de conférence du 22 avril 1872, sur la construction d'un chemin de fer d'intérêt local du Havre à Caudebec, dans lequel on lit : P. V. de conférence du 22 avril 1872.

Entre Harfleur et le Hode, le tracé passe au pied des falaises bordant la rive nord de la Seine, et *s'établit sur des alluvions couvertes par le plus grand flot de mars.*

Tant que la délimitation du rivage maritime n'aura point été faite, il n'est point possible de laisser exécuter des travaux qui auraient *pour résultat de soustraire à l'action de la marée des espaces plus ou moins considérables, tel serait le cas particulièrement en avant des fonds de Rogerville, de Rogerval et d'Oudalle* ; la délimitation serait, en effet, faussée en ces points, la mer ne pouvant s'étendre au-delà du remblai du chemin de fer.

Avis de l'Ingénieur en chef des Ponts-et-chaussées (Ports maritimes).

Nous ne pouvons qu'appuyer cet avis, car il est bien évident que *l'établissement de la levée du chemin de fer entraverait l'expansion du grand flot de mars sur les alluvions situées entre cette levée et le littoral et qu'après la construction de cette ligne, il ne serait plus possible de discuter les limites du rivage maritime.*

Et 2° par les opérations de délimitation du 30 mars 1873, desquelles il résulte que le flot est venu baigner le talus de remblai du chemin de grande communication, n° 81, sur les territoires de Rogerville, d'Oudalle, de Sandouville et de St-Vigor, jusqu'au cap du Hode. *(voir le volume des documents, page 153).*

Pour justifier que les marais situés sur ces communes faisaient encore, tout récemment, partie du rivage de la mer, on citera :

1° L'acte reçu par Mᵉ Dupont, notaire à St-Romain, le 21 mai 1854, dans lequel M. de Crétot, en vendant sa ferme à M. Morisse, déclare qu'il n'existe plus d'alluvions attenantes à sa propriété ; Vente de Crétot à Morisse, 21 mai 1854.

Et 2° le procès-verbal de conférence du 15 février 1875, relatif à la construction, sur les territoires de St-Vigor et de Sandouville, du chemin de grande communication n° 81, du Havre à Caudebec, dans lequel il est énoncé que « *les marais actuellement recouverts par le flot de mars et sur lesquels s'établit la route projetée, font partie du Domaine public* ». Procès-verbal de conférence du 15 février 1875.

Il convient de faire remarquer :

1° Que, dans leur pourvoi devant le Conseil d'Etat à l'effet de faire annuler le décret de délimitation du 9 juin 1877, les riverains ont reconnu que *les terrains compris par l'Administration dans le rivage de la mer sont incontestablement recouverts par l'eau lors des grandes marées (page 7 du mémoire)*;

Procès-verbal du 6 novembre 1883.

2° Que la digue Sud du canal du Havre à Tancarville a été crevée en différents endroits par la marée du 17 octobre 1883, ainsi que l'Administration des Ponts-et-Chaussées l'a fait constater par un procès-verbal du 6 novembre 1883;

Rapport du Syndic des gens de mer d'Harfleur, des 24 et 28 Janvier et 3 février 1886.

3° Que le syndic des gens de mer d'Harfleur, dans trois rapports des 24 janvier, 28 janvier et 3 février 1886, a expliqué qu'il a vu monter la mer de plus de 1m30 sur la route d'Harfleur à Rogerville (chemin de grande communication n° 81), et que, vers 1860, pour aller à Oudalle et à Sandouville, les pêcheurs d'Harfleur suivaient habituellement un petit sentier situé au pied des falaises d'Orcher et de Rogerville, mais que cette voie de communication était impraticable dans les grandes marées, c'est-à-dire huit fois par an ;

Rapport du Syndic des gens de mer de Tancarville, du 11 février 1886.

4° Et que le syndic des gens de mer de Tancarville a fourni divers renseignements dans un rapport du 11 février 1886, ainsi conçu :

J'ai consulté les anciens marins ci-après dénommés, que j'ai pu trouver chez eux : Baillobay (Jacques-Ambroise), 69 ans, né et domicilié à St-Vigor; Ouard (François-Boniface), 49 ans, né et domicilié à Sandouville ; Cotelle (Jacques-Alphonse), 62 ans, domicilié à Oudalle depuis 1856 ; Brument (Pascal-Isidore), 72 ans, habitant Oudalle depuis son enfance.

De tous ces renseignements, il résulte qu'avant la construction du canal de Tancarville, *la mer est toujours montée, dans les marées de 8m, au Havre, d'environ 60 centimètres au-dessus du pied des falaises qui bordent la côte sur toute l'étendue comprise entre les pointes du Hode et de Rogerville.* Le pied de ces falaises est au même niveau, à quelques centimètres près, et n'est interrompu qu'aux anses ou ravins de St-Vigor, Mortemer, Sandouville, Oudalle et Rogerville, sur la largeur d'ouverture des anses seulement. Les ouvertures des anses de Mortemer et d'Oudalle sont fermées par une sorte de digue avec canal et, dans les marées précitées, la mer entrait dans l'étang de Mortemer et recouvrait toute la partie où poussent actuellement des roseaux. La mer rentrait également dans la petite rivière d'Oudalle (aux mêmes marées), inondait une partie de la plaine jusqu'au moulin à eau qui est à environ un kilomètre au fond, et l'on a vu, plusieurs fois par an, ce moulin arrêté, pendant la haute mer, à cause du gonflement de l'eau.

On voit, du reste, encore très bien, presque partout, par la couleur du sol et la végétation, les anciennes traces de la mer.

Les alluvions partaient du pied des falaises ; elles se sont formées et ont été renversées plusieurs fois, à la connaissance des anciens marins. Ainsi, d'après ce que m'a assuré le sieur Baillobay (Jacques-Ambroise), qui me semble intelligent et avoir bonne mémoire, en 1830-32, il y avait la moitié moins d'alluvions qu'aujourd'hui ; en 1838, il n'y en avait pas du tout et les navires passaient à ranger la côte entre les pointes d'Orcher et du Hode. Les alluvions revinrent encore, mais très peu étendues ; elles disparurent encore de 1855 à 1862, et, à cette dernière époque, elles se reformèrent de plus en plus jusqu'en 1870 et, depuis, elles sont restées à peu près de même étendue jusqu'aujourd'hui. Les marins attribuent cette stabilité à l'endiguement de la Seine.

Enfin, les renseignements de ces marins concordent, excepté que ceux d'Oudalle disent que le moins d'alluvions qu'ils ont vu était de deux cents à trois cents pas de largeur, partant de la côte devant Oudalle et se terminant à rien devant Sandouville et Rogerville.

De tous ces faits, il résulte :

1° Que le terrain revendiqué contre les héritiers Bobée, compris entre la digue de 1828 et celle de 1875, n'a été soustrait à l'action des marées que lors de la construction de cette dernière digue, c'est-à-dire en 1875 ;

En ce qui concerne la zône au Nord du Canal de Tancarville :

2° Que les marais possédés par MM. de Bernis et de Mortemart ont fait partie du Domaine public maritime, jusqu'au moment où les travaux de ce canal ont été entrepris, c'est-à-dire jusqu'en 1882 ;

3° Que les terrains revendiqués contre la commune de Gonfreville sont passés dans le Domaine de l'Etat, à titre de lais de mer, en 1869 pour la parcelle endiguée à cette date, et, pour le surplus, lors de la construction du canal de Tancarville ;

4° Que les marais de Rogerville, dont les sieurs de Bois-Hébert et Pinguet se prétendent propriétaires, n'ont commencé à se former que vers 1860, et qu'ils ont été couverts par le flot de mars jusqu'au moment de la construction du canal;

5° Que les terrains situés sur les territoires d'Oudalle, de Sandouville et de St Vigor, jusqu'au cap du Hode, faisaient encore partie du Domaine public à la même époque.

Caractère maritime de la Baie de Seine

§ 1er. — *Considérations physiques et géologiques*

Les considérations physiques et géologiques démontrant le caractère maritime de la baie de Seine se trouvent mentionnées dans un rapport au Conseil d'Administration des Domaines, séance du 10 octobre 1834 (*voir le volume des documents, page 76*); dans les rapports de l'ingénieur en chef du Calvados, du 7 septembre 1852 *(voir le volume des documents, page 101)*, de M. Partiot, ingénieur, du 12 mars 1854 *(voir le volume des documents, page 105)*, et de M. Beaulieu, ingénieur en chef, du 25 mars 1854 *(voir le volume des documents, page 114)*; dans le mémoire de l'ingénieur Marchal *(voir le volume des documents, annexe n° 1)*, et dans le rapport de M. Arnoux, ingénieur, en date du 26 décembre 1873 *(voir le volume des documents, page 214)*. Elles sont discutées dans le rapport de la Commission de délimitation du 8 juillet 1836 *(voir le volume des documents, page 87)*. On les voit adoptées par la Chambre de Commerce de Rouen suivant avis du 16 juin 1854 *(voir le volume des documents, page 118)*; par la Commission d'enquête dans sa réunion du 21 novembre 1854 *(voir le volume des documents, page 126)*, et par la Commission permanente de la domanialité maritime au Ministère de la Marine, suivant avis du 5 décembre 1866 *(voir le volume des documents, page 142, et aussi le rapport de l'amiral Bourgois, qui y figure également, page 233*.

Il convient d'y ajouter quelques renseignements tirés de la géographie.

§ 2. *Définitions données par les Géographes*

Les géographes enseignent, généralement, que la Seine se jette dans la Manche entre Le Havre et Honfleur, et les adversaires de l'Etat en concluent que les données de la science, les idées reçues et les traditions s'opposent à ce que l'on considère les parties situées *en amont de Honfleur* comme baignées par la mer.

Il faut, d'abord, remarquer que, pour une question de détail comme celle-ci, l'opinion des géographes ne peut posséder aucune valeur juridique. Pourquoi ?... parce que les géographes procèdent par masses. Ils s'attaquent aux sommités. Pour eux, quelques lieues de distance ne sont rien ; ils choisissent, comme lieu de remarque, un point saillant connu de tous, une ville, un port de mer. Tel est le motif pour lequel ils ont choisi, comme indication de l'embouchure de la Seine, le Havre et Honfleur qui, pourtant, ne sont pas perpendiculairement placés en face l'un de l'autre sur les deux rives parallèles.

D'ailleurs, si l'on consulte les auteurs qui se sont occupés avec détails, de la géographie de la rivière de Seine, on voit qu'il a été fait une distinction entre le cours normal du fleuve, et *son embouchure* placée en général à Quillebeuf.

C'est ainsi que Noël appelle *embouchure* l'espace compris entre *Tancarville et Le Havre,* sur la rive droite, *Quillebeuf et Villerville,* sur la rive gauche.

Malte-Brun, dans son Précis de Géographie universelle (t. VIII, page 514), dit :

A l'embouchure *du fleuve,* la petite ville de Quillebeuf portait, dans l'origine, le nom d'Ericarville ; ... son port est important pour le Commerce.

La véritable embouchure de la Seine, près de la côte méridionale, se trouve, suivant M. Elisée Reclus, au Sud d'un banc de vase qui se rattache au cap du Hode (Nouvelle Géographie Universelle, t. II, page 684).

Les auteurs de l'*Encyclopédie des gens du monde,* expliquant le phénomène de la barre, dans la Seine, disent :

Il est produit par l'entrée de la marée dans le fleuve à Quillebeuf.

Ils décrivent, dans les termes suivants, l'aspect de la baie de la Seine :

L'embouchure de la Seine est digne de la longueur de son cours. Depuis Quillebeuf, pendant la haute marée, on dirait un lac immense bordé par des côtes élevées, qui apparaissent dans un lointain bleuâtre. Mais, à marée basse, tout change d'aspect, et l'on n'aperçoit plus qu'un sable fangeux, coupé de quelques canaux, où les bâtiments sont obligés de chercher leur route souvent incertaine ; car les sables perfides sont aussi changeants que les flots (V° Seine, t. XXI, page 182).

Qu'on rapproche cette description de la définition du *rivage de la mer*, donnée par l'ordonnance de la marine : « *tout ce que la mer couvre et découvre* » et de la définition des rives d'un fleuve donnée par la loi romaine : « *quod plenissimum flumen continet* », et, qu'on dise si cet immense lac, coupé, à marée basse, par quelques canaux, n'a pas plutôt le caractère d'une dépendance de la mer ; en un mot, d'une *baie maritime*, que celui d'un fleuve retenu prisonnier *entre ses rives*.

La géographie définit *la baie* : « un enfoncement *de la mer* dans les terres », ou encore « une avance *de la mer* dans les terres, ou un évasement des côtes *par les eaux de la mer* ». Ces définitions répondent complètement à la physionomie de l'embouchure de la Seine, dont les rives s'élargissent d'une manière si disproportionnée avec les limites de largeur habituellement données aux plus grands fleuves, que, géographiquement parlant, il est impossible de ne pas considérer cette immense étendue d'eau, d'environ 9 kilomètres de large, comme une *baie maritime*, et non comme le lit d'un fleuve.

Titres et Documents anciens produits au procès par les riverains et par l'Etat

Transaction entre le seigneur d'Orcher et les habitants communiers (6 février 1613).

Pour compléter ces indications, en ce qui concerne le caractère de la baie de Seine, il convient de reproduire, par extraits, quelques-uns des principaux titres et documents, produits au procès tant par les riverains que par l'Etat, et qui démontrent surabondamment que cette baie était considérée comme maritime :

On trouve dans une transaction, du 6 février 1613, les énonciations suivantes :

Et, en cas que ledit tiers desdits joints *fut diminué par la mer*, a été aussi accordé que ladite damoiselle pourra faire adresser ses exécutions, pour le total desdits quatre sols de rentes, sur tel nombre qui restera desdits marais...

(Voir une note produite par les riverains, ayant pour titre « *Affaire des Alluvions* », page 10, et un exposé sur les *Marais de Gonfreville-l'Orcher, Graville et Rogerville*, page 20).

On indique dans un acte de plantation de bornes du 27 août 1614 :

Procès-verbal de plantation de bornes, du 27 août 1614.

Qu'il n'avait été assis aucune borne dans le nouveau marais, à raison de la difficulté du fond, duquel nouveau marais lesdites parties jouiront chacune à l'endroit de leurs lots jusque *sur le bord de la mer ou rivière de Seine*, à droite ligne desdites bornes ci-dessus.

(Voir l'exposé, déjà cité, sur les *Marais de Gonfreville-l'Orcher, Graville et Rogerville*, page 21).

Contrat de fieffe du 4 novembre 1656.

Le seigneur d'Orcher donne à fieffe, le 4 novembre 1656, à François Lepelletier, d'Harfleur, « une pièce de terre, vaine et vague, sise *sur le bord de la mer*, paroisse » St-Martin d'Harfleur, proche du Hoc et de la rivière de Seine... »

(Voir le même document, page 22).

Autre contrat de fieffe, du 17 octobre 1660.

Aux termes d'un autre contrat de fieffe, en date du 17 octobre 1660, le seigneur d'Orcher concède à Réné Gautier :

Une pièce de terre en perré, galots et maretz... sise au territoire du Hoc... bornée d'un côté à François Lepelletier, à cause de la terre qu'il tient à pareil titre, dépendante de ladite seigneurie pour le reste du domaine non fieffé qui est entre *la rive de la mer* et la terre fieffée audit Lepelletier...

(Voir le même document, page 23).

Enquête ordonnée en 1660, sur un procès entre les curés d'Harfleur et de l'Eure, au sujet des limites des deux paroisses.

En 1660, Maugendre, d'Harfleur, âgé de 94 ans, dépose dans une enquête :

Et se souvenant que du bout et extrémité dudit marais jusqu'au port de la ville d'Honfleur il n'y avait guère qu'un quart de lieue de distance, et qu'on pouvait assez facilement entendre la voix de ceux qui parlaient un peu hautement dans ledit port d'Honfleur lesquels marais au-delà dudit Hoc avaient été mangés et dissipés par le *courant de la mer*, de temps en temps jusqu'au point qu'il se voit de présent.

(Voir le même document, page 24).

Bail par Mme de Melmont à François Quertier, du 15 décembre 1751.

Un bail consenti par Mme de Melmont à Quertier, le 15 décembre 1751, porte :

Les terres et marais adhérants à la terre et seigneurie d'Orcher, depuis le ruisseau qui coule de la vallée de Rogerval au travers des marais qui y sont nouvellement accrus *jusqu'à l'endroit où ledit ruisseau se perd dans la mer* en deçà et au canal dudit ruisseau vers Orcher, le long des côtes de Rogerville et d'Orcher, jusqu'à la vallée de l'église de Gonfreviller-l'Orcher...

(Même document, page 29).

Autre bail par Mme de Melmont à Pierre Prothais, du 19 janvier 1766

Document déjà cité et reproduit, par extrait, page 30.

Autre bail du 19 janvier 1766.

Un bail consenti, le 19 janvier 1766, par Madame de Melmont aux sieurs Jacques Quertier, Delahaye et Jean Lefort, contient la même clause que le précédent. On y a, en outre, inséré la disposition suivante :

Avec les augmentations qui pourront survenir entre ces deux bornes *vers la mer.*

(Voir l'exposé sur les *Marais de Gonfreville-l'Orcher, Graville et Rogerville,* page 29).

Requête présentée au Parlement de Rouen par Mme de Melmont, au mois de juillet 1750.

Dans un mémoire présenté en 1750 par Mme de Melmont au Parlement, on lit :

Mais ce port ou havre (rivière d'Harfleur) étant devenu impraticable, les habitants de la ville d'Harfleur se déterminèrent à lui creuser un nouveau canal où ils la transportèrent en 1581. Quelque temps après, *la mer* engorgea encore ce nouveau lit...

(Même document, page 34).

Note du régisseur du domaine d'Orcher, 1750 ou 1760

Une note dressée « pour achever le répertoire du domaine d'Orcher », par le régisseur de ce domaine, porte :

Marais nouveaux que la mer couvre de ses eaux lors des marées.
Prairies *que la mer* ne peut incommoder.

(Même document, page 36).

Aveu au roi du 25 février 1782.

Document déjà cité et reproduit, par extrait, page 27.

Outre la déclaration reproduite *par extrait, page 28,* Madame de Melmont ajoute :

Déclaration de Mme de Melmont, du 19 janvier 1791.

Que son intention est encore de faire dessécher et de garantir *des inondations de la mer* par les mêmes moyens une autre portion de marais aussi formée en deçà du lit de ladite rivière la Lézarde...

(Voir l'exposé sur les *Marais de Gonfreville, Graville et Rogerville,* page 41).

Dans un procès-verbal du 21 janvier 1791, le Maire de Gonfreville-l'Orcher constate, notamment, que les digues, nouvellement construites, ont beaucoup souffert *par les vagues de la mer,* etc.

Procès-verbal de marais clos et à enclore pour les dessécher, 21 janvier 1791.

(Voir le même document, page 42).

Dans un autre procès-verbal, en date du 2 février 1792, on lit :

Autre procès-verbal du 2 février 1792.

S'est présenté le sieur Pierre Raine, agent des affaires de Madame de Melmont, lequel nous a représenté que la tempête du jeudi 26 du mois dernier, *avec une mer des plus furieuses, avait encore remis sous l'eau les portions de marais que madite dame avait fait dessécher l'été dernier...* que les digues qu'elle avait fait construire ont été en la majeure partie emportées ou renversées et laissent par conséquent *un libre accès aux eaux de la mer.*

Dans un autre encore, rédigé le 23 mars 1792, on expose :

Autre procès-verbal du 23 mars 1792,

Que la tempête de lundi dernier, avec *une mer des plus terribles* a renversé la plus grande partie de tous ces ouvrages ; que de plus, *la mer* a emporté une partie du galet entre le Hoc et la petite Heure...

M. le Maire de Gonfreville constate que *la mer* a renversé une partie de la digue, etc...

(Voir le même document, pages 43 et suivantes).

Un cahier des charges dressé le 19 frimaire an VII par les Administrateurs du canton d'Harfleur contient notamment cette clause :

Bail par adjudication devant les Administrateurs du canton d'Harfleur, du 19 frimaire an VII (10 septembre 1798).

L'adjudicataire entretiendra les digues *de la mer* dans la hauteur où la République les fera édifier incessamment, sans indemnité, excepté le cas où il serait constaté que, dans l'espace de huit jours, *la mer* en aurait renversé plus de six perches...

(Voir le même document, page 49).

Arrêt du Conseil d'Etat du Roi, du 18 novembre 1786.

En 1786, un arrêt du Conseil mentionne un jugement du 8 août 1782 :

Qui ordonne que le sieur Thiroux de Montregard sera assigné pour voir dire, que faute par lui de justifier, dans les délais de l'ordonnance, de titre de concession valable ou d'aveux rendus au Roi, pour raison de la propriété par lui prétendue sur plusieurs atterrissements situés *le long de la mer* et de la rivière de Seine, et principalement sur celui vulgairement appelé le banc du Nord ou de Brie....

(Voir les documents relatifs aux anciens droits des comtes de Tancarville dans la baie de Seine, page 41).

Procédures contre l'Amirauté de Quillebeuf. Décision du 16 juillet 1726.

On lit encore dans une décision rendue le 16 juillet 1726 :

Par le Procureur du Roy a esté dit que les eaux sur lesquelles lesdites pêcheries sont construites sont dans *l'extension de la mer* qui ne peut être mieux dénottée *que par les eaux qui sont sallez, bancs de sables muables, rochers, fonctions de pillotes pour la conduite des vaisseaux, tous effets de la mer qui en dénoltent son embouchure avec la rivière de Seyne, puisque la mer pénétrant jusqu'au port de la Mailleraye et dans toute l'étendue de cette admirauté*, les navigateurs, etc.

(Voir mêmes documents, page 45).

Mémoire de la Châtelaine d'Orcher, dans son procès contre les habitants de l'Heure.

Pièce déjà citée et reproduite par extrait, pages 21 et 25.

Autre mémoire en réponse au seigneur de Valliquerville et aux habitants de l'Heure.

Pièce déjà citée et reproduite par extrait, page 22.

Bail de Bernis à Bouju, du 11 mars 1867.

Pièce déjà citée et reproduite par extrait, page 41.

Délibération du Conseil municipal de Gonfreville, du 10 mai 1853.

Pièce déjà citée et reproduite par extrait, page 41.

Devis des travaux à exécuter.

Pièce déjà citée et reproduite par extrait, page 43.

Procès-verbal de contravention du 26 avril 1869.

Document déjà cité et reproduit par extrait, page 49.

Enquête des 31 juillet, 21 et 31 août 1829.

Document cité dans un rapport de M. Alard, ingénieur, qui en reproduit les parties essentielles *(voir le volume des documents, page 167)*.

Procès-verbal dressé en 1821, par les Maires d'Oudalle et de Sandouville.

Le procès-verbal de l'adjudication tranchée au profit du sieur Bobée le 14 mai 1870 distingue les terrains vendus en deux zones : la première (non revendiquée), close par les digues de 1828, est appelée *zone méditerranéenne*, et la seconde (revendiquée par l'Etat), au-delà des digues de 1828, est appelée *zone maritime* et est indiquée comme ne produisant que des foins *salés (voir ce titre, reproduit par extrait, page 36)*.

Procès-verbal d'adjudication Bobée du 14 mai 1870.

De tous ces extraits, il résulte que si l'on employait quelquefois les mots *rivière ou canal de Seine* pour désigner les eaux de la baie, on s'est souvent aussi servi du mot vrai « *la mer* », en lui attribuant son caractère essentiel de flux et de reflux.

Droits de varech ou de Sauvage

On va maintenant démontrer que l'exercice du droit de *varech* par les comtes de Tancarville, reconnu par l'arrêt du Conseil d'Etat du 30 mars 1780 (voir documents relatifs aux anciens droits des comtes de Tancarville, dans la baie de Seine, page 9), imprime le caractère maritime aux dépendances de la baie.

En vertu d'un privilége spécial à la Coutume de Normandie, tout seigneur féodal, noble ou roturier, ayant *un fief voisin de la mer* est fondé en droit de bris, naufrages et épaves, sur tout ce que *la mer* jette sur le rivage de son fief, ou qui en approche assez pour qu'un homme à cheval y puisse toucher avec une lance.

C'est ce qu'on appelait *droit de varech*, ainsi défini et attribué par les articles 194 et 596 de la Coutume.

Ce droit fut confirmé par l'Ordonnance de la Marine, dont l'article 37, titre IX du livre IV, *des Naufrages*, est ainsi conçu :

N'entendons par la présente ordonnance faire préjudice au droit de varech, attribué par la Coutume de Normandie aux seigneurs des fiefs *voisins de la mer*, en satisfaisant par eux aux charges y portées.

Ces charges étaient : 1° de prendre le varech des mains de la Justice du Roi, c'est-à-dire des officiers de l'Amirauté, sans pouvoir s'en emparer d'autorité, ni par celle de la justice ; 2° de garder le varech et de faire vendre les effets périssables en retenant marques ou échantillons (art. 599 de la Coutume); 3° enfin, de rendre le varech au propriétaire qui le réclamera dans l'an et jour, sans exiger de lui autre chose que le payement des frais faits pour la garde et conservation des effets, suivant qu'ils seront réglés par justice (art. 600).

Afin de prévenir les contestations qui auraient pu s'élever entre les seigneurs des fiefs voisins du rivage où se trouveraient des effets échoués ou naufragés, l'art. 43 de l'ordonnance obligeait les seigneurs de ces fiefs à faire borner, entre eux, *du côté de la mer*, leurs terres qui aboutissent sur les grèves.

On ne peut donc pas prétendre que le droit de *varech* ou de *sauvage* s'exerçait indistinctement, au profit des seigneurs riverains, sur le rivage de la mer et dans l'intérieur des rivières.

Basnage explique que, en principe et conformément aux règles du droit romain, les choses trouvées et abandonnées appartiennent à leur inventeur ; mais que, néanmoins, en plusieurs lieux, les rois en ont fait un droit de souveraineté et l'ont mis entre leurs régales. « Mais, ajoute-t-il, en cette » province, le droit de varech n'appartient pas au roi seul, la Coutume en fait » part aux seigneurs dont les terres s'étendent sur le bord de la mer (sur » l'art. 596 de la Coutume). » *(Voir le volume des documents, page 211).*

L'exercice d'un droit de cette nature par les seigneurs riverains de la baie indique donc qu'anciennement cette partie du rivage était considérée comme une dépendance de la mer.

Semblable conclusion ressort encore d'un fait attesté par M. de Beaurepaire, dans son intéressant Traité sur la Vicomté de l'eau de Rouen (page 217, à la note).

D'après l'Ordonnance de la Marine, les vaisseaux restaient affectés aux dettes du vendeur, *jusqu'à ce qu'ils eussent fait un voyage en mer*, sous le nom et aux risques du nouvel acquéreur (art. 2 du liv. II, titre X).

Lettre de M. de Maurepas au duc de Luxembourg, 3 août 1726.

Il résulte d'une lettre de M. de Maurepas au duc de Luxembourg, en date à Versailles du 3 août 1726, que les navigateurs, pour satisfaire à l'ordonnance de la Marine, étaient obligés, après l'achat d'un vaisseau au port de Rouen, de le faire naviguer jusqu'à la Pierre du Poirier, située au port de Villequier, après quoi, le vaisseau était purgé de toutes les hypothèques dont il aurait pu être grevé, *comme ayant risqué en mer*. (Voir aussi : « Documents relatifs aux » anciens droits des comtes de Tancarville dans la baie de Seine, page 46) ».

Ainsi donc, les documents anciens, au lieu d'attester la nature fluviale de la baie de la Seine, proclament, au contraire, que, dès cette époque, les grèves étaient considérées comme maritimes, et que les droits qui s'y exerçaient, ou bien n'étaient pas incompatibles avec ce caractère, ou bien en présupposaient l'existence.

Législation

Législation antérieure à 1789

L'Ordonnance de Moulins, de 1566, sur l'inaliénabilité du domaine de la couronne, porte ce qui suit :

Ordonnance de Moulins, de 1566, sur l'inaliénabilité du domaine de la Couronne.

Art. 1er.— Le domaine de nostre couronne ne peut estre aliéné qu'en deux cas seulement, l'un pour appanage des puisnez mâles de la maison de France, auquel cas il y a retour à nostre couronne par leur deceds sans mâles, en pareil estat et condition qu'était ledit domaine lors de la concession de l'appanage, nonobstant toutes dispositions, possession, acte exprès ou taisible, fait ou intervenu pendant l'appanage ; l'autre pour l'aliénation à deniers comptants pour les nécessités de la guerre, après lettres patentes pour ce décernées et publiées en nos Parlements, auquel cas il y a faculté de rachat perpétuel.

Il résulte de ce texte que les riverains qui revendiquent la propriété des terrains couverts par le grand flot de mars, doivent prouver les avoir acquis avant cette Ordonnance de 1566 qui a proclamé les principes d'inaliénabilité du domaine de la Couronne (actuellement domaine public national).

D'un autre côté, l'article 195 de la Coutume de Normandie, qui ne faisait aucune distinction entre les alluvions de la mer et celles des fleuves, était ainsi conçu :

Coutume de Normandie, art. 195.

Les terres d'alluvion accroissent aux propriétaires des héritages contigus, à la charge de les bailler par aveu au seigneur du fief et d'en payer les droits seigneuriaux comme des autres héritages adjacents, s'il n'y a titre, possession ou convenant au contraire.

On verra plus loin que dans la baie de Seine, les terres d'alluvion appartenaient aux seigneurs d'Orcher et aux comtes de Tancarville, en leur qualité de seigneurs hauts justiciers, à l'encontre des propriétaires des héritages contigus, c'est-à-dire à titre de droit féodal.

Ordonnance de la Marine d'août 1681.

L'Ordonnance de la Marine du mois d'août 1681, renferme les dispositions suivantes :

Livre IV. — De la police des ports, côtes, rades et rivages de la mer

Titre VII. — Du rivage de la mer

ART. 1er. — Sera réputé bord et rivage de la mer tout ce qu'elle couvre et découvre pendant les nouvelles et pleines lunes, et jusques où le grand flot de mars se peut étendre sur les grèves (1).

2. — Faisons défenses à toutes personnes de bâtir sur les rivages de la mer, d'y planter aucuns pieux, ni faire aucuns ouvrages qui puissent porter préjudice à la navigation, à peine de démolition des ouvrages, de confiscation des matériaux, et d'amende arbitraire.

Titre X. — De la coupe du varech ou vraicq, sar ou gouësmon

ART. 1er. — Les habitants des paroisses situées sur les côtes de la mer, s'assembleront le premier dimanche du mois de janvier de chaque année, à l'issue de la messe paroissiale, pour régler les jours auxquels devra commencer et finir la coupe de

(1) La ligne ainsi assignée comme limite à la mer est celle qu'atteignent les eaux de l'Océan, lorsqu'elles sont à leur plus haut point d'élévation. Ce que l'ordonnance de 1681 a entendu attribuer au domaine maritime, c'est donc toute la superficie que recouvrent les flots, au moment de leur *maximum* d'intumescence, ainsi que l'avait fait jadis la loi romaine, en ces termes plus généraux : « *Littus est, quousque* maximus *fluctus a mari pervenit* » *(L. 96, Dig. De verborum significatione, Lib. L, Tit. XVI).* « *Littus publicum est eatenus, qua* maxime *fluctus exæstuat.* » *(L. 112, eodem loco.)*

Dans la Méditerranée, où l'action des marées est très peu sensible, le maximum d'intumescence se produit, non pas, comme dans l'Océan, à l'époque de la pleine lune de mars, mais durant la saison d'hiver. En conséquence, pour entrer dans le véritable esprit de l'ordonnance, il faut, quant à cette mer, suivre cet autre précepte de la loi romaine : « *Est autem littus maris, quatenus* hybernus *fluctus* maximus *excurrit.* » *(Instit., Lib. II, Titre I, De rerum divisione, § 3)*, et la considérer comme ayant pour limite la trace laissée sur la côte par le grand flot d'hiver. (Merlin, Questions de droit, tome XIV, vo Rivages de la mer, p. 115 ; — Daviel, Cours d'eau, 2e édit., tome I, no 66 ; — Demolombe, tome IX, 4e édit., De la distinction des biens, no 457 *bis*, C, p. 325).

l'herbe appelée varech ou vraicq, sar ou gouësmon croissant en mer à l'endroit de leur territoire.

2. — L'assemblée sera convoquée par les syndics, marguilliers, ou trésoriers de la paroisse, et le résultat en sera publié et affiché à la principale porte de l'église, à leur diligence, à peine de dix livres d'amende.

3. — Faisons défenses aux habitants de couper les vraicqs de nuit et hors les temps réglés par la délibération de leur communauté, de les cueillir ailleurs que dans l'étendue des côtes de leurs paroisses, et de les vendre aux forains, ou porter sur d'autres territoires, à peine de cinquante livres d'amende, et de confiscation des chevaux et harnois.

4. — Faisons aussi défenses à tous seigneurs des fiefs voisins de la mer, de s'approprier aucune portion des rochers où croît le varech, d'empêcher leurs vassaux de l'enlever dans le temps que la coupe en sera ouverte, d'exiger aucune chose pour leur en accorder la liberté, et d'en donner la permission à d'autres, à peine de concussion.

5. — Permettons néanmoins à toutes personnes de prendre indifféremment en tout temps et en tous lieux, les vraicqs jetés par le flot sur les grèves, et de les transporter où bon leur semblera.

Législation intermédiaire et Code Civil

La loi des 22 novembre — 1er décembre 1790, relative aux domaines nationaux, déclare que les rivages, les lais, et les relais de la mer, ne sont pas susceptibles d'une propriété privée et qu'ils sont considérés comme une dépendance du domaine public.

Cette loi est ainsi conçue :

Loi des 22 novembre — 1er décembre 1790.

L'Assemblée Nationale, considérant : 1° que le domaine public a formé pendant plusieurs siècles la principale et presque l'unique source de la richesse nationale, et qu'il a longtemps suffi aux dépenses ordinaires du Gouvernement ; que, livré dès le principe à des déprédations abusives et à une administration vicieuse, ce domaine précieux, sur lequel reposait alors la prospérité de l'Etat, se serait bientôt anéanti, si ces pertes continuelles n'avaient été réparées de différentes manières, et surtout par la réunion des biens particuliers des princes qui ont successivement occupé le trône ;

2° Que le domaine public, dans son intégrité et avec ses divers accroissements, appartient à la nation ; que cette propriété est la plus parfaite qu'on puisse concevoir, puisqu'il n'existe aucune autorité supérieure qui puisse la modifier ou la restreindre ; que la faculté d'aliéner, attribut essentiel du droit de propriété, réside également dans la nation ; et que si, dans des circonstances particulières, elle a voulu en suspendre pour un temps l'exercice, comme cette loi suspensive n'a pu avoir que la volonté générale pour base, elle est de plein droit abolie, dès que la nation, légalement représentée, manifeste une volonté contraire ;

3° Que le produit du domaine est aujourd'hui trop au dessous des besoins de l'Etat pour remplir sa destination primitive ; que la maxime de l'inaliénabilité, devenue sans motifs, serait encore préjudiciable à l'intérêt public, puisque des possessions foncières, livrées à une administration générale, sont frappées d'une sorte de stérilité, tandis que, dans la main de propriétaires actifs et vigilants, elles se fertilisent, multiplient les subsistances, animent la circulation, fournissent des aliments à l'industrie et enrichissent l'Etat ;

4° Que toute concession, toute distraction du domaine public, est essentiellement nulle ou révocable, si elle est faite sans le concours de la nation ; qu'elle conserve sur les biens ainsi distraits la même autorité et les mêmes droits que sur ceux qui sont restés dans ses mains ; que ce principe, qu'aucun laps de temps ne peut affaiblir, dont aucune formalité ne peut éluder l'effet, s'étend à tous les objets détachés du domaine national, sans aucune exception ;

Considérant enfin que ce principe, exécuté d'une manière trop rigoureuse, pourrait avoir de grands inconvénients dans l'ordre civil, et causer une infinité de maux partiels, qui influent toujours plus ou moins sur la somme du bien général ; qu'il est de la dignité d'une grande nation et du devoir de ses représentants d'en tempérer la rigueur, et d'établir des règles fixes, propres à concilier l'intérêt national avec celui de chaque citoyen ;

Décrète ce qui suit :

§ 1er. *De la nature du Domaine national et de ses principales divisions*

Art. 1er. — Le domaine national proprement dit s'entend de toutes les propriétés foncières et de tous les droits réels ou mixtes qui appartiennent à la nation, soit qu'elle en ait la possession et la jouissance actuelles, soit qu'elle ait seulement le droit d'y rentrer par voie de rachat, droit de réversion ou autrement.

2. — Les chemins publics, les rues et places des villes, les fleuves et rivières navigables, les rivages, les relais de la mer, les ports, les havres, les rades, etc., et en général toutes les portions du territoire national qui ne sont pas susceptibles d'une propriété privée, sont considérés comme des dépendances du domaine public.

L'article 538 du code civil se sert des mêmes termes ; il entend, comme la loi précédente, que la propriété privée ne peut s'étendre sur le rivage, ni sur les lais et relais de la mer.

Cet article est ainsi conçu :

Les chemins, routes et rues à la charge de l'Etat, les fleuves et rivières navigables ou flottables, les rivages, lais et relais de la mer, les ports, les havres, les rades, et généralement toutes les portions du territoire français qui ne sont pas susceptibles d'une propriété privée, sont considérés comme des dépendances du domaine public. Code civil, art. 538.

Les dépendances du domaine public ne sont pas dans le commerce (Code civil, art. 714) :

Il est des choses qui n'appartiennent à personne et dont l'usage est commun à tous. Code civil, art. 714.

Des lois de police règlent la manière d'en jouir.

Elles sont, dès lors inaliénables (Code civil, art. 1,128) :

Il n'y a que les choses qui sont dans le commerce qui puissent être l'objet de conventions. Code civil, article 1128.

Et imprescriptibles (Code civil, art. 2,226) :

On ne peut prescrire le domaine des choses qui ne sont point dans le commerce. Code civil, article 2226.

Toutefois, depuis la promulgation de la loi du 16 septembre 1807, les lais et relais de mer ont été classés parmi les dépendances du domaine de l'Etat, et, à ce titre, ils sont aliénables et prescriptibles.

L'article 41 de cette loi est ainsi conçu :

Le gouvernement concédera, aux conditions qu'il aura réglées, les marais, lais, relais de la mer, le droit d'endiguage, les accrues, atterrissements et alluvions des Loi du 16 septembre 1807, art, 41.

fleuves, rivières et torrents, quant à ceux de ces objets qui forment propriété publique et domaniale.

Mais suivant l'article 2,229 du Code civil :

Code civil, article 2229.

Pour pouvoir prescrire, il faut une possession continue et non interrompue, paisible, publique, non équivoque, et à titre de propriétaire.

Aux termes des articles 2,262 et 2,265 du même code, la prescription est acquise après trente ans sans qu'il y ait besoin de rapporter un titre, et par dix ans, lorsque le propriétaire a été de bonne foi et a acquis par juste titre. Ces articles sont ainsi conçus :

Code civil, article 2262.

Toutes les actions, tant réelles que personnelles, sont prescrites par trente ans, sans que celui qui allègue cette prescription soit obligé d'en rapporter un titre, ou qu'on puisse lui opposer l'exception déduite de la mauvaise foi.

Code civil, article 2265.

Celui qui acquiert de bonne foi et par juste titre un immeuble, en prescrit la propriété par dix ans, si le véritable propriétaire habite dans le ressort de la Cour royale dans l'étendue de laquelle l'immeuble est situé ; et par vingt ans, s'il est domicilié hors dudit ressort.

Le droit à la propriété des alluvions fluviales, est déterminé par les articles 556 et 557 du Code civil, ainsi conçus :

Code civil, art. 556.

Les atterrissements et accroissements qui se forment successivement et imperceptiblement aux fonds riverains d'un fleuve ou d'une rivière, s'appellent *alluvion.*

L'alluvion profite au propriétaire riverain, soit qu'il s'agisse d'un fleuve ou d'une rivière navigable, flottable ou non ; à la charge, dans le premier cas, de laisser le marchepied ou chemin de halage, conformément aux réglements.

Code civil, art. 557.

Il en est de même des relais que forme l'eau courante qui se retire insensiblement de l'une de ses rives en se portant sur l'autre : le propriétaire de la rive découverte profite de l'alluvion, sans que le riverain du côté opposé y puisse venir réclamer le terrain qu'il a perdu.

Ce droit n'a pas lieu à l'égard des relais de la mer.

Mais en ce qui concerne les îles formées dans les fleuves, ce droit est réglé par l'article 560 du même code, conçu dans les termes suivants :

Les îles, îlots, atterrissements, qui se forment dans le lit des fleuves ou des rivières navigables ou flottables, appartiennent à l'Etat, s'il n'y a titre ou prescription contraire. Code civil, art. 560

Quant à la restitution des fruits, elle se trouve régie par les articles 549 et 550 du Code civil, portant ce qui suit :

Le simple possesseur ne fait les fruits siens que dans le cas où il possède de bonne foi : dans le cas contraire, il est tenu de rendre les produits avec la chose au propriétaire qui la revendique. Code civil, art. 549.

Le possesseur est de bonne foi quand il possède comme propriétaire, en vertu d'un titre translatif de propriété dont il ignore les vices. Code civil, art. 550.

Il cesse d'être de bonne foi du moment où ces vices lui sont connus.

Les limites de l'inscription maritime dans les fleuves et rivières affluant à la mer, et sur le domaine public maritime ont été fixées par un décret-loi du 21 février — 12 mars 1852, ainsi conçu :

Art. 1er. — Des décrets du Président de la République, insérés au bulletin des lois et rendus sur la proposition du Ministre de la Marine, détermineront, dans les fleuves et rivières affluant directement ou indirectement à la mer, les limites de l'inscription maritime et les points de cessation de la salure des eaux. Décret-loi du 21 février — 12 mars 1852.

2. — Les limites de la mer seront déterminées par des décrets du Président de la République rendus sous forme de règlements d'administration publique, tous les droits des tiers réservés, sur le rapport du Ministre des travaux publics, lorsque cette délimitation aura lieu à l'embouchure des fleuves ou rivières, et sur le rapport du Ministre de la marine, lorsque cette délimitation aura lieu sur un autre point du littoral. Dans ce dernier cas, les opérations préparatoires seront indistinctement confiées par le Ministre de la Marine, soit aux préfets maritimes, soit aux préfets de département. Quant aux déclarations de domanialité relatives à des portions du domaine public maritime, elles seront faites par les mêmes fonctionnaires, dont les arrêtés déclaratifs seront visés par le Ministre de la marine.

3. — L'avis du Ministre de la marine sera réclamé en ce qui concerne la concession des lais et relais de mer, et son assentiment devra être obtenu pour les

autorisations relatives à la formation d'établissements, de quelque nature que ce soit, sur la mer et ses rivages.

4. — Les syndics des gens de mer, gardes maritimes et gendarmes de la marine pourront constater, concurremment avec les fonctionnaires et agents dénommés dans les lois et décrets relatifs à la grande voirie, les établissements irrégulièrement formés sur le domaine public maritime. Les commissaires de l'inscription maritime donneront, dans ce cas, aux procès-verbaux de ces agents, la direction indiquée par l'article 113, titre IX, du décret du 16 décembre 1811.

L'exercice de la pêche côtière est soumis à des conditions qui sont déterminées par le décret-loi du 9 janvier 1852, portant ce qui suit :

Décret-loi du 9 janvier 1852.

Le Président de la République, sur le rapport du Ministre de la Marine et des Colonies ;

Vu l'avis du Conseil d'Amirauté, en date du 20 mai 1850;

Vu l'avis du Conseil d'Etat, en date du 31 juillet 1851,

Décrète :

Art. 1er. — L'exercice de la pêche côtière, ou pêche du poisson et du coquillage, tant à la mer, le long des côtes, que dans la partie des fleuves, rivières, étangs et canaux où les eaux sont salées, est soumis aux dispositions suivantes :

2. — Aucun établissement de pêcherie, de quelque nature qu'il soit ; aucun parc, soit à huitres, soit à moules ; aucun dépôt de coquillages, ne peuvent être formés sur le rivage de la mer, le long des côtes, ni dans la partie des fleuves, rivières, étangs et canaux où les eaux sont salées, sans une autorisation spéciale, délivrée par le Ministre de la Marine.

Un réglement d'administration publique déterminera les formes suivant lesquelles cette autorisation sera accordée et pourra être révoquée.

3. — Des décrets détermineront, pour chaque arrondissement maritime :

... 6° Les dispositions spéciales propres à prévenir la destruction du frai et à assurer la conservation du poisson et du coquillage, notamment celles relatives à la récolte des herbes marines ; la classification du poisson qui sera réputé frai, les dimensions au-dessous desquelles les diverses espèces de poissons et de coquillages ne pourront pas être pêchées, et devront être rejetées à la mer, ou, pour les coquillages, déposées en des lieux déterminés...

24. — Sont et demeurent abrogés, en ce qu'ils ont de contraire aux dispositions de la présente loi, les lois et réglements aujourd'hui existants sur la police de la pêche côtière ou pêche du poisson et du coquillage à la mer, le long des côtes, ainsi que dans la partie des fleuves, rivières, étangs et canaux où les eaux sont salées.

Sont également abrogés les règlements relatifs à la récolte du varech, sar, goëmon et autres herbes marines.

Toutefois, ces lois et règlements continueront provisoirement à être exécutés, mais sous les peines ci-dessus énoncées pour les contraventions aux dispositions qu'ils contiennent, jusqu'à la publication des décrets à intervenir en conformité de l'article 3, laquelle publication devra avoir lieu dans l'année qui suivra la promulgation de la présente loi.

Il n'est d'ailleurs pas dérogé à la loi du 23 juin 1846, sur les pêcheries dans les mers situées entre les côtes de France et celles du Royaume-Uni de la Grande-Bretagne et de l'Irlande.

A la date du 4 juillet 1853, il est intervenu un décret portant règlement sur la pêche maritime côtière dans le premier arrondissement maritime (Cherbourg). Il est conçu dans les termes suivants :

Décret du 4 juillet 1853.

Napoléon, etc...

Vu l'article 3 de la loi du 9 janvier 1852, sur la pêche côtière ;

Vu l'article 1er de la loi du 21 février 1852, concernant la pêche et la domanialité publique maritime ;

Sur le rapport de notre Ministre secrétaire d'Etat au département de la Marine et des Colonies ;

Le conseil d'Amirauté entendu,

Avons décrété et décrétons :

Art. 1. — Le règlement dont la teneur suit sera exécuté dans l'étendue de la circonscription du premier arrondissement maritime :

TITRE Ier

Art. 1er. — La police supérieure de la pêche côtière, tant à la mer, le long des côtes, que dans la partie des fleuves, rivières et canaux où les eaux sont salées, est exercée, dans l'arrondissement de Cherbourg, par le préfet maritime...

TITRE II

45. — Le littoral de l'arrondissement de Cherbourg... s'étend depuis la frontière belge jusqu'à l'embouchure de la rivière d'Ay (département de la Manche) ;

46. — La pêche est maritime, c'est-à-dire libre, sans fermage ni licence, tant sur les côtes du 1er arrondissement que dans les fleuves, rivières et canaux désignés au tableau suivant, jusqu'aux limites de l'inscription maritime.

Toutefois, les dispositions du présent décret ne sont applicables, dans ces fleuves, rivières et canaux, que jusqu'au point de cessation de la salure des eaux.

Entre ce point et les limites de l'inscription maritime, la pêche, quoique libre et exempte de licence, est soumise aux mesures d'ordre et de police édictées par la loi du 15 avril 1829 sur la pêche fluviale (suit le tableau)...

Le point de cessation de la salure des eaux dans la Seine, a été fixé au pont suspendu de Rouen, par un décret en date du 5 mars 1864, ainsi conçu :

Décret du 5 mars 1864.

Napoléon, etc..., sur le rapport de notre Ministre secrétaire d'Etat au département de la Marine et des Colonies,

Vu l'article 1er du décret du 21 février 1852 ;

Vu le tableau faisant suite à l'article 46 du décret du 4 juillet 1853, sur la police de la pêche côtière dans le 1er arrondissement maritime ;

Vu le procès-verbal, en date du 7 novembre 1863, de la commission chargée de procéder à une nouvelle fixation du point de cessation de la salure des eaux dans la Seine, nécessitée par les travaux d'endiguement exécutés sur ce cours d'eau ;

Vu la lettre du Ministre de l'agriculture, du commerce et des travaux publics, en date du 17 décembre 1863 ;

Vu l'avis de la commission permanente des pêches et de la domanialité maritimes, et la délibération du conseil d'amirauté en date du 19 février 1864,

Avons décrété et décrétons ce qui suit :

ART. 1er. — La limite de la salure des eaux de la Seine est reportée de Duclair à Rouen, et fixée à la face d'aval du pont suspendu qui forme la séparation du bassin fluvial d'avec le bassin maritime.

ART. 2. — Nos Ministres secrétaires d'Etat aux départements de la Marine et des Colonies, et de l'Agriculture, du Commerce et des Travaux publics, sont chargés, chacun en ce qui le concerne, de l'exécution du présent décret, qui sera inséré au Bulletin des Lois et au Bulletin officiel de la Marine.

Quant aux limites de l'inscription maritime sur la Seine, elles ont été déterminées par un décret du 20 avril 1870, portant ce qui suit :

Napoléon, etc..., sur le rapport de notre Ministre secrétaire d'Etat au département de la Marine et des Colonies ;

Décret du 20 avril 1870.

Vu l'article 1er du décret du 21 février 1852 ;

Vu le tableau faisant suite à l'article 46 du décret du 4 juillet 1853 sur la police de la pêche côtière dans le premier arrondissement maritime ;

Vu le procès-verbal, en date du 8 mars 1869, de la commission chargée de procéder à une nouvelle fixation des limites de l'inscription maritime sur la Seine, nécessitée par les travaux d'art exécutés sur ce cours d'eau ;

Vu les pièces de l'enquête à laquelle les propositions de cette commission ont été soumises par application de l'article 3 de la loi du 15 avril 1829 ;

Vu les lettres de M. le Ministre des travaux publics en date des 13 novembre 1869 et 21 janvier 1870 ;

Vu l'avis de la commission permanente des pêches et de la domanialité maritimes, et la délibération du conseil d'amirauté, en date du 5 avril 1870 ;

Avons décrété et décrétons ce qui suit :

Art. 1er. — La limite de l'inscription maritime sur la Seine, fixée à Poses par le décret du 4 juillet 1853 sus-visé, est reportée aux ouvrages de la retenue de Martot.

Art. 2 — Nos Ministres secrétaires d'Etat aux départements de la Marine et des Colonies, et des Travaux publics sont chargés, chacun en ce qui le concerne, de l'exécution du présent décret, qui sera inséré au Bulletin des lois et au Bulletin officiel de la Marine.

Doctrine et Jurisprudence sur le caractère des rivages des Baies maritimes

C'est la nature des eaux qui donne aux rivages qu'elles couvrent leur véritable caractère : *maritime,* quand ce sont les eaux de la mer ; *fluvial,* quand ce sont les eaux du fleuve.

La législation a, de tout temps, consacré ces principes, en assimilant aux rivages maritimes ces enfoncements plus ou moins profonds, produits à l'embouchure des rivières par l'action de la mer, et baignés par ses eaux.

L'article 5, du titre II, livre 1er de l'Ordonnance de la Marine attribue aux officiers de l'Amirauté :

La connaissance de la pêche qui se fait *en mer*, dans les étangs salés, et aux embouchures des rivières.

L'article 1er du titre III, livre V de la même Ordonnance autorise :

A tendre sur les *grèves de la mer, et aux bayes et embouchures des rivières navigables,* des filets appelés hauts et bas parcs, ravoirs, courtines et venets.

La déclaration du roi, donnée à Versailles, le 18 mars 1727, pour réglementer la pêche maritime sur les côtes des provinces de Flandre, Normandie, etc., porte :

Disons, déclarons et ordonnons, voulons et nous plaît que la pêche *sur les bords de la mer* soit libre et commune à tous nos sujets... et, *en conséquence*, leur permettons de faire à *la côte, dans les bayes et aux embouchures des rivières*, les pêcheries dont la police sera ci-après réglée (V. Valin, Ordonnance de la Marine, t. II, page 700).

Ainsi, c'est comme conséquence du principe de la liberté de la pêche *sur les bords de la mer,* que les pêcheries sont autorisées *dans les bayes et aux embouchures des rivières.*

C'est pour le même motif que la loi du 21 février 1852, qui règle le mode de délimitation du rivage de la mer aux embouchures des fleuves, et que tous les décrets rendus en vertu de cette loi, visent l'Ordonnance de la marine. (Tit. IV, livre VII, art. 1er).

Et, en effet, quels sont, d'après l'Ordonnance, les caractères distinctifs du rivage de la mer ? C'est l'action périodique des eaux s'exerçant sur les grèves couvertes et découvertes aux grandes marées d'équinoxe. Or, précisément à l'embouchure de la Seine, on constate la présence de grèves couvertes et découvertes alternativement aux grandes marées. Il est donc certain que ces grèves ont le caractère de dépendances du *rivage maritime*, tel que les définit l'Ordonnance de 1681.

En résumé, on peut considérer comme certain que la législation spéciale range parmi les dépendances de la mer les estuaires plus ou moins profonds que l'Océan s'est creusés aux embouchures des fleuves, et qui ne sont, en réalité, que les prolongements naturels du rivage maritime.

C'est ce que M. le Comte d'Argout expliquait, avec beaucoup de netteté, à la Chambre des Pairs, dans sa séance du 26 avril 1828, en exposant les différentes phases juridiques par lesquelles passe un fleuve depuis sa source jusqu'à son embouchure :

> D'abord source, il est propriété privée ; ensuite, ruisseau et rivière non navigable, il est soumis à tous les usages des riverains ; mais, bientôt, la rivière devient navigable, et, dès ce moment, tout est changé. Les riverains perdent, en même temps, et la propriété du lit de la rivière, et celle du cours d'eau. La pêche ne leur appartient plus ; ils ne peuvent ni détourner le cours des eaux, ni se défendre des ravages qu'il peut causer, ni s'en servir pour l'établissement d'usines, sans l'autorisation de l'administration. *Enfin, lorsque le fleuve arrive à son embouchure, le régime auquel il est soumis change une troisième fois ; la pêche devient entièrement libre, et l'alluvion, qui appartenait encore aux riverains, prend le nom de lais et relais de la mer, dont l'Etat seul profite.*

« En principe donc, » conclut M. Paul Chalvet, dans son « Etude sur la législation des bords de la mer » :

> Si nous n'admettons pas qu'on doive considérer comme rivages de la mer les bords d'un fleuve, jusqu'au point où l'influence de la marée se fait sentir, nous pensons qu'on ne peut considérer comme *alluvion fluviale*, ces vastes atterrissements qui se

forment à l'embouchure des rivières, et qui sont couverts par les eaux à toutes les marées (Journal de droit administratif de M. Chauveau Adolphe ; juillet 1861, nº 304 p. 290).

Le caractère maritime du rivage de la baie de Seine résulte, du reste, très clairement, des considérants du jugement rendu par le tribunal civil de Pont-Audemer, le 31 décembre 1839, entre l'Etat et le sieur Jean-Baptiste-Victor Manneville. Bien que ce jugement ait été infirmé par arrêt de la Cour de Rouen du 26 août 1840 (Dalloz, pér. 41.2.112. — Voir cet arrêt *infrà*), les faits et considérations qu'il renferme, n'en offrent pas moins un sérieux intérêt.

Ce jugement est conçu dans les termes suivants :

Jugement du Tribunal civil de Pont-Audemer, du 31 décembre 1839.

Attendu qu'il s'est formé depuis sept à huit ans dans la commune de Fiquefleur, un atterrissement considérable, embrassant tout le littoral qui s'étend à l'Ouest depuis le chantier de la ville d'Honfleur jusqu'à la hauteur de la commune de Carbec-Grestain, à l'Est ;

Que la longueur de cet atterrissement qui contient plusieurs centaines d'hectares est d'environ 5 kilomètres, et sa largeur d'environ 2 kilomètres ;

Qu'il confine, pour une partie, à une propriété située audit Fiquefleur, et appartenant à M. Manneville, avocat à Honfleur ;

Attendu que ce dernier ayant élevé la prétention d'en être propriétaire, le considérant comme une alluvion de la rivière de Seine, M. le Préfet du département de l'Eure la revendique comme propriété de l'Etat, prétendant qu'il n'est pas une alluvion fluviale, mais un lais de mer ;

Attendu qu'aux termes de la loi (art. 556 du Code civil) l'alluvion est un atterrissement ou accroissement qui se forme successivement et imperceptiblement aux fonds riverains d'un fleuve ou d'une rivière ;

Qu'il s'agit de rechercher si cet atterrissement a été produit successivement par l'action lente et imperceptible du fleuve de Seine ou par l'action puissante de la mer ;

Attendu que le terrain litigieux est situé sur le rivage d'une baie qui, en cet endroit, décrit un demi-cercle de chaque côté des deux rives et acquiert par cette forme, plus d'un myriamètre de large ;

Que la mer a creusé cette baie ou golfe, en s'avançant et en se répandant dans les terres ;

Que ses eaux la remplissent à chaque marée montante, en allant à la rencontre des eaux de la Seine ;

Attendu que cette rivière, comme la mer est basse, ne se fait pas, malgré l'importance qu'on lui prête, remarquer d'une manière notable dans cette baie, dont elle n'occupe qu'une faible partie ;

Que ses eaux, comparativement de peu de volume, n'y ont point d'action sensible ;

Que ce ne peut donc pas être celles qui, par leur retrait successif et imperceptible, ont fourni le banc considérable qui est aujourd'hui en litige, car elles ne l'ont couvert dans aucun temps ;

Que ce sont encore moins celles qui auraient enlevé, par une force subite, cette immensité de terrain de la rive droite et l'auraient porté sur la rive opposée à l'encontre de l'héritage de M. Manneville, puisqu'elles n'ont jamais atteint les falaises Nord du pays de Caux et qu'elles n'agissent, dans un chenal particulier et restreint, que contre du sable qui ne peut être transporté par portions reconnaissables ;

Que la naissance de l'atterrissement en question est donc due à une autre cause ;

Qu'elle est due à l'action irrésistible de l'Océan, dont les eaux à chaque marée, et dans des moments de tourmente, ont amoncelé successivement ou plus ou moins subitement un composé de vase et de sable qu'elles ont ensuite laissé à découvert ;

Qu'il n'est pas douteux que les choses se soient passées ainsi, puisque le terrain délaissé s'est immédiatement couvert de plantes marines qui n'ont fait place à une autre végétation que par suite de l'évaporation des substances salines que ce terrain contenait ;

Qu'assurément un terrain d'alluvion fluviale, un terrain délaissé par une eau douce n'eût pas présenté cette particularité et fût aussitôt devenu un pâturage ordinaire ;

Attendu que ce qui achève de démontrer que la mer seule domine dans la baie en question et que la Seine y est complètement annihilée, c'est que les eaux y sont toujours salées, même à mer basse, c'est que le mouvement périodique des marées s'y exerce sans interruption, c'est qu'on n'y pêche que des poissons de mer, c'est que sur ses bords naissent la christe-marine et autres plantes de même nature et qu'enfin sur sa plage roule le galet ;

Qu'à Quillebeuf même, le mouvement réglé de la mer se manifeste aussi d'une manière remarquable ;

Qu'à la marée montante, on y voit arriver son flot comme un immense rideau embrassant, d'une rive à l'autre, le vaste espace vide et à sec, qui, en cet endroit, existe encore, indépendamment du courant de la Seine ;

Que ce flot est quelquefois si violent, qu'il vient se briser avec impétuosité contre le quai de Quillebeuf ;

Qu'à une époque qui n'est pas reculée, dans la nuit du 10 au 11 novembre 1810, il a envahi les cimetières de cette ville, et a détruit de fond en comble son presbytère, maintenant en ruines, en y pénétrant du côté du Sud-Ouest ;

Qu'on ne prétendra pas, sans doute, que cette destruction se soit opérée par les eaux de la Seine qui auraient été détournées de leur lit par la force du vent ;

Qu'il faut donc reconnaître, parce que cela est incontestable, que ce sont les eaux de la mer qui, seules, dans ce cas, ont marqué leur énergie ;

Attendu qu'à marée basse, l'eau qui se trouve auprès de Quillebeuf, est encore salée ;

Que la certitude de ce fait, tirée d'un procès-verbal dressé le 4 floréal an XIII par un Ingénieur attaché au port du Havre (M. Haudry) qui a été chargé de fixer le point où les eaux cessaient d'être salées à *marée basse de vive-eau*, et qui a constaté qu'elles cessaient seulement de l'être, vis-à-vis le mur du quai de Quillebeuf ;

Que, sur le vu de ce procès-verbal, l'Empereur a rendu un décret du 22 brumaire, an XIV, qui a fixé la limite de la pêche fluviale à Quillebeuf, et qui a déclaré que la pêche, dans la partie inférieure à cette limite, serait une pêche maritime ;

Que ces documents sont essentiels pour rechercher jusqu'où va la mer et où s'arrête le fleuve ;

Attendu que la loi romaine dit que : *Littus est quousque maximus fluctus a mare parvenit* ; que l'Ordonnance de la Marine du mois d'août 1681 s'exprime ainsi : « sera réputé bord et rivage de la mer, tout ce qu'elle couvre et découvre pendant les nouvelles et pleines lunes, et jusqu'où le grand flot de mars se peut étendre sur les grèves » ;

Qu'on voit par ces deux définitions donnant l'étendue du domaine de la mer, qu'il y aurait bien tout lieu de croire, d'après ce qui précède, que la mer étend son empire jusqu'à Quillebeuf ;

Mais que quoiqu'il en soit de ce point à vérifier, et qu'il n'est pas absolument nécessaire de connaître pour la décision de la cause actuelle, on demeure néanmoins convaincu qu'il devient maintenant presque oiseux de répéter que le banc litigieux laissé aujourd'hui à découvert, en aval de plus d'un myriamètre et demi, est situé sur le bord de la mer, lequel, aux termes de l'art. 2 de la loi du 1er décembre 1790, et de l'art. 538 du Code civil, est une dépendance du domaine public, contre laquelle, d'après le § 2 de l'art. 557 du même Code, ne peut avoir lieu aucun droit d'alluvion ;

Attendu que M. Manneville, pour prétendre que le banc litigieux est une alluvion fluviale, invoque d'abord la géographie ;

Attendu que les arguments qu'il en tire, ne sont, en aucune manière, concluants;

Qu'en effet rien n'est plus vague, plus incertain, que cette assertion des géographes, qui disent que l'embouchure de la Seine est entre Honfleur et le Havre, quand on sait que cette dernière ville est avancée vers la mer, d'un myriamètre plus que la ville d'Honfleur ;

Que l'auteur d'une consultation (M. Daviel) publiée dans l'intérêt de M. Manneville, a tellement senti ce que cela a de choquant, qu'il a, lui, pour être plus conséquent, déterminé l'embouchure de la Seine entre Honfleur et le Hoc, qui est situé, à peu près en ligne droite, en face de cette ville ;

Que c'est là, il faut le dire, une désignation arbitraire que rien ne justifie ;

Que, d'un autre côté, l'embouchure d'un fleuve ou d'une rivière ne peut pas facilement se désigner par un point fixe, une ligne perceptible ; et l'on se demandera toujours où commence cette embouchure, où elle finit ;

Qu'il n'est pas hors de propos de faire remarquer qu'entre Honfleur et le Hoc, il y a moins de distance qu'entre le banc litigieux et la rive Nord opposée ; comment expliquer cette circonstance importante ?

Qu'elle peut naturellement se concevoir en reconnaissant que la mer, et non la Seine, se trouvant là moins comprimée à cause de la forme et de la nature du terrain, et pouvant plus facilement s'étendre, s'est, ainsi qu'on l'a déjà dit, creusé un bassin qui est son domaine et dont elle a seule la possession ;

Que ce qu'ont dit les géographes, et ce qu'ont répété d'autres géographes après eux, ne peut être compté pour rien, aujourd'hui qu'il s'agit de décider une question de fait qui trouve sa solution dans les lois anciennes et nouvelles ;

Que, quand on aura placé l'embouchure de la Seine entre Honfleur et le Havre, ou entre Honfleur et le Hoc, ou enfin à tout autre endroit, cela ne pourra jamais influer sur un fait à examiner, celui de savoir jusqu'où s'étendent les eaux de la mer, et sur cet autre fait, maintenant incontestable, que le banc litigieux n'a été formé que par l'action de la mer, et que les eaux de la Seine n'y ont pris aucune part ;

Attendu que M. Manneville argumente encore, pour appuyer sa prétention, de divers titres et documents qui qualifient de « rivière de Seine » la baie en question ;

Mais que cette qualification est peu déterminante au procès, parce que ces mêmes titres, et d'autres qu'on a énoncés, appellent cette baie, tantôt « la baie », tantôt « la rivière de Seine » ;

Q'elle ne peut donc servir, en aucune manière, à établir que l'atterrissement litigieux est dans la rivière de Seine ;

Attendu que les titres du comté de Tancarville et de la terre d'Orcher, invoqués aussi par M. Manneville, n'ont pas plus de portée ;

Que si, d'après ces titres, les seigneurs de Tancarville et d'Orcher avaient des droits de pêcheries dans la baie appelée rivière de Seine, et ce, en amont et en face du banc en litige, on ne peut pas en tirer la présomption que c'était réellement dans la rivière de Seine qu'ils les exerçaient, bien au contraire, car ils n'y pêchaient, comme on y pêche aujourd'hui, que des poissons de mer ;

Que si des seigneurs obtenaient, à titre d'alluvion, la propriété des terrains laissés à découvert par les eaux et adhérant à leurs domaines, ce n'est pas une raison non plus pour présumer que c'étaient des alluvions fluviales, plutôt que des alluvions maritimes ; car alors, dans le droit commun, et d'après l'article 195 de la Coutume de Normandie, les terres d'alluvions accroissaient aux propriétaires des héritages contigus, à la charge de les bailler par aveu au seigneur du fief, et, suivant les commentateurs, cette disposition de la Coutume s'appliquait aux alluvions formées *sur les rivages de la mer*, comme à celles formées sur les rives des fleuves ;

Qu'il suit de là, que tous riverains, quels qu'ils fussent, étaient fondés à prétendre à la propriété des lais de mer, prétention qui, d'après la législation actuelle, ne saurait plus être accueillie ;

Attendu d'ailleurs, que ces terrains adhérant aux domaines des seigneurs, désignés sous le nom générique *d'alluvion*, devraient être nécessairement considérés comme des *alluvions maritimes*, et s'entendre alors comme telles, puisque ces mêmes seigneurs y exerçaient le droit de Varech et l'on sait que sous ce mot de *Varech* et choses gaives étaient comprises, d'après l'art. 596 de la Coutume, toutes choses que l'eau jette à la mer par tourmente et *fortune de mer* ;

Que ces alluvions pouvaient encore avoir été, dans l'origine, l'objet de concessions de la part des Rois de France, qui avaient le droit de disposer des lais de mer comme faisant partie du petit domaine ;

Que pareilles concessions pouvaient aussi avoir été faites pour les droits de pêcherie dans les eaux de la mer ;

Qu'enfin les seigneurs prénommés, qui avaient des privilèges très étendus, pouvaient avoir joui des droits, dont il vient d'être parlé, par suite d'abus du pouvoir féodal ;

Attendu donc que la géographie, et les titres et documents anciens dont a excipé M. Manneville, sont sans influence pour la décision du procès ;

Qu'ils s'effacent devant ce fait positif que c'est l'action des eaux de la mer qui a formé le terrain litigieux et l'a laissé ensuite à découvert ;

Que ce terrain est conséquemment un lais et relais de mer appartenant à l'Etat ;

Par ces motifs, le Tribunal, jugeant en premier ressort, de l'avis du Ministère public, dit à bonne cause l'action en revendication intentée par l'Etat contre M. Manneville, et, y faisant droit, déclare l'Etat propriétaire du terrain sus désigné qui est un lais ou relais de la mer, ordonne à M. Mannneville de le délaisser immédiatement et le condamne aux dépens.

Théorie de l'inondation

Les riverains prétendent que, sous le droit moderne comme sous le droit commun, le propriétaire de l'alluvion n'est pas dépossédé définitivement par la disparition du terrain alluvionnaire, et que son droit de propriété reprend son empire quand les terrains apparaissent de nouveau.

A l'appui de leur prétention, ils citent, notamment, un arrêt de la Cour de Caen du 20 mars 1863 et un arrêt de la Cour de Cassation du 28 décembre 1864, rendus dans une instance pendante entre les héritiers Thomas et la Cie des Polders de l'Ouest.

On croit utile de reproduire, in-extenso, ces décisions afin de bien faire voir que ce sont des arrêts d'espèce qui n'ont pas la portée qu'on voudrait leur attribuer, et que, dans cette affaire, *il existait une concession par l'Etat,* ce dont ne peuvent se prévaloir les riverains de la baie de Seine.

Arrêt de la Cour de Caen, du 20 mars 1863.

La Cour :

Considérant, sur la première question, que la propriété des terrains litigieux est revendiquée, non au profit de l'Etat et dans un but d'utilité générale, mais comme faisant partie de concessions qui auraient été faites à titre privatif, soit aux appelants, soit aux intimés ; qu'il s'agit donc d'une contestation purement privée, qui n'intéresse en rien le domaine public ; d'où il suit que l'autorité judiciaire était seule compétente pour en connaître et pour ordonner les moyens d'instruction nécessaires pour faire, en pleine connaissance, à chacune des parties, l'application des titres par elle invoqués ;

Considérant, sur la deuxième question, que les trois hectares quatre ares revendiqués par les héritiers Thomas faisaient partie de la concession qui avait été faite par le Roi à Quinette le 20 juin 1769, et que les revendiquants représentent ce dernier comme acquéreurs d'une partie des terrains primitivement concédés ; considérant qu'il n'est pas contesté que les titres produits par les héritiers Thomas leur ont transmis la propriété des terrains litigieux, mais que les intimés soutiennent que, les eaux de la mer ayant couvert ces mêmes terrains depuis 1833 constamment et périodiquement à l'époque des grandes marées, l'Etat en était devenu propriétaire comme faisant partie du rivage de la mer, et avait pu valablement les comprendre dans la concession qu'il leur a faite le 21 juillet 1856; considérant que l'article 1er, livre IV, titre 7 de l'Ordonnance de 1681, qualifie de rivage de la mer tout ce que la mer couvre et découvre pendant les nouvelles et pleines lunes et jusqu'où le plus grand flot de mars se peut étendre sur les grèves, et que l'article 538 du Code civil range parmi les dépendances du domaine public les rivages de la mer ; que ces articles de lois, qui attribuent à l'Etat la propriété des terrains qui constituent le rivage de la mer, ne contiennent aucunes dispositions sur les conséquences que peuvent avoir les principes qu'ils consacrent, relativement aux propriétés privées qui seraient envahies par les eaux de la mer pendant un certain temps, et qui, plus tard, cesseraient d'être couvertes par le flot ; que, sans doute, tant que les terrains ayant une origine privée sont périodiquement et régulièrement couverts par le flot, l'intérêt général exige que le domaine en ait la propriété, parce qu'il est nécessaire que chacun puisse accéder à la mer qui est dans le domaine de tous ; mais que ce motif n'existe plus lorsque, la mer venant à se retirer, les terrains qui avaient été envahis cessent d'être le rivage de la mer ; qu'alors il est juste que le droit de propriété, qui n'avait été suspendu pour le propriétaire et qui n'était passé entre les mains du domaine public que par l'effet de la force majeure, revive en faveur de celui qui n'avait été en quelque sorte exproprié que momentanément et seulement parce qu'il avait été dans l'impossibilité de profiter de sa propriété ; que le décider autrement, serait donner à l'Ordonnance de 1681 et à l'article 538 C. C. une portée qu'ils n'ont pas, et violer les principes de la loi et de l'équité qui ne permettent pas que l'on soit dépossédé d'une propriété dont on a payé le prix et qui est acquise légitimement, autrement que dans les cas et suivant les formes prescrites par la loi ; que l'on objecte vainement que, par l'invasion des eaux de la mer, la propriété primitive a péri, qu'elle s'est transformée en rivage et est entrée dans le domaine public ; et si plus tard elle est garantie des flots de la mer, c'est une propriété de création nouvelle que le domaine a eu le droit de céder ; qu'en effet, ce qui a péri, ce n'est pas le droit de propriété, mais seulement l'usage de la propriété, qui est suspendu, dans un intérêt général, par l'effet de la force majeure ; qu'à la vérité, tant que les terrains ont été couverts par les eaux aux grandes marées et ont été réduits à l'état de grèves blanches, ils ont été improductifs, mais le propriétaire n'en avait pas moins conservé le droit de les fertiliser en faisant les travaux nécessaires pour obtenir ce résultat, travaux qui étaient la condition de la concession et qui avaient été réellement faits d'une manière utile, puisque les actes produits au procès prouvent qu'en l'an XII, les terrains revendiqués étaient en nature de pré ; qu'admettre que le concessionnaire primitif est définitivement dépouillé et le domaine approprié d'une manière absolue et sans retour, par cela seul que les eaux de la mer ont couvert les terrains concédés périodiquement aux grandes marées, ce serait faire perdre, sans compensation, au concessionnaire le prix qu'il a payé et la dépense qu'il a faite pour conquérir sur la mer les terrains, objet de la concession, et donner à l'Etat le droit de céder, une seconde fois, une propriété dont il aurait déjà reçu le prix une première fois; qu'une telle conséquence, quand elle n'est pas commandée par l'intérêt général, est trop contraire aux règles de l'équité pour qu'elle puisse être accueillie ; que l'on objecte que, depuis 1833 que les terrains revendiqués ont commencé à être couverts périodiquement par la mer, les héritiers Thomas n'ont rien fait, jusqu'en 1856, qui ait annoncé qu'ils voulaient en conserver la propriété et les utiliser, et que cette inaction de leur part est une preuve qu'ils y avaient renoncé ; qu'outre que la renonciation à un droit ne se présume pas, l'inaction des héritiers Thomas, pendant l'espace de temps dont il vient d'être parlé, peut s'expliquer autrement que par la renonciation à leur droit ; que l'état de la mer, le défaut de ressources pour entreprendre des travaux considérables, des difficultés d'exécution, l'espérance d'entreprises importantes faites par des tiers et dont ils pourraient profiter, en se conformant aux dispositions de la loi, qui, dans ce cas, ne les obligeait qu'à payer une plus-value, peuvent être la cause pour laquelle ils n'ont pas agi et rendent au moins douteuse l'idée d'un abandon, qui ne doit être admise qu'autant qu'elle est prouvée ; considérant que l'Etat, en faisant à Mosselmann et Cie la concession du 21 juillet 1856, a fait lui-même l'application des principes qui viennent d'être énoncés, en mettant comme condition, dans l'article 2 du cahier des charges, que la concession était faite sous la réserve du droit des tiers, et, dans l'article 17, que les concessionnaires recevront les sommes encore dues à l'Etat pour prix de concessions de terrains précédemment faites dans le périmètre de leur propre concession, à charge par eux de faire délivrance desdits terrains, dans les termes et aux conditions insérées dans les actes de concession primitifs ou dans les décisions judiciaires qui ont interprété ou interpréteraient ces mêmes actes, sauf l'exercice du droit de plus-value réservé aux concessionnaires par l'article 14 ; que ces deux articles du cahier des charges font la loi des derniers concessionnaires, au respect des héritiers Thomas, concessionnaires primitifs, du moment où, ainsi qu'il a été dit, leur droit de concessionnaires sur les terrains revendiqués n'a pas été anéanti, sauf l'exercice du droit, que les concessionnaires de 1856 pourraient avoir, de réclamer une indemnité pour la plus-value que les travaux par eux faits aurait conférée à la concession primitive ; considérant qu'en maintenant les concessionnaires primitifs en propriété des terrains revendiqués, il n'est porté aucun obstacle à l'exécution des grands travaux d'utilité publique qui pourraient être entrepris pour le dessèchement et la mise en valeur des grèves de la baie du Mont St-Michel, parce que, au besoin, ce serait le cas de recourir à l'expropriation pour cause d'utilité publique ; que, d'après les considérations qui précèdent, il y a donc lieu de dire que les terrains revendiqués n'ont pas été compris dans la concession du 21 juillet 1856, et que les héritiers Thomas sont bien fondés dans la demande en revendication qu'ils ont formée ; d'où il résulte qu'à tort, le premier juge a ordonné, avant faire droit, qu'il serait procédé à une expertise, qui devait être sans influence sur le procès qui lui était soumis; considérant que la solution qui vient d'être donnée rend inutiles et sans objet l'expertise et la preuve par témoins sollicitées par les parties ; infirme le jugement dont est appel ; quoi faisant, dit à tort l'exception d'incompétence soulevée par les héritiers Thomas, et statuant au fond, sans qu'il y ait besoin de recourir soit aux expertises, soit aux preuves par témoins, sollicitées par les parties, dit que les trois hectares quatre ares revendiqués ne sont pas compris dans la concession faite à Mosselmann et Donon le 21 juillet 1856 ; dit, en conséquence, que les héritiers Thomas sont propriétaires de ces trois hectares, quatre ares, etc.

(Journal du Palais, 1864, page 508 ; Sirey, 1864. 2. 75).

Arrêt de la Cour de Cassation, du 28 décembre 1864.

La Cie des Polders de l'Ouest s'est pourvue en cassation contre l'arrêt du 20 mars 1863, rapporté ci-dessus :

Elle a fondé son pourvoi sur la violation, tant de la règle d'après laquelle le droit de propriété s'éteint par la perte ou la destruction de la chose qui en fait l'objet que des articles 538. C. Nap..., 1, tit. 7. liv. 4 de l'Ordonnance de 1681, et 41 de la loi du 16 Sept. 1807, en ce que l'arrêt attaqué avait déclaré les héritiers Thomas propriétaires d'un terrain qui, de rivage à la mer qu'il était, avait été transformé en relais de mer par les travaux des concessionnaires de l'Etat, et cela, sous prétexte qu'avant de faire partie du domaine public en tant que rivage de la mer, ce terrain avait appartenu auxdits héritiers Thomas, dont le droit de propriété aurait reparu intact dès que l'emplacement de leur concession avait été reconquis sur la mer. — Les jurisconsultes romains, a-t-on dit pour la compagnie demanderesse, distinguent entre l'inondation, fait anormal et accidentel, dans laquelle ils ne voyaient qu'un obstacle temporaire apporté à l'exercice du droit de propriété, et l'occupation permanente et définitive d'un terrain privé, par là transformé soit en lit des rives d'un fleuve, soit en rivages de la mer, et ils considéraient une telle occupation comme destructive de la chose et extinctive des droits de propriété dont elle était l'objet, à tel point que, si le terrain ainsi transformé venait plus tard à être abandonné par les eaux, son emplacement, fût-il aisément reconnaissable, ne faisait point retour au propriétaire primitif, mais était attribué aux riverains qui l'acquéraient par droit d'accession (LL 7. § 5 et 6 ff. de Adquiv. rev. domin. : 24, § 1 ff. *Quibus modis usus f. amitt.* 1 § 5 ff. de Flumin.) Puisés dans la nature même des choses et dans la raison, ces principes ne pouvaient que passer du droit romain dans le droit français, et c'est aussi ce qui a eu lieu. Le code Napoléon est, il est vrai, complètement muet sur l'inondation ; mais en revanche, il classe dans le domaine public les rivages de la mer, les fleuves ou rivières navigables ou flottables : il règle les conséquences du changement du lit des cours d'eau, ainsi que celles du changement de leurs rives, et ces dispositions sont la consécration manifeste de la théorie romaine, qui attribue au changement du lit ou des rives d'un cours d'eau une puissance destructive du terrain transformé en lit ou en rives : et, par là même, extinctive des droits dont le terrain était l'objet. L'art. 538 classe dans le domaine public les rivages de la mer et les fleuves ou rivières navigables ou flottables, sans faire aucune exception pour les terrains privés, qui auraient été transformés en rivage de la mer ou en rives ou lits de fleuves.— Mais, si le terrain tranformé vient à être abandonné par la mer ou par le cours d'eau changeant son lit, ou reculant ses rives, son propriétaire primitif pourra-t-il y prétendre à partir de ce moment ? Il ne l'aurait pas pu en droit romain : il ne le pourra pas davantage en droit français. Et, en effet, les relais de la mer sont attribués au domaine privé de l'Etat (C. Nap., 538, 557, combinés avec la loi du 16 Sept. 1807, art. 41). Tous les auteurs sont aujourd'hui d'accord pour reconnaître qu'ils ne font pas partie du domaine public, mais du domaine de l'Etat (V.— Troplong, Prescript., n° 152 ; — Marcadé, sur les art. 2226-2227 du C. Nap.; — Daviel, Cours d'eau, n°s 165 et 166 ; — Dufour, Dr. admin, IV, n°s 268 et 269 ; — Gaudry, Traité du domaine, n°s 96 et suivants). D'après l'art. 41 de la loi du 16 Septembre 1807, le Gouvernement peut concéder, aux conditions qu'il aura réglées, les lais et relais de la mer et le droit d'endiguage. Le droit d'endiguage s'entend du droit d'élever des digues sur une partie du littoral de la mer, en accordant au concessionnaire l'autorisation de convertir en propriété privée et d'acquérir pour lui la partie du sol public qu'il aura soustraite à l'empire des eaux. On confond trop souvent le droit d'endiguage avec la concession des lais et relais déjà formés ; l'administration elle-même intitule *Concessions de lais et relais de la mer*, les concessions qui ne portent que sur des terrains baignés tous les jours par les flots. La concession du droit d'endiguage ne confère certainement pas au concessionnaire un droit de propriété privée sur les terrains couverts périodiquement par le flot, ces terrains ne sont pas prescriptibles ; ils sont assujettis, pendant la durée de la concession, aux mêmes charges que les terrains faisant partie du rivage de la mer qui n'ont pas été concédés, notamment à l'exercice des opérations de la pêche maritime. C'est ce qui résulte, en particulier, de l'art. 11 du décret de concession, rendu le 21 juillet 1856, au profit de la compagnie demanderesse ; et tous les décrets de concession contiennent des dispositions de même nature. En conséquence, si par une cause quelconque, la concession vient à être révoquée, les terrains qui n'ont pas été conquis, n'ayant jamais cessé de faire partie du domaine public, rentrent dans les mains de l'Etat, exempts de tout droit. Quand il s'agit d'un cours d'eau, les relais sont attribués aux riverains en cas d'alluvion, sans que le propriétaire du terrain transporté par les eaux puisse venir réclamer ce qu'il a perdu. (C. Nap. 557.) Et, si les relais ne constituent pas une alluvion, ils pourront appartenir soit aux riverains, soit à l'Etat ou à ses concessionnaires, suivant la nature des cours d'eau et les systèmes en présence ; mais, en aucun cas, ils n'appartiendront par une sorte de droit et de retour, « *jure primœvo et antiquo* », à celui sur lequel ils ont été pris par les eaux. Enfin, l'ancien emplacement d'un cours d'eau, qui s'est creusé un nouveau lit, est attribué non pas aux riverains de cet emplacement qui peuvent être présumés en avoir eu la propriété à une époque antérieure, mais à ceux qui ont vu leurs propriétés envahies par le nouveau lit, et ce, à titre d'indemnité. Ainsi, en droit français comme à Rome, on peut dire du terrain définitivement occupé par la mer, ce que la loi précitée (24 § 1. ff. *Quibus modis usufruct, amitt.*) dit d'un terrain occupé et plus tard abandonné par les eaux d'un fleuve, que ce terrain était perdu et pour toujours, sans retour possible pour son propriétaire : « *Cùm is locus alveus publicus esse cœperit, neque in pristinum statum restitui possit.* » Détruit comme terrain privé par l'occupation de la mer ou d'un cours d'eau public, le terrain reste détruit, et tout droit de propriété reste également éteint à la retraite des eaux. S'il redevient alors terrain privé, c'est comme terrain de création nouvelle, et au profit de personnes autres que celles à qui il appartenait avant d'être occupé par des eaux. C'est ainsi d'ailleurs, que la loi a été comprise par la doctrine et la jurisprudence. (V. Demolombe : Distinct. des biens, II, n°s 174, 175 ; — Aubry et Rau, sur Zachariæ, 2e édit., p. 78, 229, 356 ; — Cass, 25 avril 1842 et Douai 10 janvier 1842 ; D. P. 1842. 1. 584 et 1843. 2. 570 ; Sirey, 1842. 1. 621 et 2. 299.— *Voir infrà).* En jugeant le contraire et en déclarant les défenseurs éventuels propriétaires du terrain litigieux, la cour de Caen a donc méconnu les principes les plus certains.

M. Paul Fabre, avocat général, a conclu à l'admission du pourvoi :

Si, a dit ce magistrat, le droit de propriété qu'ont eu autrefois les consorts

Thomas ne leur a pas été enlevé par la loi elle-même, il n'y a pas de considération d'intérêt public qui puisse le faire fléchir, car le premier de tous les intérêts sociaux, celui qui les domine tous, c'est le respect du droit de propriété ; mais aussi, si c'est le législateur lui-même qui, après avoir pesé les considérations d'intérêt public, a déclaré que vingt-trois ans de périodicité régulière du retour de la mer sur un terrain en transportaient la propriété du domaine public, il n'y a plus à se laisser influencer ni par une équité trompeuse, ni par l'exemple de nations voisines, dont la législation peut reposer sur d'autres principes que la nôtre, parce que les conditions de leur lutte contre la mer sont différentes. Si le législateur a fait ce choix, la justice n'a plus à le faire.

Or, les textes sont précis (art. 538, C. Nap. combiné avec l'art. 1, tit. 7, liv. 4 de l'Ordonnance de la Marine de 1681). Ils posent deux principes : ils disent, d'abord, à quels caractères on reconnaîtra un rivage de mer ; ils disent, ensuite, quelles conséquences légales seront attachées à cette qualification. Les caractères du rivage de la mer existent-ils dans tel cas donné ? C'est là une question de fait livrée à l'appréciation des Cours impériales, et sur laquelle, en général, leur déclaration sera souveraine. Mais les caractères légaux auxquels la loi attache la qualification de rivage de la mer sont-ils constatés par le juge du fait ? Reconnaît-il que la mer couvre et découvre régulièrement le terrain litigieux aux nouvelles et pleines lunes ? Alors, il ne dépend plus de lui de refuser au fait constaté par lui-même, ni sa qualification de rivage de mer, ni les conséquences que la loi y attache, et, s'il les méconnaît, sa décision doit être cassée.

Ces conséquences légales, quelles sont-elles ? La loi en précise deux : le terrain est devenu une dépendance du domaine public, c'est-à-dire qu'il est entré dans le *dominium*, dans la propriété du public, et cette déclaration de la loi, dont aucune réserve ne vient restreindre la généralité, suffirait à elle seule pour effacer toute propriété privée et pour opérer une mutation complète, car il est de la nature de la propriété d'être exclusive et perpétuelle ; mais le législateur n'a pas voulu qu'à cet égard un doute pût s'élever sur son intention et il a lui-même formulé, en termes exprès, cette conséquence de la domanialité publique, en déclarant que les rivages de la mer ne sont pas susceptibles d'une propriété privée. Voilà la loi : donc toute théorie qui subordonnera la propriété du domaine à des conditions, à des éventualités, à des droits de retour, ajoutera à la loi ; toute théorie qui maintiendra sur un rivage de mer (c'est-à-dire sur la mer elle-même, car, à la différence du rivage du fleuve, qui est hors du fleuve, le rivage de la mer, c'est la mer), un droit de propriété privée, croisant le droit de propriété du public effacera une phrase de l'art 538.

Or, que porte l'arrêt attaqué ? Est-ce sur des circonstances de fait qu'il se fonde pour contester au domaine public son droit de propriété ? Prétend-il que la périodicité du retour du flot sur le terrain revendiqué par les héritiers Thomas ne soit pas suffisamment établie après s'être reproduite deux fois par mois pendant vingt-trois ans ? Prétend-il que le Gouvernement, en concédant, en 1856, à Mosselmann et Donon les terrains à endiguer dans la baie du Mont St-Michel, ait excepté de la concession les terrains litigieux pour un autre cas que celui où le droit commun en attribuerait la propriété aux héritiers Thomas ? Non, rien de semblable. Il admet, en fait, que la concession ne réserve aux héritiers Thomas que les droits que la loi commune peut leur donner; que la périodicité du retour du flot est démontrée; que le terrain est, depuis 1833 au moins, rivage de la mer. Il admet même, en droit, que, depuis 1833, il est devenu domaine public. Seulement, suivant lui, un particulier ne perd la propriété sur un sol devenu rivage que temporairement, ou pour la jouissance seulement : l'immeuble ne peut périr puisque le tréfonds reste toujours, et, quand la mutation n'en est imposée au propriétaire que par une cause naturelle et dans un intérêt général, elle ne dure qu'autant que dure l'une et l'autre, le but de la déclaration de domanialité publique étant, non d'enrichir l'Etat, mais d'assurer la jouissance du public sur la mer, la possession de l'Etat sera donc ou précaire ou résoluble et ne saurait engendrer un droit définitif de propriété.

Mais cette doctrine, si dangereuse pour la liberté de l'Etat qu'elle place, quand il veut draguer, creuser un port, construire un phare ou un quai, en présence d'un droit subsistant de propriété privée, n'est-elle pas repoussée par le texte de l'article 538 ? Est-ce qu'il fait au rivage de la mer une autre condition qu'aux routes ? Est-ce qu'il subordonne pour eux la domanialité publique à une durée quelconque de possession ou immémoriale, ou trentenaire, ou décennale ? L'arrêt modifie l'article 538 en y ajoutant, il ne l'applique pas.

On objecte encore que la mer ne doit jamais être réputée faire que des inondations accidentelles, parce que peut-être elle se retirera dans un ou deux siècles, dans mille ans, dans deux mille ans. Mais, si l'invasion de la mer peut n'être quelquefois qu'accidentelle, si, au début, il y a un moment d'incertitude sur le caractère de cette invasion, et s'il appartient au juge du fait de déclarer que le retour périodique du flot n'est pas encore assez établi pour que le sol puisse être qualifié rivage, il vient un moment où le juge, obligé de reconnaître au sol ce caractère, commet une erreur de droit s'il déclare que la périodicité, bien qu'établie, ne peut pas opérer mutation, soit parce que, dans un avenir inconnu, un retrait de la mer est possible, soit parce que le propriétaire ancien n'avait pas donné son consentement à cette mutation.

Non, la loi ne subordonne la mutation, ni à une volonté privée, ni aux éventualités de l'avenir. Elle demande au juge de vérifier un fait qu'elle précise ; si le fait est constant, il n'y a plus à attendre ni quatre-vingt-dix-neuf ans, ni trente ans, ni dix ans ; la mutation est opérée ; le public est propriétaire du rivage comme d'une route et sa propriété efface du sol toute propriété privée. Aucun principe d'équité n'est violé par là, surtout quand il s'agit, comme ici, d'un sol conquis par l'endiguement, car, le Gouvernement ne donnant alors la propriété qu'en récompense du dessèchement, le particulier qui a laissé la mer revenir ne peut se plaindre d'y perdre sa propriété. Entre l'espèce jugée le 30 janvier 1835 (Pr. Ch., S. 1835.1.363) et l'espèce actuelle, la différence essentielle est que la loi, n'ayant pas défini le changement de lit des fleuves, a laissé au juge toute liberté d'appréciation, tandis qu'en définissant le rivage de la mer, elle n'a pas laissé le juge libre d'en méconnaître ni les conditions, ni les conséquences.

Arrêt (après délibération en Chambre du Conseil).

La Cour :

Attendu, en fait, qu'il est établi qu'en 1769, il fut fait concession au sieur Quinette d'une certaine étendue de grèves et relais de mer dans la baie du Mont St-Michel, dont partie fut cédée en l'an XII à Thomas, auteur des défendeurs éventuels ; qu'à cette dernière époque, les terrains cédés étaient en nature de prés, susceptibles de culture ; — Qu'en 1856, une concession plus étendue a été faite à Mosselmann et Donon, dans le périmètre de laquelle se trouve compris le terrain litigieux qui avait fait partie de celui acquis par Thomas en l'an XII ;— Que la question est de savoir si ce terrain, dont Thomas avait joui jusqu'en 1833, et qui, à partir de cette époque, a été de nouveau envahi par les eaux de la mer, et couvert périodiquement par les hautes marées, peut être revendiqué par ses héritiers, comme étant redevenu leur propriété, ou, plutôt, comme n'ayant jamais cessé de l'être, malgré son occupation temporaire par les eaux de la mer, alors qu'il a été mis à découvert par suite, paraît-il, des travaux exécutés par les nouveaux concessionnaires ;

Attendu, en droit, que la raison de décider ne peut se trouver dans l'art. 538 du C. Nap., qui dispose que « les rivages, lais et relais de la mer, et généralement toutes les parties du territoire qui ne sont pas susceptibles d'une propriété privée, sont considérés comme des dépendances du domaine public » ; — Que cet article, placé au chapitre « *Des biens dans leur rapport avec ceux qui les possèdent* » ne peut servir à trancher une question de transmission de propriété ; — Que la loi donnant à l'Etat le droit d'aliéner à titre de créments futurs, en concédant le droit d'endigage, les parties du rivage de la mer auxquelles l'intérêt public ne lui paraît pas commander de conserver cette destination, il reste à apprécier la nature du droit qui dérive de cette concession, et la portée de l'obligation qui en résulte pour l'Etat, en regard du concessionnaire ; qu'ainsi il faut chercher la raison de décider dans les principes suivant lesquels la propriété s'acquiert, se transmet, et se perd ;

Attendu que, pour que les héritiers Thomas, propriétaires du terrain litigieux en vertu d'un titre émané de l'Etat, aient cessé de l'être, il faudrait prouver que leur droit a pris fin par l'une des causes ou suivant l'un des modes déterminés par la loi, ce qui ne se rencontre pas dans l'espèce ; qu'à la vérité, on oppose à leur revendication la perte de la chose pendant un certain temps, ou son passage dans le domaine public, qui aurait absorbé, dit-on, et effacé le droit privé, avec lequel il est inconciliable et ne saurait coexister ;

Mais attendu, sous un premier rapport, que s'il est vrai que le droit périt par la perte de la chose qui en est l'objet, ce principe, applicable aux choses mobilières, ne saurait être étendu aux immeubles, dont la nature résiste à son application ; qu'on ne peut dire que le terrain litigieux a péri et cessé d'être, puisque la compétition même dont il est l'objet prouve évidemment qu'il existe, avec toute l'utilité qui en fait rechercher l'appropriation ; qu'il a pu sans doute, sous l'influence de l'action des eaux de la mer, être modifié dans sa forme, et subir des altérations dans sa superficie, mais que sa substance a continué d'être ce qui suffit, pour conserver le droit. Que le droit, en effet, ne s'applique pas seulement à la superficie, mais pénètre plus profondément et adhère, au tréfonds lui-même. Qu'ainsi il est juridique, autant que rationnel, de décider que l'occupation temporaire, par la mer, du terrain litigieux n'a fait que suspendre, au préjudice des concessionnaires primitifs, l'usage de leur droit, au lieu de le détruire dans sa racine, et que ce droit a dû reprendre toute son efficacité du moment où a cessé le fait de force majeure qui en avait paralysé l'exercice ;

Attendu qu'à la vérité, de 1833 à 1856, le terrain ayant été périodiquement couvert par les hautes marées, il s'est trouvé, durant cet intervalle, faire partie du rivage de la mer, et qu'il est devenu, à ce titre, une dépendance du domaine public ; que, sans nul doute, tant qu'a duré cet état de choses, la destination publique qu'avait reçue ce terrain faisait obstacle à tout acte de possession privée, susceptible de la contrarier ou de la restreindre ; — Mais que cela ne peut suffire pour effacer, au regard de l'Etat, le titre concédé par l'Etat lui-même et le délier de ses obligations envers les concessionnaires, en anéantissant le droit qu'il avait créé ; — Que l'Etat ayant constaté par deux concessions successives que l'intérêt général ne commandait pas de retenir le terrain comme partie du rivage de la mer, le domaine public se trouve par cela même hors de cause, et il ne se trouve en présence que deux intérêts privés, entre lesquels s'agite la question de savoir si le droit créé en premier lieu par l'Etat doit s'effacer pour faire place au droit créé postérieurement et ayant la même origine ;

Attendu que l'Etat, en concédant une première fois le terrain litigieux à titre de propriété privée, dont l'essence est d'être perpétuelle, n'avait pu entendre se réserver la faculté de ressaisir ce terrain, pour l'aliéner de nouveau comme propriété domaniale, si la mer, détruisant les travaux exécutés par le concessionnaire pour se conformer aux conditions de sa concession, venait lui enlever violemment la jouissance pendant un temps plus ou moins prolongé ; qu'une telle prétention, une telle réserve, de la part de l'Etat, serait trop manifestement contraire à la justice pour qu'elle puisse être conforme aux principes du droit ;

Attendu que, sans doute, en redevenant rivage de la mer, le terrain concédé s'est trouvé soumis à toutes les conséquences légales de la destination qui lui était ainsi rendue par la force majeure, mais seulement tant que cette destination lui a été conservée ; qu'aussitôt qu'elle a cessé, par la volonté de l'Etat lui-même, le droit du domaine public a dû cesser avec elle, puisque cette destination était à la fois son origine et son unique raison d'être ; — Que le rivage de la mer n'est attribué au domaine public que dans un seul but, pour en assurer à tous le libre usage, et non point pour procurer à l'Etat des propriétés territoriales ; — Que, du moment où l'Etat a mis hors du domaine public une partie de ce rivage, en anéantissant la cause de son droit, il en abdique nécessairement les effets ;

Attendu, d'ailleurs, qu'on ne saurait prétendre, et qu'en effet le pourvoi ne prétend pas, qu'au moment où la mer vient faire irruption sur les terrains concédés, le droit du concessionnaire est à l'instant même anéanti, et le domaine public immédiatement et irrévocablement approprié de nouveau ; — Que le pourvoi reconnaît, au contraire, qu'à l'origine, en dépit de cette invasion de la mer, le droit privé subsiste, et que le propriétaire pourrait faire les travaux nécessaires pour le protéger ; mais qu'on soutient que, faute par lui d'avoir agi en temps utile et revendiqué assez tôt son terrain contre la mer, son droit périt inévitablement ;

Attendu que, du moment où l'on est forcé d'admettre que l'occupation par la mer du terrain concédé doit avoir une certaine durée pour produire des effets juridiques, cette durée ne saurait être purement arbitraire, et ne pourrait être que celle déterminée par la loi pour opérer la prescription ; — Qu'à supposer, ce que la Cour n'a pas à décider dans l'espèce, que la prescription pût résulter d'une pareille occupation, contre un propriétaire empêché d'agir par une force majeure, encore faudrait-il reconnaître que cette prescription ne peut être invoquée dans la cause, puisque la revendication des héritiers Thomas s'est exercée bien avant que trente ans se fussent écoulés depuis le retour de la mer sur le terrain litigieux ; — Qu'ainsi, on ne peut trouver, ni dans la perte prétendue de la chose (le terrain objet de la concession primitive), ni dans son incorporation momentanée au domaine public, une cause légale d'extinction du droit de propriété concédé, en 1769, par l'Etat à l'auteur des héritiers Thomas, et que c'est avec raison que l'arrêt attaqué a maintenu ce droit, en accueillant leur revendication contre les concessionnaires de 1856 ;

Attendu qu'à ces raisons de droit, on pourrait joindre des raisons de fait puisées dans le titre même de la compagnie demanderesse en cassation ; qu'on peut dire que l'Etat l'avait considéré ainsi lors de la concession de 1856 ; qu'il a pensé, en effet, qu'il pouvait exister sur les terrains compris dans le périmètre de la concession nouvelle des droits dérivant de la concession de 1769, puisque, non seulement, il a réservé, en termes généraux, les droits des tiers, mais il a imposé aux nouveaux concessionnaires l'obligation de faire délivrance des terrains qui auraient fait l'objet de concessions antérieures, interprétées où à interpréter par des décisions judiciaires ; — Qu'ainsi, sous tous les rapports et à tous les points de vue, le droit des héritiers Thomas est consacré par les principes rigoureux du droit autant que par l'équité, et confirmé par le titre même de leur adversaire ;

Rejette....

(Journal du Palais, 1865. 1. 153 ; Sirey, 1865. 1. 81 ; Dalloz, 1865. 1. 139).

Les principes généraux, qui doivent servir de règle dans toutes les questions d'inondation, ont été nettement formulés dans le pourvoi de la compagnie des Polders de l'Ouest, et dans les conclusions de M. l'avocat général Paul Fabre *(voir suprà, pages 90 et suivantes)*, à savoir qu'une simple inondation, accidentelle et passagère, quelque prolongée qu'en soit la durée, ne fait pas cesser le droit de propriété, mais que ce droit s'éteint par l'effet d'un évènement de la nature emportant *incorporation de la chose au domaine public*. Ils sont, du reste, conformes à la doctrine enseignée par Aubry et Rau (tome II, page 399), et par Demolombe (tome X, nos 172 à 175, *voir infrà, pages 109 et suivantes*), et à la jurisprudence résultant tant d'un arrêt de la Cour de Douai du 10 janvier 1842 (Journal du Palais, 1842. 1. 584; Sirey, 1842. 2. 299 — *voir infrà, page 122*), que d'un arrêt de la Cour de cassation du 25 avril 1842 (Journal du Palais, 1843. 2. 570 ; Sirey, 1842. 1. 622), dont voici le sommaire *(voir infrà, page 125) :*

Le propriétaire d'une île située dans une rivière navigable, et dont une partie est emportée par les eaux qui n'en laissent aucun vestige, n'a pas droit à l'atterrissement qui se forme sur l'emplacement de la partie enlevée, et qui, bien que adhérant à la partie de l'île toujours existante, en est cependant séparée par une ligne apparente. Cet atterrissement de création nouvelle est la propriété de l'Etat, auquel appartient le lit des rivières navigables.

On doit faire observer, en outre, que si la dépossession du terrain à la suite de travaux, tels que des barrages, donne ouverture à une indemnité, au profit des riverains (Tribunal des conflits, Pâris-Labrosse, 11 janvier 1873, J.P. 73, 123 — *voir infrà, page 140) ;* il n'en est pas de même de la dépossession par le mouvement naturel des eaux, ainsi que cela résulte d'une décision du Tribunal des Conflits (Commune de Sandouville, 27 mai 1876), *(voir infrà, page 148),* basée sur le considérant suivant :

Considérant que si les changements de limites, qui peuvent résulter du mouvement naturel des eaux, n'ouvrent aucun droit à une indemnité, il ne peut appartenir à l'autorité administrative, à l'occasion des délimitations qui lui sont confiées, ni de se constituer juge des droits de propriété ou de possession qui appartiendraient aux riverains, ni de s'attribuer le pouvoir d'incorporer au domaine public, sans remplir les formalités exigées par la loi du 3 mai 1841, les terrains dont l'occupation lui semblerait utile aux besoins de la navigation ;

Qu'il appartient seulement à l'autorité judiciaire, lorsqu'elle est saisie d'une demande en indemnité formée par un particulier qui soutient que sa propriété a été englobée dans le domaine public, de reconnaître les droits invoqués devant elle et de régler, s'il y a lieu, une indemnité de dépossession dans le cas où l'administration maintiendrait une délimitation contraire à sa décision....

Décision conforme : Jugement du Tribunal du Havre, en date du 17 janvier 1884 *(voir infrà)*.

Caractère féodal du droit à l'alluvion dans la baie de Seine

§ 1er. — *Le droit à l'alluvion pouvait-il, en principe, constituer un droit féodal ?*

Le pouvoir royal et les seigneurs hauts justiciers considéraient le droit à l'alluvion comme un droit féodal puisqu'ils se le disputaient, aussi bien dans les fleuves qu'au bord de la mer.

Il ne faut pas confondre, dit Fessard (Dictionnaire des Domaines, V° Rivage de la mer, n° 27), les alluvions de la mer avec les alluvions des fleuves et rivières navigables. Pothier dit : « les alluvions qui se font sur les bords des fleuves et rivières navigables appartiennent au roi, et les propriétaires des héritages riverains n'y peuvent prétendre, à moins qu'ils n'aient des titres de la concession que le roi leur a faite du droit d'alluvion le long de leurs héritages. »

Ce qu'il y a de remarquable, c'est que la législation a changé en ce qui concerne les alluvions des fleuves et des rivières navigables ; incertaine avant 1789, *car le droit que Pothier attribue au roi lui était contesté par les seigneurs hauts justiciers* ; modifiée par plusieurs coutumes, ainsi que le constatent tous les anciens domanistes, elle a attribué définitivement aux riverains la propriété des alluvions, laissant à l'Etat celle des atterrissements, qui ne sont qu'un exhaussement du sol même du fleuve avec lequel ils s'incorporent.

A l'égard des alluvions de la mer, ou plutôt des lais de mer, s'il pouvait *s'élever quelque incertitude sur la question de savoir à qui, dans l'ancien droit français*, ils devaient appartenir, ce doute serait levé par le préambule de l'édit de 1710, *et depuis lors il est incontestable que la lutte des seigneurs hauts justiciers a cessé.*

Et le même auteur ajoute (V° lais et relais de la mer, n° 2) :

D'après la législation ancienne, notamment d'après la seconde Ordonnance (février 1566), les lais et relais de la mer étaient considérés comme faisant partie des petits domaines de la couronne et, dès lors, comme pouvant être aliénés. *Les alluvions ou relais de la mer ont été l'objet de contestations de la part des seigneurs hauts justiciers*; ce n'est réellement que depuis l'édit de 1710 *que la lutte relativement à cette propriété a entièrement cessé.*

La raison de cette revendication des alluvions fluviales ou maritimes par les seigneurs hauts justiciers est facile à comprendre :

Dans l'intérieur du pays, chaque seigneur haut justicier partageait la puissance publique avec le roi, dans l'étendue de ses domaines ; il en était le magistrat héréditaire. Mais cette haute prérogative imposait des obligations onéreuses, et les seigneurs trouvaient des compensations dans divers droits, notamment dans celui de disposer des terres vaines et vagues....

(Chopin, liv. 1er, ch. 42, n° 16).

La justice ainsi que tous les attributs qui y étaient attachés, n'étaient pas, d'ailleurs, inhérente au sol comme le droit de propriété, elle s'exerçait sur un territoire (Dalloz, v° Propriété féodale, n° 359).

On conçoit donc que les seigneurs hauts justiciers aient pu considérer comme l'une des droitures afférentes à leur charge les atterrissements fluviaux et maritimes, soit comme terres vaines et vagues, soit comme l'un des profits éventuels, l'une des conquêtes à réaliser sur les eaux soumises à leur juridiction, c'est-à-dire au même titre que les droits de sauvage (sauvetage), de gravage, de varech, de pêche, etc.

Et il faut en conclure que, sous l'ancien régime, le droit à l'alluvion fluviale ou maritime constituait généralement l'un des attributs de la puissance publique et avait, par suite, un caractère essentiellement féodal.

§ 2. *En Normandie, ce droit à l'alluvion, pouvait-il avoir ce caractère féodal ?*

Mais, dit-on, tout au moins en Normandie, le droit à l'alluvion n'avait pas ce caractère féodal (art. 194, 195, de la Coutume).

C'est précisément parce que la Coutume de Normandie attribuait les alluvions aux propriétaires riverains que, dans la baie de Seine, les seigneurs de Tancarville et d'Orcher n'auraient pu exercer leur droit sur ces alluvions, à l'encontre desdits riverains, s'ils ne l'avaient possédé comme l'un des nombreux privilèges attachés à leur charge de justiciers, c'est-à-dire à titre féodal.

Il est facile, du reste, de faire encore sur ce point la plus complète lumière.

Dans une pétition, adressée par le duc de Luxembourg pour obtenir la reconnaissance des droitures du comté de Tancarville, en exécution d'un arrêt du conseil du Roi du 21 avril 1739 *(voir une brochure intitulée : Documents relatifs aux anciens droits des comtes de Tancarville dans la baie de Seine, pages 1 à 5)*, il est dit que les droits attachés à ce comté consistent :

Pétition présentée au Roi par le duc de Luxembourg, 1739.

> En prairies, marais, haute, moyenne et basse justice, une justice appelée Vicomté de l'Eau, droits de gravage, de varech, de pêche, soit en aplet, séant ou vergant, gorres, fourrées, traineaux, guidaux ; droits de posée, passage, amarrage et d'alège ; droits de coutume sur les marchandises chargées et déchargées dans les ports et havres du district dudit comté.

La nature seule de la plupart de ces droits multiples « gravage, varech, pêche, posée, passage, etc.», suffit à préciser leur caractère féodal, et l'on ne saisit pas comment ceux de « prairies et marais », qui s'y trouvent confondus, feraient exception.

Ce droit de marais est bien, du reste, le droit aux alluvions de la Basse-Seine, ainsi qu'il est spécifié dans la pancarte jointe à la pétition précitée et reproduite dans la même brochure, page 4, où on lit :

> Appartient à ladite comté toutes les prairies, pâtures et marais qui s'accroissent du côté du Nord depuis ladite pierre du Figuier sous le château d'Auricher, jusques et y compris le Val Varin et Crique de Saulx (en amont de Tancarville) à quelques accroissements qu'ils puissent venir.

Et bien que ce même droit aux alluvions n'eût pas été spécifié dans ladite pancarte en ce qui concerne le *côté Sud* de la baie (rive gauche), où la Vicomté de l'Eau, formant l'un des quatre degrés de juridiction de la haute justice concédée au Comté de Tancarville, devait connaître de tous *discords* depuis le Noir Port et Grosse Tour d'Honfleur jusqu'au Gard de Quillebeuf, il a été jugé qu'il appartenait aux seigneurs de Tancarville comme sur la rive Nord, par arrêt royal rendu en Conseil d'Etat le 4 mai 1782 *(voir le volume des documents, page 163)*, à la suite et en exécution d'un précédent arrêt du 30 mars 1780 (*voir la brochure déjà citée, pages 9 à 20, 22 et 23*).

Le comte de Tancarville était loin d'être propriétaire de tous les héritages contigus à la baie. Son domaine ne comprenait *aucune propriété sur la rive gauche* (V. mémoire Siroy, 1875, Calvados p. 40 et 41). Sur la rive droite, il ne possédait pas, notamment, *le domaine de Drumare* (Sandouville et St-Vigor) et il en est même résulté, entre le seigneur de ce fief et le comte de Tancarville, au sujet d'alluvions situées au droit dudit domaine, un procès terminé par la condamnation dudit seigneur de Drumare (arrêt des requêtes du Parlement de Rouen du 26 août 1583, arrêt du Parlement du 3 juillet 1585 *(voir la brochure déjà citée, pages 24 à 38, et le volume des Documents, pages 164-165)*, et analogue à ceux soutenus par le seigneur d'Orcher contre les propriétaires de Gonfreville et ceux de St-Nicolas de l'Heure et auxquels ont mis fin la transaction de 1613 *(voir le volume des Documents, pages 90 et 175)*, et l'arrêt de 1769.

En outre, le seigneur de Tancarville exerçait même son droit d'alluvion au détriment du domaine d'Orcher, puisque ce droit s'étendait jusqu'à la Pierre-du-Figuier, c'est-à-dire jusqu'à 500 mètres environ en aval du château d'Orcher. Il l'exerçait également au préjudice du fief de Rogerville *(voir la brochure déjà citée, pages 13, 28 et 29* ; — Lettres royaux du 28 décembre 1510 ; — Sentences du bailli de Montivilliers du 27 septembre 1519 et du 9 juin 1539).

C'est, enfin, sur les observations de Mme de Longueville, tutrice du comte de Tancarville (procès-verbal du 17 juillet 1567, Bérault 1-2, p. 778) qu'on a ajouté à l'art. 195 de la Coutume de Normandie ces mots « s'il n'y a titre, possession ou convenant au contraire » destinés à faire exception à la règle générale de l'attribution des alluvions aux propriétaires des fonds riverains.

Si les comtes de Tancarville ont fait admettre cette observation lors de la réformation de la Coutume ; si, devant la commission des droits maritimes, devant le Conseil d'Etat, devant le Parlement de Rouen, ils se sont fait maintenir dans leur droit à l'alluvion sur toutes les parties de la baie soumise à leur juridiction, — et ce, au préjudice des propriétaires et seigneurs de fiefs contigus à la baie de Seine, — c'est qu'ils ont établi qu'ils en avaient toujours été en possession au même titre que des droits de varech, de pêches et autres prérogatives de leur haute justice; les documents précités ne laissent pas à cet égard le moindre doute. Ils confondirent tous ces droits dans une même énumération, ainsi qu'il résulte, notamment, de l'arrêt du 30 mars 1780, portant que le duc de Montmorency demandait : 1° à être maintenu dans le droit de pêches...; 2° dans le droit des francs-poissons...; 3° *dans le droit de gravage, acquis, coutume, allèges, varech, amarrage et posée de navires et bateaux* **de marais et terres d'alluvions,** *qui s'accroissent dans l'étendue des quatre bornes désignées, où s'exerce le droit de pêche, pour raison duquel...*; 4° dans le droit de sauvage.. *(voir p. 9 et 10 de la brochure déjà citée, et aussi page 14* où figure, parmi les pièces justificatives, un extrait de commentaire de Bérault, sur la réformation de la Coutume de Normandie, relativement aux articles qui accordaient les droits de varech et d'alluvions *aux seigneurs féodaux*). Jamais on n'y voit que les comtes de Tancarville aient même allégué une concession royale distincte et indépendante de la haute justice, qui leur avait été octroyée.

Arrêt du 30 mars 1780.

C'est donc que, de leur propre aveu, ils jouissaient de ce droit à l'alluvion en qualité de *seigneurs féodaux*.

§ 3. *Le droit d'alluvion exercé par les seigneurs d'Orcher avait-il le caractère féodal comme celui des comtes de Tancarville?*

Si l'on compare les titres de la seigneurie d'Orcher et ceux du comté de Tancarville, on voit clairement que le droit à l'alluvion des deux seigneuries avait une origine semblable.

Comme celui de Tancarville, le seigneur d'Orcher jouissait des alluvions *privativement aux propriétaires des héritages contigus*. Il est même à remarquer que la duchesse de Longueville énonçait son droit dans des termes presque identiques à ceux du décret-saisie de 1604 et de l'aveu de 1782. — Arrêt de 1783 *(Brochure : Comté de Tancarville, page 26)* où on lit :

De la part de la dite dame de Longueville, avait été soutenu par la réponse bailliée audit propost que tous les marets qui se faisaient dans les dites limites appartenaient audit Comte de Tancarville *privativement à tous seigneurs ayant fiefs proches des dits marets.*

Comme celui de Tancarville, le seigneur d'Orcher *n'a jamais invoqué, ni mentionné, une prétendue concession domaniale du droit d'alluvion distincte de ses privilèges féodaux.* Si cette concession avait existé, comment expliquer :

1° Que les aveux de 1458 et 1519 ne font même pas allusion au droit d'alluvion ;

2° Qu'elle ait été passée sous silence lorsqu'il fallut, soit faire prévaloir le droit à l'alluvion sur la coutume générale (Décl[on] 1586), soit en justifier conformément aux lettres patentes de 1747 (Décl[on] 1754), soit le faire reconnaître contre les propriétaires de St-Nicolas de l'Heure (sentence 1754, arrêt 1769), soit le défendre contre les communiers de Gonfreville (transaction 1613), soit enfin l'affirmer dans les aveux de 1586, 1702 et 1782.

Comme celui de Tancarville, enfin, le seigneur d'Orcher exerçait son droit d'alluvion concurremment avec les droits de pêche, de varech, etc., dont la nature était essentiellement féodale (voir not. adj[on] de 1605, page 9 de l'imprimé « *Affaire des alluvions* »).

On chercherait donc en vain une différence appréciable entre les deux situations.

On trouve, du reste, une assimilation de ces situations des Comtes de Tancarville et des seigneurs d'Orcher, en ce qui concerne les alluvions, dans l'un des documents opposés au Domaine, le jugement du Tribunal civil du Havre du 28 décembre 1849 *(voir le volume des Documents, page 174)*, où on lit:

Jugement du Tribunal du Havre, du 28 décembre 1849.

Attendu que le titre (Coutume de Normandie, art. 195), dont excipe Beuriot pour interpréter sa possession, est loin d'être aussi positif qu'il le suppose ; qu'en effet la coutume, en adjugeant l'alluvion au riverain, a soin d'ajouter *s'il n'y a titre, possession ou convenant au contraire* ; que ces expressions sont d'autant plus importantes dans l'espèce qu'elles furent insérées sur la représentation de la duchesse de Longueville, qui prétendait avoir droit aux alluvions de la Seine du côté dont il s'agit, depuis la digue aux Saulx, paroisse de Radicatel, jusqu'à la pierre du Figuier, située sous le château d'Auricher.

Que, de la même manière, la dame d'Orcher prétendit, sans aucun doute, exercer un droit de propriété exclusif sur le marais en aval de la pierre du Figuier, que cette prétention fût contredite par les divers habitants riverains du marais, qui soutenaient soit *ut singuli*, soit *ut universi*, avoir un droit d'usage sur les marais ; qu'en conséquence, etc.

Et le jugement au pétitoire rendu par le même Tribunal, le 11 mai 1852, (V. imprimé, page 33, jug. copié dans les conclusions du 29 octobre 1883), entre les mêmes parties (C^ne^ de Gonfreville et s^r^ Beuriot), considère bien comme féodal le droit des seigneurs d'Orcher sur les alluvions : Jugement du Tribunal du Havre, du 11 mai 1852.

Attendu qu'en effet *les lois abolitives du régime féodal ayant anéanti les droits du seigneur sur ces terrains vains et vagues.*

Enfin, les commentateurs de la Coutume de Normandie reconnaissaient que le droit des seigneurs de fief sur les alluvions, droit exclusif de celui des propriétaires riverains, avait un caractère féodal :

Quand donc, disait Pesnelle sur l'art. 195, la coutume en cet article dispose de l'alluvion, ce n'est pas tant pour en donner l'accroissement aux propriétaires que *pour y établir le droit des seigneurs de fiefs*, **qui ne peut leur appartenir que par une loi féodale.**

Voir dans le même sens Basnage et Flaust.

Aussi, le Maire de Gonfreville-l'Orcher, dans un rapport présenté au Conseil Municipal de ladite commune, dans sa séance du 5 août 1861, en réponse au mémoire des héritiers de Mortemart, n'hésitait-il pas à considérer comme féodal l'ancien droit d'alluvion des seigneurs d'Orcher : Rapport au Conseil municipal de Gonfreville, 5 août 1861.

Considérant que ce qu'ils revendiquent aujourd'hui, c'est la propriété de cet ancien marais d'Orcher, disparu sous les flots pendant très longtemps et remplacé aujourd'hui par des alluvions de formation relativement toute récente, dont la commune est en possession, exclusivement à tous, depuis qu'elles existent.

Qu'à défaut de la possession actuelle, de *quelque nature que soient les anciens titres*, s'il en existe, que les représentants du seigneur d'Orcher pourraient invoquer aujourd'hui, *ces documents seraient non de véritables titres de propriété*, **mais des actes de possession seigneuriale** *frappés de déchéance* par les lois du 28 août 1792 et du 10 juin 1793, et qualifiés d'usurpation, sans que la possession même quadragénaire ait pu couvrir le vice de cette usurpation.

Il faut en conclure que le droit d'alluvion qu'exerçait la seigneurie d'Orcher, était identiquement de même nature que celui dévolu au comté de Tancarville; qu'il était l'un des attributs de la justice octroyée à cette seigneurie sur la rive droite de la baie, en aval de la Pierre-du-Figuier ; qu'il était, en conséquence, purement féodal.

Décisions conformes :

1° Jugements du Tribunal du Havre, en date du 17 janvier 1884 *(voir infrà)*.

2° Arrêts de la Cour de Rouen, en date du 29 juillet 1885 *(voir infrà)*.

Extraits d'auteurs. — Décisions diverses

§ 1. — Extraits des auteurs à consulter

Définition du rivage de la mer

DEMOLOMBE, *vol. IX, n° 457 bis, pages 323 et suivantes*

Doctrine rappelée dans les « observations de l'Administration des Domaines sur le recours formé par les Riverains de la Seine-Inférieure, contre le décret du 9 juin 1877 » (*voir le volume des documents, p. 197*).

Les articles 538 et 540 fournissent l'énumération suivante des choses du domaine public :

C. — Les rivages de la mer, les ports, les havres, les rades.

Quelle est l'étendue et la limite des rivages de la mer ?

Il est évident qu'on ne saurait y comprendre les points que les flots atteignent parfois, dans des occasions extraordinaires et par l'effet des ouragans et des tempêtes, ni moins encore les points les plus éloignés où la mer remonte dans ses affluents.

La mer elle-même marque, en quelque sorte, sa limite naturelle par ses mouvements périodiques et réguliers ; et voici, en effet, de quelle manière l'Ordonnance de 1681 sur la marine (liv. IV, titre VII, art. 1) répond à notre question :

Est réputé bord ou rivage de la mer tout ce qu'elle couvre et découvre pendant les nouvelles et pleines lunes, jusqu'où le plus grand flot de mars se peut étendre.

Le droit romain ne faisait pas de tous points la même réponse ; nous lisons dans les Institutes de Justinien (liv. II, titre II, § 3) :

Est autem littus maris quatenus hibernus fluctus maximus excurrit (ajout. L. 96 et 112, ff. De verb. signif.).

Ces deux réponses, quoique différentes, sont néanmoins également justes.

C'est qu'en effet les rédacteurs de l'Ordonnance de 1681, lorsqu'ils parlaient de la mer en général, n'ont eu vraisemblablement en vue que l'Océan, qui baigne la plus grande partie des côtes du territoire français ; or, dans l'Océan, c'est pendant la lune de mars que le flot s'avance le plus avant sur les grèves ; tandis que le législateur romain ne considérait que la Méditerranée, qui n'a point de marée, et dans laquelle c'est en hiver que la mer est la plus forte.

Ces deux dispositions doivent donc être encore observées aujourd'hui : celle de l'Ordonnance de 1681, pour l'Océan ; celle du droit romain, pour la Méditerranée. (Comp. Merlin, Quest. de droit, t. V, v° Rivages de la mer) ; — Daviel, Des cours d'eau, t. I, n° 66 ; — Beaussant, Code maritime, t. I, n° 549 ; — comp. Cass. 21 juin 1859, Mosselmann, Dev. 1859. 1. 744, *voir infrà, page 128* ; — Caen, 21 août 1866, l'Etat, Dev., 1867. 2. 256 (*voir infrà, page 135*) ; — Cass., 27 novembre 1867, Trouille, Dev., 1868. 1. 22 (*voir infrà, page 136*).

AUBRY ET RAU, *tome II, page 39, note 6*

Les rivages de la mer s'étendent jusqu'au point où arrive ordinairement le plus grand flot. — L, 96, D. de V. S. (50, 16) ; — Ordonnance de la Marine de 1681, livre IV, titre VII, art. 1er ; — Rapport et décret du 21 février 1852, sur la fixation des limites de l'inscription maritime et sur le domaine public maritime ; — Douai, 10 janvier 1842, Sir., 42. 2. 299 (*voir infrà, page 122*) ; — Décret en Conseil d'Etat du 27 mai 1863, Sir., 63. 2. 240 (*voir infrà, page 130*). — A la différence des rivages, les lais et relais de la mer ne forment pas des dépendances du domaine public. Voy. § 170, texte, notes 4 et 5. — Les terrains bordant les fleuves et rivières, qui se jettent dans la mer, ne font pas davantage partie du domaine public, alors même qu'ils sont accidentellement couverts par les eaux de la mer. — Req. rej., 23 juin 1830, Sir., 30. 1. 277 (*voir infrà, page 113*). — Voy. aussi : Req. rej., 4 mai 1836, Sir., 36. 1. 485 (*voir infrà, page 117*).

MARCADÉ, *tome II, page 392, sur l'art. 538*

395. — Toutes les choses indiquées par cet article sont des biens du domaine public et rentrent dans la première des sept classes présentées plus haut.

Les grandes routes nationales (appelées routes royales sous la monarchie) sont seules à la charge de l'Etat ; encore celles de troisième et dernière classe sont elles, non seulement pour leur entretien, mais même pour leur construction, à la charge commune de l'Etat et des départements. Les rues formant la continuation de ces grandes routes sont soumises à la même règle. On appelle fleuves les grands cours d'eau qui vont se jeter à la mer, et rivières ceux qui tombent dans un fleuve ou une autre rivière.

Une rivière est navigable quand elle peut porter des bâtiments ; elle est flottable, dans le sens de notre article, quand elle peut porter des trains ou radeaux ; les rivières flottables à bûches perdues seulement ne font point partie du domaine public. (On conçoit qu'une même rivière peut être navigable dans une partie, flottable avec radeaux dans une autre, flottable à bûches perdues au-dessus, enfin non flottable dans la partie supérieure de son cours). C'est, du reste, à l'autorité administrative qu'il appartient de déclarer si une rivière est ou n'est pas navigable ou flottable.

On appelle rivages de la mer la partie de terre que couvre le flot dans les hautes marées (voy. Cass. 6 février 1849 *(voir infrà, page 125)*; 17 novembre 1852 *(voir infrà, page 126)*; 18 avril 1855 *(voir infrà, page 126)*; 11 avril 1860 *(voir infrà, page 129)*. Dev., 49. 1. 351 ; 52. 1. 789 ; 55. 1. 735 ; 60. 1. 523). Les lais sont les terres que la mer ou les cours d'eau apportent le long des rivages ; les relais sont les parties du sol que la mer ou les cours d'eau abandonnent et découvrent en se retirant insensiblement. Les lais et relais des fleuves et rivières appartiennent, comme leurs rivages, aux particuliers.

On appelle rade la partie de la mer dans laquelle les bâtiments peuvent mouiller, c'est-à-dire jeter l'ancre et s'arrêter sans danger avant d'entrer dans le port.

Théorie de l'inondation

AUBRY ET RAU, *tome II, pages 398 et suivantes.*

Doctrine mentionnée *suprà, page 90.*

1° Le droit de propriété s'éteint, d'une manière absolue, par la destruction totale de la chose qui s'y trouvait soumise. Une simple inondation, quelque prolongée qu'en soit la durée, ne fait pas cesser le droit de propriété *(Inundatio fundi speciem non mutat*, Inst. de div. rer. (2,24) Cpr. § 179, texte et note 22 ; — Merlin, Rép., v° Motte ferme ; — Demolombe, X, 172 à 174 ; — Zachariæ, § 203, texte et note 5 ; — Req. rej., 26 juin 1833, Sir., 33. 1. 622 *(voir infrà, page 114)*; — Req. rej., 20 janvier 1835, Sir., 35. 1. 363 *(voir infrà, page 114)*; — Req. rej., 28 décembre 1864, Sir., 65. 1. 81 *(voir suprà, page 93)*; — Cpr. Rouen, 30 janvier 1839, Sir., 39. 2. 252 *(voir infrà, page 117)* ; — Req. rej., 11 novembre 1840, Sir., 40. 1. 100 *(voir infrà, page 119)*.

Ce droit s'éteint, de la même manière, par la mise de la chose hors du commerce. Une pareille transformation juridique peut résulter, non seulement d'une expropriation ou cession volontaire pour cause d'utilité publique, mais encore d'un évènement de la nature emportant incorporation de la chose au domaine public. C'est ce qui a lieu pour les terrains sur lesquels une rivière navigable ou flottable se forme un nouveau cours ou étend son ancien lit (art. 562 et 563, Cpr. L. 1 § 7, D, de flum. (43-12). — Demolombe, X, 175. — Req. rej., 25 avril 1842, Sir. 42. 1. 621 (*voir infrà, page 125*).

Enfin, le droit de propriété s'éteint, d'une manière absolue, quant aux animaux sauvages, qui, en recouvrant leur liberté naturelle, redeviennent des choses *nullius*, et quant aux objets abandonnés par leur propriétaire, avec l'intention de les laisser avenir au premier occupant.

2° Le droit de propriété se perd, d'une manière relative, c'est-à-dire, pour le propriétaire actuel, dans les cas où la loi attribue à une personne, à titre d'invention, d'accession ou de prescription, la propriété d'une chose qui appartenait à une autre.

Il se perd, de la même manière, par l'effet des conventions translatives de propriété, des adjudications sur licitation ou sur saisie, des retraits légaux, des actes d'abandon prévus par les articles 656 et 699, et par l'effet des jugements qui ordonnent la restitution d'une chose dont la propriété n'avait été transmise qu'en vertu d'un titre vicieux.

Enfin, la propriété se perd encore, d'une manière relative, par la confiscation.

DEMOLOMBE, *tome 10, n°s 172 à 175.*

172. — Les lois romaines déclaraient formellement que l'inondation ne fait pas cesser la propriété :

Neque enim inundatio fundi speciem commutat et ob id, si recesserit aqua, palam est eum fundum ejus permanere, cujus et fuerat (§ 24, Inst., de rer. div. ; L. 7, § 6, ff. de adq. rer. dom. ; L. 1, § 9, ff. de fluminibus).

173. — Le même principe était reconnu dans notre ancien droit français ; et l'application en a toujours été incontestable, lorsqu'il s'agissait d'une inondation accidentelle et passagère.

Mais, dans le cas d'une inondation prolongée, on paraissait exiger qu'une *motte ferme*, c'est-à-dire une portion de terrain non recouverte par les eaux, eût toujours conservé le droit du propriétaire ; et c'est ainsi que Loysel disait que *la rivière ôte et donne au seigneur haut justicier ; mais que motte ferme demeure au propriétaire tréfoncier* (Inst. cout., livre II, titre II, règle 9 ; — comp. art. 342 de la cout. de Bourbonnais ;— Arrêts du conseil des 10 février 1728 et 25 juin 1770 ; — Lefèvre de la Planche, Traité du Domaine, liv. I, chap. II, n° 16 ; — Merlin, Rép., t. VIII, v° Motte ferme).

174. — Le Code Napoléon ne renferme aucune disposition spéciale sur le cas de l'inondation ; mais, d'après les principes généraux qui résultent de ces dispositions, il nous paraît certain que l'inondation, soit passagère, soit prolongée, soit partielle, soit totale, ne fait pas cesser le droit de propriété.

La propriété, en effet, ne pourrait cesser, dans ce cas, que par l'une ou l'autre de ces deux causes : ou parce que la chose aurait péri, ou parce qu'elle aurait été acquise à un autre.

Or, d'une part, le terrain couvert par les eaux, n'a pas cessé d'exister, quoique la possession utile et l'exploitation en soient empêchées ; d'autre part, l'acquisition par prescription suppose que le propriétaire a cessé de posséder la chose, et qu'un autre, au contraire, l'a possédée (art. 2,229, 2,243), mais le propriétaire conserve la possession de son terrain inondé, il la conserve par l'intention, du moins, *animo*, et aucun autre que lui ne la possède *facto*.

Donc, il n'y a, dans le fait même et dans le fait seul de l'inondation, aucune cause légale de déchéance du droit de propriété.

Et cela, lors même : 1° que la submersion aurait été complète, et qu'il n'y aurait pas eu motte ferme ; 2° que l'inondation aurait duré plus de trente ans (arg. des articles 558, 559 ;— Comp. Proudhon, de l'Usufruit, n° 2,251 ;— Daviel, t. I, n°s 50 et 147.

175. — Mais nous ne parlons ainsi, bien entendu, que d'un fait d'inondation.

Il ne faudrait pas appliquer la même doctrine au cas où le terrain d'un propriétaire riverain aurait été acquis au fleuve ou à la rivière, par l'effet de l'un des accidents que le Code lui-même a réglés, par l'effet d'un relais ou d'un changement de lit (art. 556, 557, 563).

Dans ces derniers cas, en effet, le terrain couvert par les eaux, a été perdu pour le propriétaire ; et lors même que le fleuve ou la rivière viendrait à le délaisser ensuite, il ne redeviendrait pas la propriété de celui auquel il avait originairement appartenu ; il faudrait appliquer alors, au contraire, les articles de notre code, qui règlent les effets de l'alluvion et du changement de lit.

Cette proposition, en droit, nous paraît certaine (comp. toutefois Daviel, t. I, n° 145 ; — Hennequin, t. I, pages 208, 209.

Après cela, en fait, dans quels cas y aura-t-il inondation ? Dans quels cas, au contraire, lais ou relais, ou déplacement de lit ?

Nous convenons que cette question peut-être délicate ; la manière dont le terrain aurait été envahi par les eaux, lentement ou brusquement, l'étendue plus ou moins considérable du terrain envahi, la durée plus ou moins prolongée de l'occupation par les eaux, tels sont les principaux éléments de solution.

Dans le doute, il faudrait dire avec Pothier :

Non facile forma loci mutata intelligetur ; sed duntaxat inundatio, salva rei forma, dicetur contigesse (Ad. Paudect., de adq. rer. dom., n° 28 ; — comp. Toulouse, 23 février 1818, Chambert, D., 1822. 2. 118 ; — Cass., 26 juin 1833, Givois, D., 1833. 1. 282 (*voir infrà, page 114*) ; — Cass., 20 janvier 1835, Lamurée, D., 1835. 1. 49 (*voir infrà, page 114*) ; — Rouen, 30 janvier 1839, d'Harcourt, Dev., 1839. 2. 252 (*voir infrà, page 117*) ; — Cass., 11 novembre 1840, mêmes parties, Dev., 1840. 1. 1001 (*voir infrà, page 119*) ; — Cass., 25 avril 1842, Philippe, Dev., 1842. 1. 621 (*voir infrà, page 125*) ; — Cass., 28 décembre 1864, comp. des Polders de l'Ouest, Dev., 1865. 1. 81 (*voir suprà, page 93*).

§ 2. — **Décisions diverses**

L'Etat contre Rion

Arrêt de la Cour de Rennes, du 18 mai 1829.

La Cour considère, en droit, que les rivières qui ont leur embouchure dans la mer, conservent leur nature et leur dénomination dans toute l'étendue du terrain qu'elles parcourent ; — que la circonstance que leur lit est périodiquement envahi par les eaux de la mer, à des distances plus ou moins considérables, suivant le plus ou moins de force des marées, ne peut les faire réputer rivières dans une partie et rivage de la mer dans une autre ; — que les terres situées sur le bord d'une rivière, quoiqu'elles soient successivement couvertes et découvertes par l'effet du flux et du reflux ne cessent pas d'en former la rive et d'appartenir au propriétaire du fonds dont elles font partie, de la même manière que celles sur lesquelles s'exercent le marchepied des rivières navigables et flottables ; — que le système contraire serait en opposition directe avec le texte même de la loi qu'on prétend lui servir de fondement ; qu'en effet, l'article 1er du livre IV, titre VII de l'Ordonnance de 1681, ne déclare rivage de la mer que ce que la mer couvre et découvre, et jusqu'où le plus grand flot de mars se peut étendre *sur les grèves* ; que cette dernière expression qui ne peut, sous aucun rapport, convenir aux rives ou terrains entre lesquels se trouve resserré le cours d'une rivière, ne désigne que la plage qui, lors même que la mer est basse, se trouve en contact immédiat avec les eaux.

(Dev., 1828-1830. 1. 546).

Pourvoi en cassation, par le Préfet :

Arrêt de la Cour de Cassation, du 23 juin 1830.

La Cour : sur le moyen tiré des articles 1 et 2 du titre VII, livre IV de l'Ordonnance de la Marine et de l'article 538 combiné avec les dispositions de ladite Ordonnance ; attendu que les articles 1 et 2 du titre VII, livre IV de l'Ordonnance de la Marine de 1681, ne s'appliquent qu'aux rivages de la mer;— attendu que, dans l'espèce, il s'agit de terrains situés sur les bords de la Peufeld et de constructions faites sur lesdits terrains ; — attendu que la Peufeld naît d'une source, et qu'on ne peut douter qu'elle soit une rivière, attendu qu'un arrêt rendu par le roi en son conseil, le 5 août 1744, avait, dans l'intérêt du port de Brest, imposé deux servitudes aux propriétaires des terres situées le long de la rivière de Peufeld, ce qui prouve qu'à cette époque, il était reconnu que les terres n'étaient pas des dépendances du domaine public ; — attendu qu'il est constaté par l'arrêt attaqué (*voir suprà, page 112*), que, l'agrandissement progressif du port de Brest ayant exigé qu'on y couvrît une partie de ces terres, l'administration, loin de songer à s'en emparer comme dépendant du domaine public, en est devenue propriétaire par voie d'acquisition ; — attendu que l'arrêt constate, également, que les ouvrages dont la destruction est demandée par le domaine, loin d'avoir éprouvé quelque opposition fondée sur ce qu'ils avaient été faits en contravention à la loi, ont, au contraire, été tacitement approuvés par l'administration de la marine, qui en a construit quelques-uns, dont Rion-Kerhallet a profité comme propriétaire du sol sur lequel ils avaient été établis, et que d'autres ont été, pendant plusieurs années, loués par cette administration ; — attendu que l'arrêt attaqué, en décidant que les terrains litigieux sont des propriétés privées, s'est fondé non-seulement sur les explications données par les parties dans les débats contradictoires, mais encore sur les actes qu'elles ont produits et sur des faits dont l'appréciation appartient à la Cour Royale, et qu'en jugeant ainsi, soit en droit, soit en fait, aucune loi n'a été violée ; — Rejette, etc.

(Dev., 1828-1830. 1. 547).

Givois contre Rouganne

Arrêt de la Cour de Cassation, du 26 juin 1833.

La Cour : Attendu qu'en fait, il résultait, tant de l'acte du 8 fructidor an X (26 août 1802), que des faits non contestables, que le terrain en litige était la propriété du défendeur éventuel, séparée par des bornes de celle du demandeur, dont elle était contigüe ; qu'ainsi, quoique couvert pendant un certain temps par les eaux de l'Allier, ce terrain, lors de la retraite des eaux, ne pouvait être réputé une alluvion ou attérissement, et devenir un accroissement de la propriété du demandeur ; d'où il fallait conclure, comme l'a fait justement l'arrêt, que ce terrain appartenait au défendeur, qui ne pouvait en être dépossédé sous le faux prétexte d'alluvion, invoqué mal à propos par le demandeur ; — Rejette, etc.

(Sir., 1833. 1. 622).

Lamurée contre d'Harcourt

Arrêt de la Cour de Cassation, du 20 janvier 1835.

La Cour : ... sur le second moyen, attendu, en droit, que, sans s'occuper des effets qui, soit sous l'ancienne, soit sous la nouvelle législation, et notamment d'après l'article 563 du Code civil, auraient pu résulter d'un changement de lit de rivière, relativement aux riverains et aux anciens propriétaires du terrain occupé par les eaux, il est certain qu'en cas d'inondation, de quelque durée qu'elle ait été, le terrain inondé ne change pas de nature, et il demeure toujours la propriété privée de son ancien maître, qui, par conséquent, à la retraite des eaux, ne fait que retenir ce qu'il n'a jamais perdu : *Aliud sané est, si cujus ager inundatus fuerit ; namque inundatio speciem fundi non mutat, et ob id cùm recesserit aqua palàm est ejusdem esse, cujus et fuit.* (L. 7, § 6, ff. de Acq. rer dom).

Attendu que la loi n'a pas déterminé, ni pu déterminer, les caractères soit du changement de lit d'une rivière, soit de l'inondation, ces caractères dépendant exclusivement des circonstances de fait, dont l'appréciation est confiée, par la même loi, aux lumières et à la conscience des juges ;

Et attendu que, d'après ces circonstances, il a été reconnu, en fait, par l'arrêt attaqué, que, dès qu'il n'existe point d'apparence d'un nouveau lit, dès que le fonds a toujours conservé sa nature primitive, on ne peut voir, dans l'évènement de 1789, qu'un impétueux débordement du fleuve, une vaste inondation causée par des bancs de sables mobiles, qui finissent toujours par se fondre en plus ou moins de temps et rendre au fleuve son libre cours ; — que, dans ces circonstances, en maintenant les héritiers d'Harcourt en la propriété, et en les réintégrant en la possession et jouissance de la prairie en question, l'arrêt attaqué n'a violé ni les art. 556 et 557, Cod. civ., invoqués par les demandeurs, ni aucune autre loi, et il a fait, au contraire, une juste application des lois de la matière ;

Attendu que c'est à tort que les demandeurs en cassation ont excipé, pour la première fois, devant la Cour, d'une prétendue durée de l'inondation pendant plus de trente ans, d'où ils tiraient une prescription du terrain inondé, d'abord au bénéfice de l'Etat, et ensuite à leur propre profit ; — En effet, il ne pouvait aucunement leur être permis de s'étayer devant la Cour d'un prétendu fait qui, non-seulement n'avait pas été reconnu, mais même qui n'avait pas été discuté par les juges de la cause ; — D'ailleurs, et en droit, attendu que, de quelque temps qu'ait été la durée du débordement, il demeure toujours constant que : *inundatio speciem fundi non mutat, et ob id, cùm recesserit aqua, palàm est (agrum) ejus dem esse, cujus fuit* ; d'où il suit, que le moyen était tout à la fois non recevable et mal fondé.

Sur le troisième moyen : attendu, en droit, que le simple possesseur ne fait les fruits siens que dans le cas où il possède de bonne foi, et que le possesseur n'est de bonne foi, que quand il possède comme propriétaire, en vertu d'un titre translatif de propriété dont il ignore les vices (art. 549 et 550, C. C.);

Et, attendu qu'il a été reconnu, en fait, par l'arrêt attaqué, que c'est par abus, sans droit et qualité, que les demandeurs en cassation se sont emparés de la partie de la prairie dont il s'agit au procès ; que, d'après cela, en les condamnant à la restitution des fruits perçus depuis leur jouissance, le même arrêt, loin de violer les articles 549 et 550, cod. civ., invoqués par les demandeurs, en a fait une juste application ; — Rejette, etc.

(Sirey, 1835. 1.365).

L'Etat contre Mariocheau et la Commune de l'Houmeau

Jugement du Tribunal de la Rochelle, du 22 mars 1834.

Attendu que, du procès-verbal de M. le Juge-Commissaire et du rapport du géomètre dont il était assisté, dressés sous les dates des 24 décembre 1831 et 29 juin 1832, il résulte que les terrains litigieux ont été vus couverts d'eau le jour de la descente, et qu'ils doivent être submergés pendant 96 jours de l'année ; que, d'ailleurs, les pièces de terrain réclamées sont entièrement conformes au plan cadastral dressé en 1810, et que le marais se trouve renfermé dans tout son périmètre par des limites certaines ; qu'ainsi, l'état des lieux démontre que les terrains réclamés par l'Etat ne peuvent être considérés comme des lais de mer, c'est-à-dire d'anciens rivages abandonnés par la mer d'une manière permanente, puisque lesdits terrains sont encore fréquemment et périodiquement submergés ; que, loin que la mer abandonne de ce côté, la comparaison de l'état actuel des lieux au plan cadastral, et la fixité des limites du terrain, donnent la preuve qu'il n'y a eu aucun atterrissement depuis vingt-deux années ; que, dans les conclusions nouvelles, signifiées depuis l'interlocutoire qui avait fixé l'état de la cause, le demandeur soutient que les terrains réclamés sont les rivages mêmes de la mer, et très subsidiairement seulement qu'ils sont des lais ou relais ;

Attendu que ce moyen nouveau est encore repoussé par l'état des lieux, qu'en effet, la mer n'arrive qu'accidentellement par le goulet de Plouel dans une espèce de fosse où une certaine quantité d'eau est retenue à mer basse ; qu'une falaise élevée règne sur toute cette partie de la côte ; que le goulet du Plouel n'est qu'une section faite depuis longtemps à la falaise ; et qu'on ne peut regarder, comme un rivage de la mer, les terrains environnant la fosse du petit port du Plouel, qui n'est pas la mer elle-même, mais une irruption de la mer dans les terres ;

Attendu que ce nouveau moyen est d'ailleurs repoussé par le fait, constant au procès, que, depuis plus de deux cents ans, les terrains litigieux ont été l'objet des transactions entre particuliers, et considérés comme propriétés privées ; qu'il est repoussé encore par le fait, également constant, que ces divers terrains ont été cadastrés depuis 1810 et soumis à l'impôt, fait d'où il résulterait que l'Etat a reconnu lui-même le caractère du domaine privé dans les terrains dont il s'agit, sans quoi il faudrait admettre qu'on a soumis à l'impôt foncier la mer elle-même et son domaine ; — Par ces motifs, déclare l'Etat non recevable dans sa demande.

Arrêt de la Cour de Poitiers, du 3 avril 1835.

Appel par le domaine. Arrêt de la Cour de Poitiers, en date du 3 avril 1835, qui confirme en ces termes :

Attendu que l'appelant ne justifie pas que les terrains dont il a demandé aux intimés le désistement soient des lais de mer ou des portions de son rivage, et qu'il est même suffisamment constaté, par les documents de la cause, que ces terrains ne sont ni lais, ni rivages de la mer ; adoptant les motifs des premiers juges ; met l'appel au néant.

Pourvoi en cassation de la part du préfet de la Charente-Inférieure, agissant dans l'intérêt du domaine :

Arrêt de la Chambre des requêtes, en date du 4 mai 1836 :

Arrêt de la Cour de Cassation, du 4 mai 1836.

La Cour : attendu que l'arrêt attaqué a constaté, d'après les faits et circonstances, que les terrains réclamés par l'Etat ne formaient pas des lais et relais de la mer, et ne faisaient point partie de ses rivages ; que, dès lors, il n'y avait pas lieu à l'application de l'art. 1er, titre VII, livre IV de l'Ordonnance de la marine du mois d'août 1681 qu'en le jugeant ainsi, l'arrêt n'a contrevenu à aucune loi ; Rejette, etc.

(Sirey, 1836. 1.465).

D'Harcourt contre héritiers Aillard

Arrêt de la Cour de Rouen, du 30 janvier 1839.

La Cour : attendu que, par l'acte d'adjudication du 11 mai 1794, les intimés sont devenus propriétaires du sixième lot dépendant de la prairie du Telluet, séquestrée en totalité sur la famille d'Harcourt ; que ce lot, d'une contenance de dix acres ou environ, reçut pour abornement, au midi, la rivière de Seine ; que, dans l'art. 10 des clauses de l'adjudication, il fût positivement déclaré que les biens étaient vendus sans aucun recours en indemnité, quelle que fût l'augmentation ou la diminution dans la mesure, consistance et valeur des choses vendues ; attendu que l'indication de l'abornement au midi ne présente aucune ambiguité ; que la prairie aliénée s'étendait, et doit continuer de s'étendre, jusqu'à la rivière ; que c'est là un abornement variable de sa nature dans toutes les parties du fleuve qui, vers le midi, avoisine le terrain litigieux ; que les adjudicataires doivent, en vertu de leur titre, profiter des avantages attachés au voisinage de la rivière, de même qu'ils sont tenus d'en supporter les inconvénients ; *secundum naturam est, commoda cujusque rei eum sequi, que sequentur incommoda* ; que les héritiers d'Harcourt étant, en 1794, représentés par l'Etat, se trouvent liés, comme l'Etat lui-même, par les clauses de l'adjudication et les abornements donnés à la chose vendue ; que l'Etat a transmis aux intimés, sans fixation précise de mesure, un terrain dont la superficie était susceptible d'augmenter ou de diminuer selon l'empiétement ou la retraite du fleuve ; que ce terrain ne formait pas un corps certain déterminé ni renfermé vers le Sud dans une limite invariable ; qu'en effet, on ne peut considérer les eaux du fleuve, comme constituant une véritable délimitation, *hoc jus*, dit la loi romaine, *obtinere duntaxat in agris illimitatis qui arcificinii dicuntur, eo quod nullâ mensurâ contineantur, non aliis finibus coerciti quam naturibus veluti ipso flumine flumina censitorum vice funguntur* ; qu'il importe peu que la prairie du Telluet n'ait pas été vendue en un seul lot, puisque chaque portion a reçu, vers le midi, l'abornement qui, de ce côté, a été donné à la prairie entière ; que l'Etat, qui représentait les héritiers d'Harcourt, ne s'est réservé aucune portion de terrain intermédiaire ; que les héritiers d'Harcourt ne sont pas dans la position d'un tiers qui, étranger au contrat translatif d'une propriété déterminée, vient la réclamer comme sienne, aussitôt qu'elle a été découverte par la retraite des eaux qui l'avaient inondée ; que, dans l'espèce, le terrain vendu n'est ni détruit, ni séparé de celui revendiqué, et, d'un autre côté, les demandeurs en revendication ne peuvent, par aucun titre, altérer la nature, et modifier les effets de l'abornement mentionné dans l'acte d'adjudication auquel ils sont censés avoir figuré comme vendeurs ; qu'ainsi, la position des héritiers d'Harcourt, au respect des intimés, est loin d'être ce qu'elle était vis-à-vis de plusieurs autres parties qui ont figuré, soit dans l'arrêt du Parlement de Paris, soit dans l'arrêt rendu par la Cour de Rouen, le 6 février 1834 ; que cette différence, si remarquable, de position a été, avec juste raison, relevée dans les motifs de ce dernier arrêt ; attendu que, dans le contrat même d'adjudication, passé au profit des héritiers Aillard, il est dit : que la prairie du Telluet, bornée par la rivière, contient présentement cent vingt-quatre acres ou environ; que cette énonciation, et plusieurs autres, indiquent que ce terrain, à raison de son emplacement le long de la Basse-Seine, avait subi, et pouvait encore subir, des modifications dans son étendue ; que ces modifications éventuelles sont au profit comme au détriment des acquéreurs ; que les intimés sont d'autant mieux fondés à se prévaloir de ce principe général que, dans plusieurs titres invoqués au procès, il est énoncé que la prairie du Telluet est sujette à alluvion, et, comme telle, susceptible de recevoir accroissement ou diminution; que la réclamation des héritiers d'Harcourt, si elle était accueillie, aurait pour étrange conséquence de réserver aux vendeurs successifs de chaque portion de la prairie du Telluet, le droit de revendiquer les extensions provenant de la retraite des eaux, sans être tenus de supporter les retranchements opérés par l'envahissement du fleuve ; qu'une série d'actions en revendication pourrait naître aussi, sans qu'il fût possible aux acquéreurs d'opposer la prescription, ni d'invoquer les abornements de la rivière donnés à leurs héritages ; attendu qu'en présence de l'acte d'adjudication de 1794, les règles relatives à l'inondation deviennent sans application par rapport aux extensions que le sixième lot a pu recevoir du côté du fleuve ; adoptant, au surplus, les autres motifs des premiers juges, confirme, etc.

(Sirey, 1839. 2.252).
Pourvoi en cassation formé par les héritiors d'Harcourt.

Arrêt de la Cour de Cassation, du 11 novembre 1840.

La Cour : sur le premier moyen ; attendu que, par l'adjudication nationale du 23 floréal an II, l'Etat a vendu au Sr Aillard le 6e lot de prairie du Telluet, qui s'étend au midi jusqu'à la rivière de la Seine, laquelle est indiquée comme limite, de ce côté, de la partie vendue au Sr Aillard ; qu'il a stipulé qu'il ne pouvait être exercé réciproquement aucun recours en indemnité, réduction ou augmentation du prix de la vente, quelle que pût être la différence existante, en plus ou moins, dans la contenance indiquée dans le procès-verbal d'adjudication ; qu'il ressort clairement de ces énonciations que la rivière de Seine était, du côté du midi, la limite de la prairie vendue au Sr Aillard ; qu'il n'existe aucune ambiguité quant à cette délimitation ; qu'il ne pouvait, dès lors, y avoir lieu à renvoi devant l'autorité administrative pour interpréter, en ce point, l'adjudication nationale de l'an II, mais seulement à faire application de cet acte, ce qui rentrait dans les attributions des tribunaux ordinaires.

Sur le deuxième moyen : Attendu que la Cour royale n'a fait, au fond, que prescrire l'exécution de l'acte administratif du 23 floréal an II, et fixer, d'après cet acte, la limite, au midi, du terrain vendu au sieur Aillard; qu'en cela la Cour royale n'a commis aucune violation de loi ; — Rejette, etc.

Sirey, 1840. 1. 1002.

Manneville contre le Préfet de l'Eure

Arrêt de la Cour de Rouen, du 26 août 1840.

La Cour : attendu que les terrains, qui font l'objet du litige, joignent immédiatement l'héritage du sieur Manneville, situé dans la commune de Fiquefleur ; que ces terrains, formés depuis quelques années, doivent appartenir au sieur Manneville, s'ils constituent des alluvions ou des atterrissements adhérents à la rive d'un fleuve ; que la propriété en est, au contraire, dévolue au domaine, s'il s'agit de lais ou relais de mer ;

Attendu qu'aucune disposition de nos lois n'a déterminé, à l'embouchure d'un fleuve, la nature et la conditiondes rives ; que si, aux termes de l'Ordonnance de 1681, livre IV, titre VII, art. 1er, le rivage de la mer comprend tout ce qu'elle couvre et découvre pendant les nouvelles et pleines lunes, et jusqu'où le plus grand flot de mars peut s'étendre sur les grèves, cette définition ne peut évidemment s'appliquer aux irruptions périodiques de la mer dans les fleuves ; qu'en effet, le flux y fait remonter les eaux beaucoup plus loin que ne peut s'étendre sur les grèves le plus grand flot de mars ; que, si l'on assignait pour limite aux rivages maritimes l'endroit même où le flot cesse de se faire sentir, on arriverait à des conséquences bien éloignées de celles qu'ont eues en vue les rédacteurs de l'Ordonnance ;

Attendu qu'une rivière ne change pas de nature par l'effet du flux de la mer dans son lit ; que les rives ne changent pas davantage de dénomination ; qu'un terrain ne saurait être réputé rivage maritime, par cela même qu'il est baigné par les eaux qui refluent dans le lit d'un fleuve ; que la vérité de cette assertion est confirmée par les lois romaines : *Ripa ea putatur esse quæ plenissimum flumen continet* dit la loi 3, § 1er, au Digeste *de Fluminibus* ; que la loi première § 5, au même titre, prévoit le cas où le fleuve se trouve grossi par les eaux de la mer, sans pourtant qu'il change de rive : *Cœterum, si quando vel imbribus, vel mari, vel alia ratione, ad tempus excrevit, ripas non mutat.*

Attendu que quatre arrêts du Conseil, rapportés dans les *Questions de droit*, au mot *Rivages de la mer*, ont reconnu que les terrains et les maraissoumis à l'action du flux et du reflux, n'étaient pas rivages maritimes ; que le gouvernement, dans plusieurs circonstances, s'est même empressé de révoquer les concessions trop légèrement accordées au préjudice des riverains ;

Attendu qu'il importe peu, pour la solution du procès, que les eaux de la mer, par leur irruption dans la Seine, y causent de graves perturbations ; qu'elles y amassent ou déplacent des bancs de sable, qui donnent ensuite naissance, soit à des alluvions, soit à des atterrissements ; que le point à décider n'est pas de savoir si l'action périodique et violente de la mer est la cause principale de ces atterrissements, mais bien s'ils sont adhérents aux rives d'un fleuve ;

Attendu qu'on ne peut considérer comme bras de mer, et comme une dépendance de la Manche, le long espace occupé par les eaux depuis Honfleur jusqu'à Quillebeuf ; que les rives de la Rille et de Bolbec sont des affluents de la Seine, et n'ont jamais été considérés comme ayant leurs embouchures dans la mer ; que Quillebeuf n'est pas un port de mer ; qu'on ne saurait fixer à ce dernier point la limite de la rivière de Seine et le commencement de la mer ; qu'admettre une pareille solution, ce serait s'élever contre les idées reçues, l'aspect des lieux, d'anciennes traditions, l'existence de faits constants et de possessions acquises ; qu'indépendamment des renseignements que fournissent les cartes géographiques et les ouvrages d'histoire et de science, il a été produit au procès une série de titres et de documents empreints d'un caractère législatif, judiciaire ou administratif, lesquels ne permettent pas de douter que les rives de la Seine doivent au moins s'étendre, d'un côté, jusqu'à la pointe du Hoc, et de l'autre jusqu'à Honfleur ; que c'est ainsi que l'art. 2 des usages locaux de la vicomté de Montivilliers, en traçant des circonscriptions pour l'exercice du droit de conquête dans les paroisses de l'Heure et d'Oudalle, assigne, à deux reprises, pour limite, non la mer mais la rivière de Seine ; qu'il est remarquable que la commune d'Oudalle se trouve à peu près à la même hauteur que Fiquefleur, et bien au-dessous de la pointe de Tancarville, où le domaine veut fixer, avec le quai en aval de Quillebeuf, l'embouchure de la Seine ;

Attendu que l'existence du lit de la Seine et le cours de ses eaux se manifestent ostensiblement, à marée basse, dans la baie de Fiquefleur ; que cette baie n'est envahie qu'à marée haute par les eaux ; que le fleuve conserve ses rives jusqu'à Honfleur ;

Attendu que les titres nombreux du comté de Tancarville viennent encore repousser la prétention du domaine ; qu'il est certain, en effet, que des droits de diverses natures étaient attachés à ce fief et s'exerçaient suivant les mêmes titres, non sur la mer, mais sur la rivière de Seine, à partir d'un quart de lieue environ au-dessous du château d'Orcher, sur la rive Nord, et de la tour d'Honfleur vers le midi, en remontant jusqu'en deçà de Quillebeuf ; que toute cette étendue des eaux est qualifiée de rivière de Seine, soit dans les aveux rendus au Roi, soit dans les arrêts du Conseil, soit dans des baux authentiques dont l'exécution s'est prolongée jusqu'en 1789 ; que le droit de pêche et d'alluvion était au nombre des droitures qui s'exerçaient dans les limites sus-énoncées, et, conséquemment, dans la baie de Fiquefleur ; qu'il serait extraordinaire que lesdits droits eussent été, dans l'origine, concédés sur les eaux de la mer, alors que, dans tous les actes produits, il n'est question que de la rivière de Seine; que la même observation s'applique aux titres relatifs au domaine d'Orcher ;

Attendu que les remontrances du Parlement de Rouen, du 21 novembre 1782, sur la concession, faite à un sieur Borville, d'alluvions formées dans la Basse-Seine, vers l'embouchure de la Rille, démontrent que ces alluvions devaient appartenir aux riverains, et non au domaine ; qu'aussi un arrêt du Conseil révoqua-t-il, en 1786, la concession faite au sieur Borville ;

Attendu que les faits et circonstances signalés par le domaine, tels que la salure des eaux, la nature de la végétation, l'existence du galet, ne sont pas de décision au procès ; qu'en effet, la salure des eaux diminue peu à peu en remontant le fleuve, et ne disparaît entièrement qu'à une distance très considérable de Honfleur ; que certaines plantes maritimes peuvent végéter dans tous les lieux où la salure est encore assez active pour qu'elles y trouvent le principe de leur existence ; qu'il paraît, enfin, certain qu'aucune trace de galet ne se rencontre le long des rives de l'anse comprise entre le Hoc et Orcher ; que, si l'éboulement des terres donne naissance à quelques galets, ils n'ont plus le même caractère que les galets maritimes ; met l'appellation et ce dont est appel au néant ; réformant, déclare le préfet du département de l'Eure mal fondé dans sa demande, etc.

(Sirey, 1841. 2. 32).

Pourvoi en cassation de la part de M. le Préfet de l'Eure au nom du domaine de l'Etat :

Arrêt de la Cour de Cassation, du 22 juillet 1841.

La Cour : Attendu qu'il ne ressort d'aucune de nos lois ou ordonnances, tant anciennes que nouvelles, sainement interprétées, qu'un fleuve affluant à la mer change de nature par l'effet du flux de la mer dans son lit, à ce point qu'il doive être considéré comme bras de mer dans les parties instantanément couvertes par les hautes eaux, et que ses rives cessent d'être fluviales pour prendre le caractère de rives maritimes; que, loin qu'il en soit ainsi, la jurisprudence de tous les temps a généralement repoussé les prétentions du domaine public à cet égard ; que, même tout récemment, sur les poursuites de la régie des contributions indirectes et dans son intérêt propre, il a été reconnu par nombre d'arrêts que la navigation de Rouen au Havre, était fluviale ;

Attendu que l'arrêt attaqué constate que les terrains litigieux sont des atterrissements adhérents aux rives de la Seine, et joignant immédiatement l'héritage du défendeur éventuel ; qu'ainsi il a fait une juste application des principes de la matière, en déclarant qu'ils forment une propriété privée. Rejette, etc.

(Sirey, 1841. 1. 621).

De Rocquigny

Arrêt de la Cour de Douai, du 10 janvier 1842.

La Cour : Attendu qu'il est constant et d'ailleurs reconnu par les parties, que le terrain sur lequel le sieur comte de Rocquigny prétend faire extraire de la tourbe, est aujourd'hui envahi par le grand flot de mars, même par les marées dites eaux-vives qui viennent recouvrir ledit terrain quatre-vingt-seize jours de l'année ; attendu que l'art. 1er, titre VII, livre IV de l'Ordonnance de la Marine du mois d'août 1681, répute bord et rivage de la mer, tout ce qu'elle couvre et découvre pendant les nouvelles et pleines lunes, et jusqu'où le grand flot de mars se peut étendre sur la grève ; qu'il suit de cette disposition, qui règle encore aujourd'hui la police des terrains maritimes et fixe leurs limites avec les propriétés privées, que les cinq cents hectares environ, dont s'agit, sont devenus non par un fait accidentel, mais par les envahissements permanents des flots, rivage de la mer, dès lors une dépendance du domaine public sur lequel l'intimé ne peut prétendre un droit total ou partiel de propriété ; par ces motifs, met le jugement dont est appel au néant, et, statuant par jugement nouveau, dit le sieur comte de Rocquigny mal fondé en ses demandes, fins et conclusions, etc.

(Sirey, 1842. 2. 299).

Philippe contre le Préfet de la Loire-Inférieure

Arrêt de la Cour de Rennes, du 25 Janvier 1841.

La Cour : Considérant, en fait, que, malgré leur embarras et leur hésitation, les experts ont émis l'opinion que la vasière, objet du procès, s'était formée dans les limites de l'espace occupé antérieurement par l'île Praud, concédée à titre onéreux au sieur de la Termelière ; que cette opinion des experts, appuyée sur les titres produits plutôt que sur les plans des ingénieurs, est confirmée par l'enquête et la contre-enquête édifiées sur l'appel ; que ces enquêtes prouvent, en outre, que dans l'hiver de 1793 ou 1795, une partie de l'île Praud fut violemment arrachée et emportée par la débâcle des glaces et la force du courant de la Loire ; que l'espace sur lequel reposait la partie enlevée fut occupé par les eaux et ouvert à la navigation, à tel point que non seulement des bateaux, mais que des frégates y passaient librement ; qu'après avoir été submergé pendant près de dix ans, cet espace fut presque en totalité rempli et comblé par un amas de sables et de vases, dont la surface apparut au-dessus des eaux dans le prolongement de l'île Praud, comme une autre île séparée de celle-là par un intervalle de 50 à 60 mètres ; qu'un courant navigable existait entre les deux ; que ce courant a fini par se combler lui-même, et laisser à peine apparente la ligne de jonction des deux terrains ; qu'ainsi, il est constant, en fait, qu'une partie de l'île Praud, valablement aliénée, a été brusquement détachée et enlevée par la force des eaux ; qu'à sa place, et après environ vingt ans, il s'est formé un nouveau terrain par agrégation de sables et de vases, mais sans contiguité avec l'île Praud ; qu'un intervalle de 50 à 60 mètres existait entre les deux ; que cet intervalle a fini par se combler de vases ; que, néanmoins, la ligne de jonction avec l'île Praud est encore apparente et a été reconnue par les experts ; considérant, en droit, que, suivant l'art. 560 C. C., les îles qui se forment dans le lit des fleuves ou des rivières navigables ou flottables, appartiennent à l'Etat, s'il n'y a titre ou prescription contraire ; que cette restriction *s'il n'y a titre ou prescription contraire* ne peut s'appliquer qu'à une île existante, et non à une île détruite, car, là où il n'y a plus rien, il ne peut y avoir ni propriétaire, ni possesseur ; qu'il n'en est pas des îles comme des terres riveraines des fleuves ; que ces terres, quand elles seraient inondées, dégradées, quand bien même leur surface serait emportée par les eaux, ne changeraient pas pour cela de propriétaire ; qu'elles rentreraient sous la même possession aussitôt que l'inondation cesserait, et quelle qu'en eût été la durée, parce que la propriété du dessus emporte celle du dessous, et que la prescription ne court pas contre celui qui ne peut agir ; mais qu'une île ne fait pas partie du fleuve qui la porte, non plus que le chargement d'un navire ne fait partie du navire ; que, lorsque l'Etat vend une île, il ne vend pas la partie du fleuve sur laquelle elle repose ; il ne vend qu'une île, sous la seule garantie du fleuve qui l'a formée et qui peut la détruire ; que, si elle vient à être détruite, tout ce qui a été vendu a été détruit, qu'il ne reste plus d'île, qu'il ne reste que le lit du fleuve, et qu'aussitôt que la portion de ce lit, qui avait été envahie par l'île, est reconquise par l'action des eaux, elle redevient propriété de l'Etat, auquel seul peut appartenir le lit des fleuves et des rivières navigables ou flottables ; que les îles sont donc des biens d'une nature particulière, des biens qui n'ont ni passé, ni avenir, qui n'ont que l'actualité, attendu les chances continuelles de destruction et de reproduction, d'accroissement et de retranchement ; que ces chances ont été plus favorables que défavorables aux intimés ; qu'en effet, l'île Praud s'est tellement accrue que malgré le retranchement qu'elle a subi, sa contenance est encore triple ou quadruple de celle qui a été vendue ; considérant que la partie de l'île Praud qui a disparu a été détruite, puisque non seulement les bateaux mais encore les frégates passaient librement sur l'espace qu'elle avait occupée ; que la vasière qui l'a remplacée est de création nouvelle, et ne participe en rien de la partie de l'île détruite, car les matières constitutives de celle-ci, qui ont été emportées en aval, n'ont pas remonté ; que cette vasière qui a presque toujours existé à l'état d'île, ne peut appartenir par droit d'accession ou d'alluvion à l'île Praud ; que, si ces deux îles se sont rapprochées, et ont, à l'aide d'alluvions qui leur sont propres, rempli l'intervalle qui les séparait et se joignent aujourd'hui, elles n'en doivent pas moins conserver leur caractère de propriété distincte, et doivent être délimitées par la ligne de jonction qui a été indiquée par les experts, et qui est indiquée sur leur plan.

Pourvoi en cassation par les sieurs Philippe et consorts :

La Cour : Attendu qu'il est reconnu, en fait, qu'en 1793 et 1795, une partie de l'île Praud, appartenant aux demandeurs en cassation, fut violemment emportée et arrachée par la violence du courant et la débâcle des glaces, et que l'espace, sur lequel reposait la partie enlevée, fut occupé par les eaux et ouvert à la navigation, au point que non seulement des bateaux, mais que des frégates y passaient librement ; attendu qu'après avoir été submergé pendant près de vingt ans, le terrain ne fut pas laissé à découvert par la retraite des eaux ; mais que l'espace fut presque en totalité rempli et comblé par un amas de sables et de vases, dont la surface apparut au dessus des eaux comme une autre île, séparée de l'île Praud par un intervalle de 50 à 60 mètres, un courant navigable existant entre eux ; que ce courant a fini par se combler de vase, et que néanmoins la ligne de séparation est encore apparente ; attendu que la Cour Royale a conclu de ces faits que la vasière dont il s'agit est de création nouvelle, et ne fait point partie de l'île détruite ; que c'est une propriété distincte et délimitée par la ligne de jonction reconnue par les experts et indiquée sur leur plan ; attendu d'ailleurs qu'il a été reconnu aussi et constaté que, malgré le retranchement subi par la violence du courant et la débâcle des glaces, l'île Praud s'est tellement accrue par les alluvions qu'elle a une étendue superficielle triple ou quadruple de celle qui a été vendue ;

Arrêt de la Cour de Cassation, du 25 avril 1842.

Attendu, en droit, qu'aux termes de l'art. 560 du Code civil, les îles qui se forment dans le lit des fleuves ou des rivières navigables ou flottables, appartiennent à l'Etat, s'il n'y a titre ou prescription contraire, et qu'il en a été fait à la cause une juste application. Rejette, etc.

(Sirey, 1842. 1. 622).

Le Préfet de l'Hérault contre Bouyron et autres

La Cour : Attendu que l'arrêt attaqué articule, en fait, que l'étang du Grec, qui est en litige, ne communique avec la mer qu'au moyen d'une coupure pratiquée dans un canal, fait de main d'homme, et qui porte dans la Méditerrannée les eaux du Lez ; que ce n'est donc pas directement et immédiatement que cet étang communique avec la mer, mais par l'intermédiaire des eaux d'une rivière, que l'arrêt déclare, d'ailleurs, être

Arrêt de la Cour de Cassation du 6 février 1849.

soumise aux lois sur la pêche fluviale ; et que, dans ces circonstances, la Cour de Montpellier, en prononçant que l'étang du Grec ne faisait point partie du domaine public maritime, a rendu hommage aux principes et n'a violé aucune loi. Rejette, etc.

(Sirey, 1849. 1. 352).

Favier contre le Préfet de la Charente-Inférieure

Arrêt de la Cour de Cassation du 17 novembre 1852.

La Cour : Sur l'unique moyen, tiré de la violation de l'art. 2232, code civil, de l'ordonnance du 6 octobre 1841, et par suite des articles 2228, 2229 et suiv. code civil, et de la loi du 16 septembre 1807 ; attendu que l'arrêt attaqué n'a pas décidé que les lais et relais de la mer fussent imprescriptibles ; qu'il a, au contraire, expressément déclaré qu'ils étaient aliénables, et, par conséquent, prescriptibles ; que, s'il n'a pas accueilli le moyen de prescription invoqué par les demandeurs, et s'il a même refusé de les admettre à la preuve des faits de possession par eux articulés, c'est uniquement parce que les terrains dont il s'agissait au procès n'avaient pas pu, avant la délimitation faite en exécution de l'ordonnance royale du 6 octobre 1841, qui leur avait imprimé le caractère de relais de la mer, être l'objet d'une possession utile pour prescrire, et que, quels que fussent les actes et faits de possession invoqués, ils étaient inefficaces pour la prescription, par cela seul qu'ils remontaient à une époque antérieure au mois d'octobre 1841, et parce que, depuis cette époque, il ne s'était pas écoulé un temps suffisant pour prescrire.

Attendu que, dans l'état des faits constatés par l'arrêt attaqué, la possession invoquée par les demandeurs n'a pas et ne pouvait pas avoir la durée et le caractère exigés pour la prescription, et n'a pu, dès lors, leur conférer aucun droit de propriété sur les terrains qui en ont été l'objet ; qu'en le jugeant ainsi, la Cour d'appel de Poitiers n'a commis aucune violation de la loi. Rejette, etc.

(Sirey, 1852. 1. 791).

Le Préfet du Var contre Laurens

Arrêt de la Cour de Cassation, du 18 avril 1855.

La Cour : Attendu que, si l'art. 538 du code civil classe les lais et relais de la mer parmi les portions du territoire qui sont considérées comme des dépendances du domaine public, et si l'article 557 du même code déclare que le droit d'alluvion n'existe pas à l'égard des relais de la mer, l'article 41 de la loi du 16 septembre 1807 autorise le Gouvernement à concéder ces lais et relais, aux conditions qu'il aura réglées ; que lesdits lais et relais étant aliénables sont, dès lors, prescriptibles.

Attendu qu'il est constaté par l'arrêt attaqué qu'il résulte des titres, des actes, des enquêtes et de tous les documents du procès, que les propriétaires des salines d'Hyères ont eu, pendant plus de trente ans avant l'exploit introductif d'instance, la possession continue, non interrompue, possible, non équivoque, publique, et à titre de propriétaires, des terrains revendiqués au nom de l'Etat ; attendu que, lorsqu'il s'agit d'apprécier les faits constitutifs de possession, susceptibles ou non de faire acquérir la prescription, les Cours impériales ont un pouvoir discrétionnaire qui échappe à la censure de la Cour de cassation ; attendu, dès lors, qu'en se livrant à l'appréciation de faits qui lui étaient soumis dans l'espèce, et en y trouvant les éléments constitutifs de la prescription, l'arrêt attaqué n'a ni faussement appliqué, ni violé les articles invoqués à l'appui des moyens. Rejette, etc.

(Sirey, 1855. 1. 735).

White d'Albiville

Arrêt du Conseil d'Etat, du 3 décembre 1857.

Napoléon, etc. : Vu l'Ordonnance d'août 1681, liv. IV, tit. VII, art. 2 ; vu l'arrêt du Conseil du 24 juin 1877 ; vu la loi du 29 flor. an X ; vu le décret du 16 décembre 1811, titre IX ; vu le décret du 10 avril 1812 : — Considérant qu'il n'est pas contesté que le mur dont le Conseil de préfecture a ordonné la démolition ait été construit sur la propriété du sieur White-d'Albiville ; considérant qu'aucune disposition de loi ou de règlement ne range au nombre des contraventions de grande voirie, ou de celles qui leur sont assimilées, l'établissement de clôture sur les propriétés joignant le rivage de la mer, que, dès lors, c'est à tort que le Conseil de préfecture a condamné le sieur White-d'Albiville a démolir le mur de clôture qu'il avait construit, sans autorisation, sur sa propriété, bordant le rivage de la Rance maritime : — Art. 1er. L'arrêté du Conseil de Préfecture des Côtes-du-Nord, du 14 juin 1855, est annulé.

(Sirey, 1858. 2. 604).

Mosselmann et Donon contre Samson

Arrêt de la Cour de Cassation, du 21 juin 1859.

La Cour :... sur le second moyen; vu l'art. I, titre VII, livre IV, de l'Ordonnance sur la marine de 1681, et les articles 538, 2226 et 2229 du code Napoléon, et 23 du code de procédure ; attendu que, pour repousser l'action exercée par Samson, comme possesseur à titre de propriétaire d'un terrain compris dans le périmètre de la concession, faite à Mosselmann et Donon par décret du 21 juillet 1856, de lais et relais de la mer dans la baie des Veys, les concessionnaires, excipant des droits du domaine auxquels ils étaient subrogés, avaient mis en fait et soutenu que le terrain en question formait, aux termes de l'art. I, titre VII, livre IV de l'Ordonnance de 1681, partie des rivages de la mer dont les eaux le couvraient encore périodiquement aux époques des grandes marées, notamment de celles d'équinoxe, et qu'en conséquence, ce terrain étant imprescriptible comme dépendance du domaine public maritime jusqu'à la concession de l'Etat, qui n'avait point une année de date, la possession prétendue de Samson, était sans valeur, et ne pouvait servir de base à une action possessoire ; attendu que si, aux termes de l'art. 41 de la loi du 16 septembre 1807, les lais et relais de mer sont aliénables par l'Etat, et dès lors prescriptibles, il faut reconnaître que les concessions de l'Etat en cette matière peuvent avoir pour objet, non-seulement des lais et relais déjà formés par le déplacement des eaux de la mer qui les ont laissés définitivement à découvert, mais encore le droit d'endiguement et les lais ou créments futurs qui ne seront conquis sur la mer que par l'effet des travaux autorisés par le décret de concession, et qui, faisant partie du rivage de la mer, et conséquemment du domaine public, jusqu'à l'époque de la concession qui les en fait sortir, n'étaient point, avant cette époque, susceptibles d'une possession privée ; attendu qu'il ne pouvait être statué sur le mérite de la possession de Samson, sans qu'il eût été vérifié si le terrain en litige ne présentait pas, comme le soutenaient les demandeurs, ce dernier caractère ; attendu néanmoins que, sans se préoccuper de la question de savoir si ce terrain ne faisait point partie du rivage de la mer, et en admettant même dans ces motifs que ces rivages soient précisément l'objet de la concession faite à Mosselmann et Donon, et que le possesseur du terrain en question soit exposé à lutter de temps à autre contre la mer, le jugement attaqué a maintenu Samson dans la possession dudit terrain, par le motif qu'il en avait joui sans être troublé par personne avant la tentative d'occupation des demandeurs, en quoi, le Tribunal civil de Saint-Lô, a violé les articles susvisés. Casse, etc.

(Sirey, 1859. 1. 747).

Mosselmann contre Latour du Pin

Arrêt de la Cour de Cassation, du 11 avril 1860.

La Cour : sur le deuxième moyen, tiré de la violation de l'art. 13, titre II, de la loi du 24 août 1790, de la loi du 16 fructidor an III et du principe de la séparation des pouvoirs judiciaire et administratif ; attendu que s'il est vrai, comme le reconnaissent le Conseil d'Etat et la Cour de Cassation, que le droit de délimiter le domaine public n'appartient qu'à l'autorité administrative, et que les tribunaux saisis d'une contestation dont la solution dépend du résultat de cette délimitation, doivent surseoir à statuer jusqu'au moment où elle aura été faite par elle, il n'en est pas moins vrai que, jusqu'au décret législatif du 21 février 1852 qui en a fait l'application aux rivages de la mer, ce principe n'était formellement écrit dans aucune loi, et qu'il ne s'induisait que par voie de conséquence des dispositions qui chargent l'Etat de veiller à la conservation du domaine public ; qu'il suit de là que cette compétence exceptionnelle de l'Administration cesse d'exister avec le motif qui la justifie, et que la règle que le juge de l'action est également le juge de l'exception reprend son empire, toutes les fois que le domaine public est désintéressé dans le procès pendant devant l'autorité judiciaire, et que la délimitation, jugée nécessaire pour la solution de ce procès, ne doit en aucun cas porter atteinte à son intégrité ;

Attendu, en fait, qu'au moins depuis 1856 et par l'effet de la concession consentie par l'Etat au demandeur, les terrains litigieux compris dans cette concession ont cessé de faire partie des rivages de la mer ; que, dès lors, la question de savoir si dès avant cette époque, et notamment pendant les trente années qui ont précédé l'action, ces terrains formaient déjà des lais ou relais susceptibles de s'acquérir par prescription, ne soulève qu'un débat d'un intérêt purement privé, dont le jugement, quel qu'il soit, ne peut exercer aucune influence sur la limite du domaine public désormais fixée par la concession ; attendu, d'ailleurs, que la question, ainsi posée, doit trouver sa solution dans les principes du droit commun, sans qu'il y ait lieu d'interprêter aucun acte émané de l'Administration ; que, par conséquent, sous tous les rapports, la Cour de Caen (par arrêt du 25 janvier 1859), loin d'avoir empiété sur la compétence administrative et violé les lois précitées en retenant le jugement de l'exception de prescription et de toutes les questions qui s'y rattachent, a fait au contraire de ces lois une juste et saine application. Rejette, etc.

(Sirey, 1860. 1. 523).

Drillet de Lannigou

Arrêt du Conseil d'Etat, du 27 mai 1863.

Napoléon, etc. : Vu l'arrêt du Conseil d'Etat du Roi, en date du 14 juin 1774 ; vu l'ordonnance royale rendue au contentieux le 13 juin 1821 ; vu le jugement rendu par le Tribunal civil de l'arrondissement de Montreuil, à la date du 7 juin 1822 ; vu notre décret en date du 4 juillet 1853, qui a fixé les limites de l'inscription maritime et de la pêche à l'embouchure de la Canche ; vu notre décret en date du 21 mars 1857, qui a fixé le point où finit la partie fluviale de la Canche et où commence le domaine maritime à l'endroit de cette rivière correspondant à l'église d'Enocq, au lieu où les eaux viennent baigner la route de Montreuil à Etaples ; vu notre décret en date du 9 mai 1860, qui a fixé les limites de la mer sur les bords de la Canche ; vu l'art. 1, titre VII de l'Ordonnance du mois d'août 1681 ; vu la loi du 29 floréal an X ; vu le décret du 21 février 1852 ; considérant que la concession accordée par arrêt du Conseil d'Etat du Roi, en date du 14 juin 1774, au sieur de Framery, aux droits duquel sont les sieur et dame Drillet de Lannigou, comprenait le terrain sablonneux, entouré de trois côtés par la rivière de Canche et connu sous le non de Mollières d'Enocq ; qu'après avoir rempli les conditions de ladite concession, le sieur de Framery fit enclore par des digues la plus grande partie des Mollières ; que, sur une contestation élevée au nom de l'Etat, relativement à la propriété des terrains laissés entre les digues et la rivière, contre le sieur de Cossette, l'un des auteurs des requérants, une ordonnance royale rendue au contentieux, à la date du 13 juin 1821, renvoya les parties devant l'autorité judiciaire ; que, par suite, le Tribunal civil de l'arrondissement de Montreuil, par jugement en date du 7 juin 1822, ayant acquis l'autorité de la chose jugée, reconnut le sieur de Cossette propriétaire des terrains litigieux, à titre de propriétaire riverain, aux termes de l'art. 556 du Code civil ; considérant que ces faits ne sont pas déniés par nos Ministres des finances, de la marine et des travaux publics; qu'il est seulement prétendu qu'en conséquence de notre décret du 9 mai 1860, portant délimitation du rivage de la mer sur les bords de la Canche, le terrain litigieux est devenu propriété domaniale et publique; que, par suite, l'Administration des domaines a eu le droit d'en expulser les sieur et dame Drillet de Lannigou, de le donner à bail à leur propre fermier, et que c'est avec raison que le Conseil de Préfecture du département du Pas-de-Calais, par son arrêté en date du 11 décembre 1861, prononçant en matière de grande voirie, a condammé lesdits sieur et dame Drillet de Lannigou à 50 francs d'amende pour avoir planté une haie sur le terrain litigieux, et, en outre, à enlever ladite haie ; considérant qu'il est établi par l'instruction que le terrain litigieux est situé à 15 kilomètres de l'embouchure de la Canche, qu'il est mis en culture, et qu'il ne peut être sous aucun rapport considéré comme une grève dépendant du rivage de la mer ; qu'il suit de là que notre décret en date du 9 mai 1860, qui a compris ce terrain dans le rivage de la mer, en se fondant sur ce qu'il était couvert par le regonflement des eaux de la rivière de Canche, à l'époque des plus grandes marées, a été rendu contrairement aux dispositions de l'Ordonnance de 1681 ; que, dès lors, les sieur et dame Drillet de Lannigou sont recevables et fondés à nous demander de rapporter ce décret, en ce qui les concerne; considérant que, de ce qui précède, il résulte également que c'est à tort que le Conseil de Préfecture du département du Pas-de-Calais a condamné les requérants à 50 francs d'amende et à enlever la haie par eux plantée ;

Art. 1er. Est rapporté notre décret en date du 9 mai 1860, en tant qu'il a compris dans le rivage de la mer, conformément à la ligne bleue pleine du plan annexé audit décret, les terrains appartenant aux sieur et dame Drillet de Lannigou ;

Art. 2. Est annulé l'arrêté en date du 19 mars 1862, par lequel le Conseil de Préfecture du département du Pas-de-Calais a condamné les sieur et dame Drillet de Lannigou à 50 francs d'amende et à arracher la haie par eux plantée.

(Sirey, 1863. 2. 240).

De Condé contre l'Etat

Arrêt de la Cour de Rouen, du 11 avril 1865.

La Cour : Considérant que le procès à juger est né des prétentions respectives des héritiers de Condé et du domaine de l'Etat à la jouissance du terrain dont s'est accrue la rive gauche de la Seine, dans la commune du Marais-Vernier, à la suite des travaux d'endiguement opérés entre Quillebeuf et la Roque ; considérant, en effet, d'une part, que l'Etat entend rester maître exclusif des fruits jusqu'au moment où, les travaux étant terminés, il jugera opportun de faire, aux propriétaires do l'ancienne rive, délivrance de l'entier terrain conquis sur le fleuve; d'autre part, que les héritiers de Condé s'attribuent, au contraire, un droit absolu sur les fruits au fur et à mesure que le terrain se forme, la délivrance ayant, d'après eux, pour objet, quant à ce, de les mettre en possession de la chose dont jusque-là ils n'auront eu que la jouissance ; considérant, qu'un tel débat implique forcément une question de propriété ; que cette question a d'ailleurs été posée en termes exprès dans les conclusions des parties ; qu'en principe, la solution est exclusivement du ressort de l'autorité judiciaire ; et que, pour la résoudre, il suffit de savoir si le terrain en litige constitue une alluvion, dans le sens attaché à ce mot par la loi et avec les conséquences qui en découlent ; considérant que l'art. 556 du Code civil nomme alluvion, et alloue aux propriétaires riverains, tout atterrissement ou accroissement qui advient, d'une façon successive et imperceptible, à la rive d'un fleuve, même navigable, sans distinguer le cas où l'alluvion se produit indépendamment d'un acte quelconque de l'industrie humaine, du cas où elle résulte du concours de faits purement naturels et de travaux d'art accomplis par les soins et aux frais, soit des particuliers, soit de l'Etat lui-même ; considérant que, dans l'espèce, l'endiguement de la Seine a, sans nul doute, préparé et facilité les atterrissements qui sont venus et viennent encore accroître les propriétés riveraines, mais que cet accroissement n'a pas été soudain, qu'il s'est opéré et qu'il s'opère peu à peu, par progrès insensibles, et qu'en réalité sa formation est l'œuvre directe d'un fait naturel, c'est-à-dire du jeu alternatif des marées favorisé par le fait artificiel de la construction des digues ; considérant, dès lors, que le produit de ces deux causes, l'une essentiellement déterminante, l'autre simplement occasionnelle, constitue une alluvion proprement dite, appartenant par droit d'accession, sans nécessité de concession d'aucune sorte, aux propriétaires de la rive, et que, si quelques doutes pouvaient s'élever à cet égard en thèse générale, ils disparaîtraient en présence des actes des représentants de l'Etat dans la cause ; considérant, en effet, qu'à la date du 26 décembre 1853, le Préfet de l'Eure proposait d'appliquer l'article 30 de la loi du 16 septembre 1807 aux propriétés voisines des travaux effectués ou à effectuer pour l'endiguement dont il s'agit au procès, et de fixer à la moitié de la plus-value qu'acquerraient ces propriétés, le montant de l'indemnité que les propriétaires auraient à payer à l'Etat ; considérant que, par arrêté du 23 février 1854, afin de préparer l'application de l'article de la loi susdite, le même agent de l'Etat déterminait les limites de la rive gauche du lit du fleuve, de telle sorte qu'il fût possible d'expertiser la valeur de chacune des propriétés riveraines, au moment où commenceraient les travaux, et de fixer ensuite la plus-value qu'elles auraient acquise, lorsque ces travaux seraient achevés ; considérant qu'un décret du 15 juillet 1854, vu les avantages que les propriétaires riverains retireraient desdits travaux, vu également les propositions et l'arrêté précité du Préfet de l'Eure, déclara souverainement les dispositions de la loi de 1807 applicables, au profit de l'Etat, aux propriétés privées qui, par suite de l'amélioration et de l'endiguement de la Seine, acquerraient un surplus de valeur ; considérant que le sens et la portée de ces actes n'ont rien de douteux, qu'il n'est pas besoin d'en rechercher l'esprit ni d'en commenter le texte ; que, pour en tirer un élément de solution, il suffit de les prendre à la lettre, et qu'il n'y a, par conséquent, pas lieu pour la Cour de surseoir à statuer jusqu'à ce qu'ils aient été interprétés par l'autorité administrative ; considérant qu'en effet, ces actes, soit par leurs dispositions propres, soit par leur référence à celles de la loi de 1807, reconnaissent sans obscurité ni équivoque, que les terrains formés entre l'ancienne rive délimitée de la Seine et la digue à établir pour le perfectionnement de la navigation, appartiendront, par droit d'accession, aux propriétaires riverains, à la seule charge et condition de payer, à titre d'indemnité, la moitié des bénéfices provenant de l'accroissement alluvionnaire ; considérant qu'en décidant qu'il y a là, non pas une concession en expectative, mais une reconnaissance actuelle de propriété, d'où se déduit nécessairement le droit à la jouissance de tous les fruits, la Cour ne commettra aucun excès de pouvoir, qu'elle ne juge par là rien qui touche à l'exécution des travaux, que l'Etat reste maître de leur opportunité, de leur conduite et de leur durée, que l'autorité administrative garde le pouvoir de délivrer des terrains quand elle l'estimera convenable, que ni la détention, ni l'exploitation de ces terrains, ne lui sont retirées, et que l'autorité judiciaire se borne à constater l'existence des fruits, par le fait non contesté de leur récolte, et à attribuer le produit de leur vente au vrai propriétaire ; considérant que ce qui vient d'être dit justifie suffisamment le dispositif qui va suivre, et dispense de s'arrêter à aucun des moyens plaidés ou conclus pour le Préfet de l'Eure et le Directeur des Domaines ;

Par ces motifs, déclare les appelants propriétaires par droit d'accession des alluvions formées ou qui pourront se former au droit de leur propriété, arrête que les ventes faites par l'Etat des herbes excrues sur lesdites alluvions n'ont pu avoir lieu qu'au profit des appelants, etc.

(Sirey, 1867. 2. 186).

Sur le pourvoi du Préfet de l'Eure, au nom de l'Etat, la Cour de cassation rendit l'arrêt suivant :

Arrêt de la Cour de Cassation, du 7 avril 1868.

La Cour : Vu les articles 41 et 30 de la loi du 16 septembre 1807 et l'article 556 du Code civil ; attendu que l'article 41 de la loi du 16 septembre 1807 donne au Gouvernement le droit de concéder, aux conditions qu'il a réglées, les accrues, atterrissements et alluvions des fleuves et rivières, quant à ceux de ces objets qui forment propriété publique ou domaniale ; attendu que l'endiguement de la Basse-Seine entre Villequier, Quillebeuf et Tancarville a été ordonné par la loi du 31 mai 1846 et par un décret du 15 janvier 1852 ; attendu que, par trois autres décrets des 15 janvier, 3 août 1853 et 15 juillet 1854, les dispositions de l'article 30 de la loi du 16 septembre 1807 ont été déclarées applicables, au profit de l'Etat, aux propriétés privées de l'une et de l'autre rive, qui acquerront une plus-value par suite de l'exécution des travaux d'amélioration de la navigation de la Basse-Seine, et que ces trois décrets ont fixé l'indemnité à supporter par ces propriétés à la moitié des avantages qui en seraient résultés pour elles ; attendu qu'il n'est pas constaté par les juges du fait, et qu'il n'est pas même allégué, dans les conclusions qui ont été prises devant eux par les défendeurs, qu'avant le commencement des travaux il existât, dans la partie du fleuve contiguë au marais Vernier, et adhérant à ce domaine, aucun atterrissement ayant caractère d'alluvion ; que, d'autre part, il est reconnu par l'arrêt attaqué que les atterrissements revendiqués par les défendeurs ont été préparés par les travaux d'endiguement ; d'où la conséquence qu'à l'époque où a commencé l'entreprise, et où, en conformité de la loi de 1807, il a été procédé, contradictoirement avec les représentants légaux des riverains, à la délimitation du lit du fleuve, la partie où se sont formés les atterrissements litigieux n'avait pas cessé d'être la propriété exclusive de l'Etat, qui a pu, en vertu de l'article 41 de la même loi, en disposer, comme il l'a fait, par les trois décrets sus-visés de 1853 et de 1854 ; attendu, à la vérité, que ces décrets contiennent la promesse éventuelle de l'abandon au profit des riverains, moyennant une indemnité de plus-value, de tout ou partie des avantages, et, par conséquent, des atterrissements, que produirait l'entreprise ; mais, attendu que, jusqu'à la réalisation de cette promesse au moyen de l'attribution à chacun des fonds riverains de sa part dans ces avantages, attribution que les articles 16, 17 et 18 de la loi de 1807 n'autorisent qu'après l'achèvement des travaux et une seconde expertise destinée à déterminer l'importance de la plus-value obtenue par ces fonds, leurs propriétaires n'ont aucun droit à prétendre sur les atterrissements dont s'agit, non plus que sur leurs produits ; d'où il suit qu'en les déclarant propriétaires desdits atterrissements, par droit d'accession et par application de l'article 556 du Code civil, bien qu'il soit constant qu'à la date de l'introduction de l'action, l'entreprise n'était pas parvenue à son terme et qu'il n'avait été procédé à aucune répartition, entre les riverains, des terrains conquis sur le fleuve, et en condamnant le domaine à leur restituer le prix des ventes, faites par son agent, des produits de ces terrains, l'arrêt attaqué a violé les articles 41 et 30 de la loi du 16 septembre 1807 et faussement appliqué l'article 556 du Code civil. Casse, etc.

(Sirey, 1868. 1. 392).

L'Etat contre Roussel et la commune de Langrune

Arrêt de la Cour de Caen, du 21 août 1866.

La Cour : Considérant que, par un acte du 24 mars 1865, la commune de Langrune a donné à bail à Roussel le rivage de la mer s'étendant sur le territoire de cette commune, avec le droit exclusif, aux termes mêmes du bail précité, de guider, par lui ou ses agents, les baigneurs à la mer, et d'établir sur le rivage des cabanes destinées au service des bains ; que, pour justifier ce contrat, la commune se prévaut d'un bail que l'Etat lui aurait consenti à elle-même, le 20 janvier 1865, et que la question soulevée par les prétentions respectives des parties est celle de savoir si ces baux sont susceptibles de produire leurs effets ; considérant, d'une part, que si, dans les établissements balnéaires, l'Administration a le droit incontestable, dans un intérêt d'ordre et de décence publics, de déterminer les règles qu'elle juge nécessaires et les garanties d'aptitude, de conduite et de moralité que doivent présenter les personnes qu'elle admet à guider les baigneurs à la mer, ce droit ne saurait s'étendre jusqu'à constituer, au profit des agents privilégiés qu'elle autorise, le monopole d'une industrie que doivent pouvoir exercer indistinctement tous ceux qui réunissent les conditions exigées ; considérant, d'un autre côté, qu'aux termes de l'article 538 du Code civil, les rivages de la mer sont considérés comme une dépendance du domaine public ; qu'à ce titre, ils ne sont susceptibles ni d'une propriété privée, ni d'une possession individuelle; qu'ils sont destinés et asservis à l'usage de tous ; qu'ils sont hors du commerce et ne peuvent, dès lors, faire l'objet d'une convention; que l'Etat lui-même a sur eux moins un domaine de propriété qu'un simple droit de protection et de surveillance dans un intérêt général ; considérant que si, aux termes de l'article 714 du Code civil, il lui appartient, en vertu de ses devoirs de haute administration, de déterminer par des règlements de police le mode de jouissance des biens dépendant du domaine public, il ne peut créer, au bénéfice d'un seul, un droit exclusif à un usage qu'il doit garantir indistinctement à tous ; que le bail qu'il a consenti à la commune de Langrune, et, par suite, celui que cette dernière a passé à Roussel, ne peuvent donc produire aucun effet au préjudice des droits que la nature particulière de la chose louée assure à la généralité du public. Confirme, etc.

(Sirey, 1867. 2. 256).

Trouille contre l'Etat

Arrêt de la Cour de Cassation, du 27 novembre 1867.

La Cour : vu l'article 1er, titre VII, de l'Ordonnance d'août 1681 ; vu les articles 538 et 2226 du Code civil ; attendu que si, aux termes de l'Ordonnance sur la marine de 1681, sont réputés bords et rivages de la mer tout ce qu'elle couvre et découvre pendant les nouvelles et pleines lunes et jusqu'où le grand flux de mars se peut étendre sur les grèves, on ne peut plus considérer comme tels des terrains qui, originairement couverts et découverts par le flux, ont cessé de l'être, soit par l'effet naturel de la retraite des eaux, soit par l'effet de travaux élevés de la main de l'homme ; — Que ces terrains, ainsi mis à l'abri des atteintes du flot, cessent d'être réputés bords et rivages de la mer, qu'ils cessent de faire, à ce titre, partie du domaine public et qu'ils deviennent dès lors, comme tout ce qui est dans le commerce, aliénables et prescriptibles ; — Attendu que l'arrêt attaqué a constaté, en fait, que le terrain sur lequel est situé l'établissement des bains a été soustrait aux atteintes de la mer ; — Que la conséquence nécessaire à tirer de ce fait, admis par l'arrêt, c'est que ce terrain, que la mer ne couvre plus, a cessé de faire partie de ses bords et rivages, qu'il a cessé, à ce titre, de faire partie du domaine public et que, sous ce rapport, il est devenu prescriptible ;— Attendu que Trouille et consorts soutenaient précisément qu'ils avaient acquis par prescription ce terrain par eux loué, depuis 1837, au fermier des bains ;— Que l'arrêt attaqué, qui rejette la possession de Trouille et consorts pour les autres parties du litige, comme n'ayant été ni paisible, ni exclusive, ne répète pas ce motif en ce qui concerne le terrain des bains et que, quant à cet objet spécial, il se borne, pour repousser la prétention des demandeurs, à indiquer *que si le lieu où a été construit l'établissement des bains de Calais a été soustrait aux atteintes de la mer, c'est grâce à des travaux défensifs élevés par l'autorité militaire, et que les intimés ne peuvent se fonder sur ce fait pour légitimer leur prétention à la propriété de ce terrain* ; — Mais attendu que ce motif ne répondait pas au moyen de prescription ; — Que l'édification des travaux défensifs par le génie militaire ne rendait pas les terrains, qu'ils avaient pour but de protéger, imprescriptibles en tant que bords et rivages de la mer, et qu'on n'alléguait même pas qu'ils les eussent rendus imprescriptibles à un autre titre ; — Que, dès lors, l'arrêt a violé les articles de loi ci-dessus rappelés en en faisant une fausse application à la cause. Casse, etc..

(Sirey, 1868. 1. 22).

Massart contre Préfet du Nord

La Cour : attendu, en droit, que la loi répute rivage de la mer et dépendance du domaine public tout le terrain que la mer couvre et découvre aux plus hautes marées de mars ; qu'il est déclaré, en fait, par l'arrêt attaqué que la plupart des terrains revendiqués par l'Etat sont couverts par les marées d'équinoxe ;— Attendu qu'en tirant de ce fait la conséquence que ces terrains faisaient partie du rivage de la mer, l'arrêt attaqué n'a donc fait qu'appliquer la définition de la loi à des faits qui n'étaient point contestés, et n'a nullement empiété sur les attributions de l'autorité administrative à laquelle il eût appartenu de procéder à la délimitation du rivage, mais au cas seulement où cette délimitation eût été nécessaire ;— Attendu que, pour décider que ces terrains n'avaient pas été concédés à Duvignau, dont le droit privatif se trouvait limité par la digue à construire, l'arrêt attaqué n'a point eu à interpréter l'acte de concession ; qu'il lui a suffi d'en faire l'application, aussi bien que des principes de droit rappelés plus haut ; Arrêt de la Cour de Cassation, du 11 mars 1868.

Sur le deuxième moyen, en sa première branche, relative à la possession antérieure à la révocation de la concession, prononcée le 25 juin 1830 ; —Attendu que, jusqu'au 25 juin 1830, le concessionnaire ou les ayants cause ne possédaient les terrains que sous la condition de les endiguer, et, par conséquent, sous l'incessante menace d'une révocation, au cas où cette condition ne serait pas remplie ; que leur possession était donc précaire, au regard de l'Etat, et qu'ils ne pouvaient pas changer le titre de leur possession, que c'est donc à bon droit que cette possession a été déclarée inopérante ;

Sur la deuxième branche du moyen, relative à la possession postérieure au 25 juin 1830 ; — Attendu qu'il est déclaré par l'arrêt attaqué : *qu'en admettant qu'il y ait eu possesssion, par Duvignau et ses successeurs, des terrains non recouverts par les eaux des marées, cette possession ne réunirait pas les conditions voulues par l'article 2229, et que les faits dès aujourd'hui établis rendent inutile la preuve offerte* ; — Que cette décision, fondée sur l'examen d'actes et de faits nombreux, et conçue en termes généraux et absolus, constitue une pure appréciation de faits qui ne peut être révisée par la Cour de Cassation. Rejette, etc.

(Sirey, 1868. 1. 156).

Préfet de la Vendée, contre Barrieu

Arrêt de la Cour de Cassation, du 28 juillet 1869.

La Cour : Sur le premier moyen ; — Attendu que si l'article 1, titre VII de l'Ordonnance du mois d'août 1681, répute bord et rivage de la mer tout ce qu'elle couvre et découvre pendant les nouvelles et pleines lunes, et jusqu'où le grand flot de mars peut s'étendre sur les grèves, elle n'entend évidemment parler que des terrains qui bordent la mer, de la plage qui, même en temps de marée basse, se trouve en contact avec les eaux de la mer ; — Attendu que, lorsqu'un cours d'eau vient se jeter dans la mer, il conserve sa nature et sa dénomination propre jusqu'au moment où il se perd dans la mer, les limites de celle-ci s'arrêtant là où les falaises et les grèves sont interrompues par les rives du fleuve, et, réciproquement, celui-ci et ses rives se prolongeant jusqu'au point où elles coupent les falaises ou le rivage de la mer ; — Que ce qu'on peut dire du fleuve et de ses rives, on peut le dire aussi des îles qui surgissent dans son cours, îles qui ne sont que des dépendances du fleuve et des atterrissements qui se sont formés dans son lit ; — Attendu que si, par l'effet de certaines marées, le cours du fleuve se trouvant arrêté et même refoulé par le flot montant, il vient à mêler ses eaux à celles de la mer, et à déborder avec elles sur ses rives et sur ses îles, ces terrains ne cessent pas pour cela d'être rives et dépendances du fleuve et ne deviennent pas, par ce fait momentané, le rivage ou une partie de la mer, qu'ils ne bordent pas, et dont ils sont parfois à une distance considérable, le reflux ne rendant pas le fleuve et ses dépendances partie de la mer, pas plus que le flux ne fait de la mer une partie du fleuve, bien que celui-ci, à la marée basse, s'écoule dans le lit de la mer avec une certaine rapidité, et que l'on puisse y reconnaître, encore assez longtemps, le cours de ses eaux ; — Attendu que l'arrêt attaqué constate, en fait, que l'île de la Grande-Roussière, qui fait l'objet du litige, est une île de la rivière de Vie; que, située au milieu de son cours, elle le partage en deux bras dont le principal conserve le nom de rivière de Vie, tandis que le plus faible prend le nom de la Chenolette ; — Attendu que le jugement constate encore que l'île de la Grande-Roussière n'est pas couverte par les eaux de la mer directement, comme l'est la plage, mais seulement par l'effet du refoulement des eaux de la rivière et cela seulement d'une manière accidentelle ;— Que, dans de pareilles circonstances, l'arrêt n'a fait à la cause qu'une juste application de la loi, en décidant que l'île de la Grande-Roussière ne pouvait pas être réputée bord ou rivage de la mer ;

Sur le deuxième moyen de cassation, résultant de la prétendue violation des principes sur la séparation des pouvoirs judiciaire et administratif : Attendu que la seule question qui se débattait entre les parties, était celle de savoir si les héritiers Barrieu avaient pu acquérir, par titres et par prescription, la propriété de l'île de la Grande-Roussière, ou si, au contraire, leurs titres et leur possession devaient être déclarés sans effet utile, cette île faisant partie du rivage de la mer et étant, comme telle, inaliénable et imprescriptible ; qu'un pareil débat soulevait une question de propriété essentiellement de la compétence des tribunaux et qui ne pouvait se résoudre que par l'application de l'Ordonnance du mois d'août 1681 et la saine interprétation de son esprit et de son texte ; — Attendu que les conclusions subsidiaires prises par le Préfet de la Vendée tendaient à ce qu'il fût dit par la Cour, qu'il serait sursis par elle à statuer sur les prétentions des consorts Barrieu, jusqu'à ce qu'il eût été décidé par l'autorité administrative, et par application du décret du 1er décembre 1858, si l'immeuble en litige faisait, avant ce décret comme depuis, partie du domaine public maritime; que ces conclusions n'étaient d'aucune utilité pour la solution du procès et ne devaient pas, par suite, arrêter la Cour d'appel ; — Qu'en effet, le rivage de la mer et le domaine maritime ne sont pas choses identiques ; que, si le rivage de la mer fait toujours partie du domaine maritime, celui-ci ne fait pas en son entier partie du rivage de la mer, le domaine maritime remontant dans les terres bien au-delà de ce qu'on peut raisonnablement considérer comme le bord et le rivage de la mer ; — Que c'est ce qui résulte des décrets mêmes dont argumente l'Etat, le décret-loi du 21 février 1852 et les nombreux décrets, qui ont été rendus depuis pour son exécution, comme, dans l'espèce, celui du 1er décembre 1858, s'occupant bien plus de délimiter le domaine maritime au point de vue de la pêche et de l'inscription maritimes, que de déterminer les rivages de la mer et les terrains qui devaient être considérés comme en faisant partie, les questions de cette nature rentrant sous l'empire du principe posé dans l'Ordonnance de 1681 ; que c'est donc avec raison que l'arrêt attaqué s'est refusé à surseoir pour faire soumettre à l'autorité administrative la question soulevée par les conclusions subsidiaires de l'Etat, puisque, cette question eût-elle été résolue dans un sens favorable à ses prétentions, il n'en serait résulté qu'une seule chose, c'est que l'île de la Grande-Roussière fait partie du domaine maritime et est soumise, comme telle, aux lois et règlements qui régissent cette partie du territoire, au point de vue de la pêche ou de l'inscription maritime, mais nullement que cette île fît partie, avant 1858, pas plus que depuis, du rivage de la mer, ce qui était la seule question du procès ; attendu que la Cour de Poitiers n'a donc commis aucun excès de pouvoir en se refusant au sursis demandé. Rejette, etc.

(Sirey, 1871. 1. 141).

Pâris-Labrosse

Décision du Tribunal des Conflits, du 11 janvier 1873.

Vu l'exploit, en date du 19 février 1872, par lequel le marquis de Pâris-Labrosse a fait assigner l'Etat devant le Tribunal Civil de Sens pour s'ouïr condamner à lui payer : 1° une indemnité de dépossession, pour des terrains dont il était propriétaire et qui ont été incorporés au lit de la rivière d'Yonne par l'exécution des barrages que l'Etat a fait construire dans le lit de cette rivière ; 2° une indemnité de dépréciation, pour dommages causés à d'autres terrains dont il conserve la possession, par les infiltrations souterraines occasionnées par ces barrages, et faire préalablement déterminer par le Tribunal quelles étaient, avant la construction des barrages, la limite et l'étendue de ces propriétés au droit de la rivière;

Vu le mémoire en déclinatoire présenté par le Préfet de l'Yonne, le 19 mars suivant;

Vu le jugement rendu par le Tribunal, le 12 avril 1872, qui, sur les conclusions conformes du Procureur de la République, rejette le déclinatoire et retient la cause;

Vu l'arrêté de conflit pris par le Préfet de l'Yonne, le 22 avril 1872, et communiqué au Tribunal le 25 du même mois;

Vu le jugement rendu le même jour, 25 avril, qui ordonne le sursis ;

Vu l'extrait du registre tenu au parquet du Procureur de la République près le Tribunal de Sens, constatant que les formalités et communications, prescrites par l'ordonnance du 1er juin 1828, ont été accomplies dans les délais fixés par la loi;

Vu les observations déposées au greffe du Tribunal, le 22 mai 1872, par l'avoué du marquis de Pâris-Labrosse;

Vu les observations présentées, le 2 septembre 1872, par le Ministre des Travaux Publics, en réponse à la communication qui lui a été donnée du dossier;

Vu la lettre du Garde des Sceaux, Ministre de la Justice, du 16 mai 1872, de laquelle il résulte que l'arrêté de conflit et les pièces jointes sont parvenues au Ministère de la Justice le 5 du même mois;

Vu l'article 2, section 3, de la loi des 22 décembre 1789 — 8 janvier 1790; le décret du 21 février 1852; l'article 4 de la loi du 28 pluviôse an VIII; l'ordonnance du 1er juin 1828; et la loi du 24 mai 1872;

Considérant que l'Etat ayant fait construire plusieurs barrages dans le lit de la rivière d'Yonne, le marquis de Pâris-Labrosse a, par exploit du 19 février 1872, saisi le Tribunal de Sens d'une demande tendant à faire condamner l'Etat à lui payer une indemnité de dépossession pour la perte de terrains dont il était propriétaire et que la surélévation des eaux aurait incorporés au lit de la rivière, et une indemnité de dépréciation fondée sur le dommage causé à une autre portion de ses immeubles par des infiltrations souterraines;

Considérant que le déclinatoire présenté par le Préfet de l'Yonne ayant été rejeté par le Tribunal de Sens, un arrêté de conflit a été pris le 22 avril 1872, et qu'il y a lieu d'apprécier séparément, au point de vue de la compétence, chacune des demandes du marquis de Pâris-Labrosse;

En ce qui touche la demande d'indemnité de dépossession : Considérant que l'Etat, tout en admettant le principe de cette indemnité, prétend qu'une partie des terrains pour lesquels elle était réclamée se trouvait déjà comprise dans le lit de la rivière au moment où les barrages ont été commencés, qu'elle formait une dépendance du domaine public, dont les limites ne peuvent être déterminées que par l'Administration elle même, et que, pour cette partie, il ne peut être dû aucune indemnité;

Considérant qu'il appartient sans doute à l'autorité administrative de veiller à la conservation du domaine public, et que si, depuis le décret du 21 février 1852, la détermination des limites de la mer est faite par des décrets rendus dans la forme des règlements d'administration publique, celle des fleuves et des rivières navigables est restée dans les attributions de l'autorité préfectorale ;

Mais, considérant que les actes de délimitation du domaine public sont des actes d'administration, à l'occasion desquels l'autorité administrative ne peut ni se constituer juge des droits de propriété qui appartiendraient aux riverains, ni s'attribuer le pouvoir d'incorporer au domaine public, sans remplir les formalités exigées par la loi du 3 mai 1841, les terrains dont l'occupation lui semblerait utile aux besoins de la navigation ; qu'en ce qui concerne la détermination des limites de la mer, l'article 2 du décret du 21 février 1852 dispose expressément qu'elle est faite par l'autorité supérieure, tous droits des tiers réservés ; que c'est là une application du principe de la séparation des pouvoirs, d'après lequel ont été fixées les attributions distinctes de l'autorité administrative et de l'autorité judiciaire, et qu'évidemment la même règle doit être suivie lorsqu'il s'agit des limites des fleuves ou des rivières navigables ;

Considérant que la réserve des droits des tiers est générale et absolue ; qu'elle s'étend aux droits fondés sur une possession constante ou sur des titres privés, comme à ceux qui reposeraient sur des aliénations ou sur des concessions émanées de l'Administration et qu'elle doit être maintenue et appliquée même alors que l'autorité administrative prétendrait, comme dans l'espèce, déterminer non seulement les limites actuelles, mais encore les limites anciennes de la mer ou des fleuves et des rivières navigables ;

Considérant qu'il résulte des principes ci-dessus posés que les tiers, dont les droits sont réservés, peuvent se pourvoir, soit devant l'autorité administrative pour faire rectifier la délimitation de la mer, des fleuves et des rivières navigables, soit devant le conseil d'Etat à l'effet d'obtenir l'annulation, pour cause d'excès de pouvoirs, des arrêtés de délimitation qui porteraient atteinte à leurs droits ; qu'ils ne peuvent en aucun cas s'adresser aux tribunaux de l'ordre judiciaire pour faire rectifier ou annuler les actes de délimitation du domaine public et se faire remettre en possession des terrains dont ils se prétendent propriétaires ;

Mais qu'il appartient à l'autorité judiciaire, lorsqu'elle est saisie d'une demande en indemnité formée par un particulier qui soutient que sa propriété a été englobée dans le domaine public par une délimitation inexacte, de reconnaître le droit de propriété invoqué devant elle, de vérifier si le terrain litigieux a cessé, par le mouvement naturel des eaux, d'être susceptible de propriété privée, et de régler, s'il y a lieu, une indemnité de dépossession, dans le cas où l'Administration maintiendrait une délimitation contraire à sa décision ;

Considérant que le marquis de Pâris-Labrosse n'a soumis au Tribunal de Sens, dans la première partie de ses conclusions, qu'une question de propriété privée et une demande d'indemnité de dépossession pour la perte d'une portion de ses terrains, occasionnée par une surélévation artificielle des eaux de la rivière d'Yonne ; que l'autorité judiciaire était compétente pour statuer sur cette question comme sur cette demande, et que la dépossession du marquis de Pâris-Labrosse ayant été définitivement consommée par suite des travaux exécutés, la délimitation qui serait faite par l'autorité administrative n'est pas une opération préjudicielle qui puisse réagir sur l'instance dont l'autorité judiciaire se trouve saisie ;

D'où il suit qu'il n'y a pas lieu, en ce qui concerne le premier chef des conclusions du marquis de Pâris-Labrosse, de confirmer l'arrêté de conflit du 22 avril 1872 ;

Mais en ce qui touche le deuxième chef : Considérant que ce chef ne soulève aucune question de propriété et qu'il a pour objet unique d'obtenir une indemnité que le marquis de Pâris-Labrosse prétend lui être due pour les dommages causés à des terrains, dont il n'est pas dépossédé, par des infiltrations souterraines qui, d'après sa demande, seraient la conséquence directe des travaux publics exécutés dans le lit de la rivière d'Yonne ;

Considérant qu'aux termes de l'article 4 de la loi du 28 pluviôse an VIII, le règlement des indemnités qui peuvent être dues par l'Etat, à l'occasion de dommages temporaires ou permanents provenant de l'exécution de travaux publics, est de la compétence administrative ;

ART. 1er. — L'arrêté de conflit élevé par le préfet de l'Yonne, le 22 avril 1872, est annulé en ce qu'il revendique pour l'autorité administrative, comme question préjudicielle, le droit de constater en quoi consistait, sur les lieux litigieux, le lit de l'Yonne, au moment où ont été commencés les barrages, et jusqu'où le lit s'étend aujourd'hui, à l'effet de régler le montant de l'indemnité qui peut être due au marquis de Pâris-Labrosse, pour les terrains dont il se prétend dépossédé ;

ART. 2. — Il est confirmé en ce qu'il revendique pour l'autorité administrative le droit de décider si l'exécution de ces travaux a causé un préjudice à une autre portion de ses immeubles dont il n'est pas dépossédé, s'il a le droit à une indemnité, et, le cas échéant, de fixer cette indemnité ;

ART. 3. — L'exploit introductif d'instance du 19 février 1872 et le jugement rendu par le Tribunal civil de Sens, le 12 avril 1872, sont considérés comme non avenus en ce qu'ils ont de contraire à la présente décision.

(Sirey, 1873. 2. 25).

Guillié contre l'Etat

Décision du Tribunal des Conflits, du 1er Mars 1873.

Vu la loi des 22 décembre 1789—8 janvier 1790, section 3, article 2, et le décret du 21 février 1852 ;

Vu les lois du 28 pluviôse an VIII, du 16 septembre 1807, du 7 juillet 1833 et du 3 mai 1841 ;

Vu la loi du 24 mai 1872, notamment les articles 25 à 28, la loi du 4 février 1850, le réglement du 26 octobre 1849, les ordonnances royales du 1er juin 1828 et du 12 mars 1831 ;

Considérant que, dans le dernier état de la contestation pendante devant le Tribunal de Sens et la Cour d'Appel de Paris entre le sieur Guillié et l'Etat, le sieur Guillié soutenait qu'un terrain litigieux entre lui et l'Etat, et compris dans le lit de la rivière l'Yonne, par un arrêté de délimitation rendu par le Préfet le 15 janvier 1870, n'était pas couvert par les plus hautes eaux navigables avant les travaux de barrages et d'endiguement exécutés par l'Etat dans la rivière, depuis l'année 1850, et demandait qu'une indemnité lui fût allouée à raison de la dépossession qu'il avait subie ;

Que, devant le Tribunal, l'Etat soutenait qu'antérieurement à l'exécution des travaux, le terrain litigieux était déjà couvert par les plus hautes eaux navigables et que, dans le mémoire en déclinatoire et l'arrêté de conflit, le Préfet a revendiqué le jugement de cette contestation pour l'autorité administrative, par le motif qu'il n'appartiendrait qu'à elle : 1° De reconnaître qu'elle était la consistance du lit de l'Yonne au moment où ont été commencés les travaux exécutés dans la rivière ; 2° De décider si l'exécution de ces travaux a causé un préjudice au sieur Guillié, et, en cas d'affirmative, quelle est l'indemnité qui lui est due ;

En ce qui touche le premier moyen invoqué dans l'arrêté de conflit : Considérant qu'il appartient sans doute à l'autorité administrative de veiller à la conservation du domaine public, et que si, depuis le décret du 21 février 1852, la détermination des limites de la mer est faite par des décrets rendus dans la forme des réglements d'administration publique, celles des limites des fleuves et des rivières navigables est restée, en vertu de la loi des 22 décembre 1789 — 8 janvier 1790, section 3, article 2, dans les attributions des préfets ;

Mais considérant que les actes de délimitation du domaine public sont des actes d'administration, à l'occasion desquels l'autorité administrative ne peut ni se constituer juge des droits de propriété qui appartiendraient aux riverains, ni s'attribuer le pouvoir d'incorporer au domaine public, sans remplir les formalités exigées par la loi du 3 mai 1841, les terrains dont l'occupation lui semblerait utile aux besoins de la navigation ; qu'en ce qui concerne la détermination des limites du rivage de la mer, l'article 2 du décret du 21 février 1852 dispose, expressément, qu'elle est faite par l'autorité supérieure, tous droits des tiers réservés ; que c'est là une application du principe de la séparation des pouvoirs, d'après lequel ont été fixées les attributions distinctes de l'autorité administrative et de l'autorité judiciaire, et qu'évidemment la même règle doit être suivie lorsqu'il s'agit des limites des fleuves et des rivières navigables ;

Considérant que la réserve des droits des tiers est générale et absolue, qu'elle s'étend aux droits fondés sur une possession constante ou sur des titres privés, comme à ceux qui reposeraient sur des aliénations ou sur des concessions émanées de l'administration, et qu'elle doit être maintenue et appliquée, alors même que l'autorité administrative prétendrait, comme dans l'espèce, déterminer non pas les limites actuelles, mais les limites anciennes de la mer, ou des fleuves et rivières navigables ;

Considérant que les tiers, dont les droits sont réservés, peuvent se pourvoir, soit devant l'autorité administrative pour faire rectifier la délimitation de la mer, des fleuves et des rivières navigables, soit devant le Conseil d'Etat à l'effet d'obtenir l'annulation, pour cause d'excès de pouvoirs, des arrêtés de délimitation qui porteraient atteinte à leurs droits ; qu'ils ne peuvent, en aucun cas, s'adresser aux tribunaux de l'ordre judiciaire pour faire rectifier ou annuler les actes de délimitation des domaines publics et se faire remettre en possession des terrains dont ils se prétendent propriétaires ;

Mais qu'il appartient à l'autorité judiciaire, lorsqu'elle est saisie d'une demande en indemnité formée par un particulier, qui soutient que sa propriété a été englobée dans le domaine public par une délimitation inexacte, de reconnaître le droit de propriété invoqué devant elle, de vérifier si le terrain litigieux a cessé, par le mouvement naturel des eaux, d'être susceptible de propriété privée, et de régler, s'il y a lieu, une indemnité de dépossession dans le cas où l'Administration maintiendrait une délimitation contraire à sa décision ;

Considérant qu'il résulte de ce qui précède que, en cas de contestation sur les *limites actuelles* de la mer et des cours d'eau navigables, la détermination de ces limites par l'autorité administrative est préjudicielle à toute décision de l'autorité judiciaire, mais qu'il n'en est pas de même lorsqu'il s'agit de rechercher les *limites anciennes*; que l'action du sieur Guillié ne tend qu'à faire reconnaître, en vue de l'allocation d'une indemnité, qu'il était propriétaire, avant 1850, d'un terrain recouvert actuellement par les plus hautes eaux navigables et que, pour prononcer sur cette question de propriété, l'autorité judiciaire n'est pas obligée de surseoir jusqu'à ce que l'autorité administrative ait fixé les limites de la rivière l'Yonne avant l'exécution des travaux qui auraient surélevé le niveau des eaux ;

En ce qui touche le second moyen invoqué dans l'arrêté de conflit :

Considérant que, s'il appartient aux Conseils de Préfecture, en vertu de l'article 4 de la loi du 28 pluviôse an VIII, de statuer sur les demandes en indemnité pour dommages causés par l'exécution des travaux publics, leur compétence ne s'étend plus, depuis les lois du 8 mars 1810, du 7 juillet 1833 et du 3 mai 1841, au cas où les particuliers sont dépossédés, au profit d'une administration publique, de leurs propriétés immobilières, et que, dans ce cas, il n'appartient qu'à l'autorité judiciaire de régler les indemnités dues, sans qu'il y ait lieu de distinguer si la dépossession a été, ou n'a pas été, précédée des formalités établies par la loi du 3 mai 1841 ;

Considérant que le sieur Guillié allègue qu'il aurait été dépossédé du terrain litigieux par une surélévation artificielle des eaux de la rivière l'Yonne, qui aurait fait entrer ce terrain dans le lit de la rivière ;

Que, dès lors, il n'appartient qu'à l'autorité judiciaire de statuer sur cette demande ;

Art. 1er (Arrêté de conflit annulé).

(Sirey, 1874. 2. 61).

Commune de Gonfreville-l'Orcher

Arrêt du Conseil d'Etat du 14 novembre 1873.

Vu le recours formé par le Ministre des Travaux Publics ... tendant à ce qu'il plaise au Conseil, annuler un arrêté du 15 mars 1873, par lequel le Conseil de Préfecture de la Seine-Inférieure, sur deux procès-verbaux dressés contre le Maire de la commune de Gonfreville-l'Orcher pour avoir fait exécuter, sans autorisation, des travaux sur des terrains faisant partie du domaine public maritime, a décidé qu'en l'absence de décision portant délimitation du domaine maritime au point litigieux, il n'y avait lieu, en l'état, de statuer sur les poursuites, ce faisant, attendu que les terrains sur lesquels la commune a fait exécuter sans autorisation les travaux litigieux, font partie du rivage maritime, couvert par les eaux de la mer lors des marées d'équinoxe, que dès lors, leur exécution constituait une contravention à l'Ordonnance d'août 1681 sur la marine, condamner la commune contrevenante à la démolition des dits travaux, sauf à elle à obtenir de l'administration, s'il y a lieu, l'autorisation de les maintenir ;

Vu les procès-verbaux de contravention dressés contre le Maire de la commune de Gonfreville-l'Orcher, les 25 mai et 22 juin 1872, desquels il résulte que la dite commune a fait commencer l'exécution d'un chemin et creuser un fossé dans des terrains qui feraient partie du rivage maritime ;

Vu les observations en défense présentées par le maire de la commune de Gonfreville-l'Orcher, le 10 juillet 1873, et tendant au rejet du recours, attendu que les terrains litigieux ne feraient point partie du rivage de la mer, mais que ces terrains sont la propriété de la commune, qui a pu, dès lors, sans autorisation, y faire exécuter tels travaux qu'un intérêt public de salubrité, dans l'espèce, lui a commandé d'effectuer ;

Vu l'Ordonnance d'août 1681 sur la marine ;

Vu la loi du 29 floréal an X et celle du 23 mars 1842 ;

Vu le décret du 21 février 1852 ;

Considérant que le maire de la commune de Gonfreville-l'Orcher a été poursuivi, en vertu des procès-verbaux de contravention ci-dessus visés, pour avoir exécuté, sans autorisation, des travaux sur des terrains qui, d'après ces procès-verbaux, feraient partie du rivage de la mer ;

Considérant, d'une part, qu'aucun acte de délimitation, dans les formes du décret du 21 février 1852, n'a compris lesdits rivages dans le rivage maritime ; d'autre part, qu'il ne résulte pas de l'instruction, et qu'il n'est pas établi par les documents produits par le Ministre, qu'ils fassent effectivement partie de ce rivage et forment par suite une dépendance du domaine public maritime ; qu'il suit de là qu'il n'y a lieu, en l'état, de considérer la contravention reprochée, comme suffisamment justifiée, et de faire droit aux conclusions du recours tendant à ce que la commune soit condamnée à supprimer les travaux qui ont fait l'objet de la poursuite.

(Rejet.)

Commune de Sandouville

Décision du Tribunal des Conflits, du 27 Mai 1876.

Le Tribunal des conflits : Vu la loi des 22 décembre 1789 — 8 janvier 1790, section 3, article 2, et le décret du 21 février 1852 ; — Vu la loi du 24 mai 1872, notamment les articles 25 à 28, la loi du 4 février 1850, le règlement du 26 octobre 1849, les ordonnances royales du 1er juin 1828 et du 12 mars 1831 ; — Considérant que les limites transversales de la mer, à l'embouchure de la Seine, ont été fixées par un décret du 24 février 1869, et que les parcelles, objet du litige, font partie des terrains situés sur la rive droite de la mer, au-dessous de ces limites ; — Que la Commune de Sandouville soutient que ces terrains constituent des alluvions, dont elle était en possession depuis plus d'un an et un jour à l'époque où des procès-verbaux ont été dressés, au mois de septembre 1874, contre ses locataires, pour contravention aux dispositions de l'Ordonnance de 1681 sur la marine ; — Que, par sa citation introductive d'instance, elle a réclamé son maintien dans la possession desdites parcelles et demandé qu'il fût fait défense à l'Etat de la troubler dans sa jouissance ; — Qu'au nom de l'Etat, il est soutenu, au contraire, que les terrains dont il s'agit sont des dépendances du rivage de la mer, et font partie du domaine public maritime inaliénable et imprescriptible ; — Que, dans ces circonstances, le Préfet de la Seine-Inférieure a revendiqué le droit, pour l'autorité administrative, de procéder à la détermination des limites latérales de la mer dans la baie, séparée du domaine fluvial par le décret du 24 février 1869, préalablement à la décision de l'autorité judiciaire sur la question possessoire soulevée par la Commune de Sandouville ; — Considérant que, pour statuer sur les prétentions respectives de la Commune et de l'Etat, il est nécessaire de procéder à la détermination des limites actuelles de la mer, dans la baie de Seine, au-dessous de la ligne de délimitation transversale de la mer et du fleuve, et que, lorsqu'il y a contestation sur les limites actuelles de la mer, la détermination de ces limites par l'autorité administrative est préjudicielle à toute décision des tribunaux judiciaires, sans qu'il y ait lieu de distinguer si les actions portées devant ces tribunaux soulèvent des questions de propriété, ou seulement des questions de possession, dans les conditions déterminées par les articles 23 et suivants du Code de procédure civile ; — Qu'en effet, c'est à l'autorité administrative qu'il appartient de veiller à la conservation du domaine public, et qu'en ce qui concerne la détermination des limites du rivage de la mer, l'article 2 du décret du 21 février 1852 dispose expressément qu'elle est faite par l'autorité supérieure, tous droits des tiers réservés ;

— Considérant que si les changements de limites, qui peuvent résulter du mouvement naturel des eaux, n'ouvrent aucun droit à indemnité, il ne peut appartenir à l'autorité administrative, à l'occasion des délimitations qui lui sont confiées, ni de se constituer juge des droits de propriété ou de possession qui appartiendraient aux riverains, ni de s'attribuer le pouvoir d'incorporer au domaine public, sans remplir les formalités exigées par la loi du 3 mai 1841, les terrains dont l'occupation lui semblerait utile aux besoins de la navigation ; — Que les tiers, dont les droits sont toujours réservés par les délimitations administratives, peuvent ou se pourvoir devant l'autorité administrative elle-même pour faire rectifier ces délimitations, ou demander au Conseil d'Etat l'annulation, pour cause d'excès de pouvoir, des délimitations qui porteraient atteinte à leurs droits ; mais qu'ils ne peuvent, en aucun cas, s'adresser aux tribunaux de l'ordre judiciaire pour faire suspendre, rectifier, ou annuler les actes de délimitation du domaine public, ni se faire maintenir ou remettre en possession des terrains dont ils prétendraient avoir la possession légale ou la propriété ; — Qu'il appartient seulement à l'autorité judiciaire, lorsqu'elle est saisie d'une demande en indemnité formée par un particulier qui soutient que sa propriété a été englobée dans le domaine public, de reconnaître les droits invoqués devant elle, et de régler, s'il y a lieu, une indemnité de dépossession, dans le cas où l'administration maintiendrait une délimitation contraire à sa décision ; — Considérant que, de tout ce qui précède, il résulte que le Tribunal du Havre, en refusant le sursis demandé par l'Etat, et en rejetant le déclinatoire qui avait été présenté par le Préfet de la Seine-Inférieure, a méconnu le caractère préjudiciel de la détermination par l'autorité administrative des limites actuelles du rivage de la mer dans la baie de Seine, et qu'en s'attribuant ainsi le droit de rendre une décision sur le fond, par laquelle cette délimitation se trouverait supposée, il a, par son jugement du 26 février 1876, porté atteinte au principe de la séparation des pouvoirs ;

Article 1er. L'arrêté de conflit est confirmé.

(Dalloz, 1877. 3. 42).

Le Préfet du Calvados contre M... et joints

La Cour :

Attendu, au principal, qu'un décret du 24 février 1869 a fixé la délimitation, entre le domaine public maritime et le lit de la Seine, au moyen d'une ligne transversale

Arrêt de la Cour de Caen, du 31 juillet 1876.

allant du cap Hode à la pointe de Berville-sur-Mer, et que ce décret déclare, dans sa partie finale, réserver entièrement les droits des tiers ;

Attendu que M... et joints demandent acte à la Cour de ce qu'ils n'entendent pas faire suspendre ni rectifier, ni annuler ou interpréter ledit décret par l'autorité judiciaire, mais, seulement, faire reconnaître les droits de propriété qu'ils prétendent avoir, à l'effet d'obtenir une indemnité, dans le cas où l'Administration maintiendrait une délimitation contraire à ces mêmes droits de propriété ;

Attendu qu'il est juste d'accorder l'acte demandé et qu'il en résulte qu'en ce qui concerne la délimitation transversale, déclarée par le décret sus-daté, tout renvoi préjudiciel devant l'autorité administrative est inutile ;

Attendu qu'il en est autrement, en ce qui concerne la délimitation latérale du domaine public maritime devant les communes d'Ablon et de la Rivière-St-Sauveur ; qu'en effet, cette délimitation n'est pas faite et que suivant le décret des 21 février — 12 mars 1852, l'Administration est seule compétente pour l'opérer sous la réserve des droits des tiers ;

Attendu qu'un sursis étant nécessaire par rapport à cette délimitation latérale, il y a lieu de surseoir à statuer sur l'ensemble du litige pendant un délai de six mois ;

Attendu que tous les autres points soulevés dans les conclusions déposées devant la Cour constituent des moyens, que chacune des parties fera valoir ultérieurement si elles avisent que bien soit, et dont il n'y a pas lieu de s'occuper, quant à présent ;

Attendu que le jugement, dont est appel, ayant ordonné une expertise pour faire opérer une délimitation qui est de la compétence de l'autorité administrative doit être infirmé ;

Par ces motifs, la Cour, faisant droit tant sur le déclinatoire préalable à conflit, présenté au nom de M. le Préfet du Calvados que sur la demande en sursis de l'Etat, infirme le jugement rendu par le Tribunal civil de Pont-l'Evêque, le 12 août 1875, et en accordant acte à M... et joints de ce qu'ils déclarent ne pas demander à l'autorité judiciaire de suspendre, ni de rectifier, annuler ou interpréter le décret du 24 février 1869, mais seulement de faire reconnaître les droits de propriété qu'ils prétendent avoir, à l'effet d'obtenir une indemnité, dans le cas où l'Administration maintiendrait une délimitation contraire à ces mêmes droits, dit qu'il n'existe plus, de ce chef, de question préjudicielle ; — dit, au contraire, que la délimitation latérale du domaine public, devant les communes d'Ablon et de la Rivière-St-Sauveur, n'étant pas faite, il y a lieu de surseoir à statuer, pendant le délai de six mois, pour qu'elle puisse être opérée par l'Administration, conformément à l'article 2 du décret des 21 février — 12 mars 1852.

Couraye du Parc

Arrêt du Conseil d'Etat du 4 août 1876.

Le Conseil d'Etat : Vu la loi des 7-14 octobre 1790 et la loi du 24 mai 1872, article 9 ; — Vu le décret du 21 février 1852, relatif à la détermination des limites de la mer ; — Vu l'Ordonnance de la marine d'août 1681, titre VII ; — Considérant que le décret du 11 décembre 1873, rendu sur le rapport du Ministre des Travaux publics, le Conseil d'Etat entendu, a eu seulement pour objet d'établir la ligne séparative de la mer et des rivières la Sée et la Sélune, à leur embouchure dans la baie du Mont-St-Michel ; que cette ligne a été établie sous la réserve des droits des tiers ; que sa détermination n'a eu pour but et pour effet, ni de délimiter le rivage de la mer, ni de fixer le caractère des alluvions au regard des propriétaires riverains; que ledit décret ne fait pas obstacle à ce que les requérants soutiennent, devant qui de droit, que les terrains litigieux ne sont pas compris dans le domaine maritime, soit lorsqu'il sera procédé sur ce point à la délimitation du rivage de la mer, soit à l'occasion de toute contestation qui rendrait nécessaire la détermination du rivage de la mer, au point dont il s'agit ; que, dès lors, le requérant est non recevable à demander l'annulation du décret attaqué par application des lois des 7-14 octobre 1790 et 24 mai 1872 ;

ART. 1er. La requête... est rejetée.

(Dalloz, 1876. 3. 99).

Labbé et Jouy

Arrêt du Conseil d'Etat, du 4 avril 1879.

Le Conseil d'Etat : Vu la loi des 7-14 octobre 1790 et la loi du 24 mai 1872, article 9 ; — Vu le décret du 21 février 1852, relatif à la détermination des limites de la mer ; — Vu l'Ordonnance sur la marine, d'août 1681, livre IV, titre VII ;

Au fond : — Considérant que le décret du 5 juillet 1877, rendu sur le rapport du Ministre des Travaux publics, le Conseil d'Etat entendu, a eu pour objet d'établir la ligne séparative de la mer et des chenaux de Talmont et de l'île Bernard, à leur embouchure dans le havre de Payré ; que ce décret doit être complété par un second décret ayant pour but de fixer la délimitation du rivage au droit des propriétés riveraines ; que, tant qu'il n'aura pas été procédé à cette seconde opération, le décret attaqué ne saurait produire d'effet, par lui-même, à l'égard des propriétaires riverains, et faire obstacle à ce que ceux-ci fassent valoir les droits qu'ils prétendraient avoir, soit aux alluvions, soit à la pêche ; que, dès lors, les sieurs Labbé et Jouy sont non recevables, quant à présent, à demander l'annulation du décret du 5 juillet 1877, par application des lois des 7-14 octobre 1790 et 24 mai 1872 ;

Art. 1er. — Les requêtes... sont rejetées.

(Dalloz, 1879. 3. 57).

Décisions judiciaires intervenues dans les instances pendantes au sujet des atterrissements maritimes de la baie de Seine, rive droite.

---

§ 1er. — Tribunal Civil du Havre.

INSTANCES DE BERNIS, DE MORTEMART, DE BOIS-HÉBERT, ET HÉRITIERS PINGUET

Jugement de disjonction d'instances, du 9 juin 1883.

Attendu que le Préfet de la Seine-Inférieure, ès-qualités qu'il agit, demande la disjonction de cette assignation unique en quatre instances distinctes ; qu'il soutient, à l'appui de sa demande, que les terrains revendiqués ne constituent pas une propriété collective, ni indivise, entre les revendiquants, et qu'au contraire, chacun de ceux-ci prétend à des terrains bien distincts ;

Que les demandeurs, sans contester cette allégation, s'en rapportent à justice ; — Qu'il y a lieu de faire droit à la disjonction demandée en quatre instances, puisque les demandeurs prétendent à des droits séparés et distincts ;

Par ces motifs,

Le Tribunal, statuant en matière ordinaire et en premier ressort,

Donne acte aux demandeurs de ce qu'ils s'en rapportent à justice ;

Dit et juge que les actions intentées par un seul exploit, en date du 14 mars 1883, contre l'Etat, à la requête de de Bernis, de Mortemart, de Bois-Hébert, et héritiers Pinguet seront disjointes ; — Que les procédures concernant chacune des quatre affaires ci-dessus seront, en conséquence, distinctes et instruites à part et que chacune desdites actions, sera jugée séparément ;

Réserve à statuer sur les dépens.

INSTANCE BOBÉE

Jugement sur le fond, du 17 janvier 1884.

L'affaire appelée sur renvoi du 4 janvier 1884, parties présentes par leurs avoués et entendues par leurs avocats ; ouï le Ministère Public en ses conclusions et les juges ayant délibéré conformément à la loi :

Attendu que les héritiers Bobée revendiquent contre l'Etat la propriété d'herbages et de leurs dépendances situés commune de Graville-Sainte-Honorine et, par extension, sur Gonfreville-l'Orcher, jusqu'à la rive droite de la Lézarde ; que l'Etat ne conteste pas, et n'a jamais contesté aux demandeurs, la propriété de la partie d'herbages protégée par les digues construites en 1828, mais prétend que le surplus des terrains revendiqués, baignés périodiquement par les flots de la mer qui, avant la construction d'une nouvelle digue par les demandeurs en 1875, s'étendaient jusqu'aux digues de 1828, constituent des rivages de la mer imprescriptibles et inaliénables ;

Attendu que l'Etat demande qu'il soit sursis à statuer sur la prétention des héritiers Bobée, en ce qui concerne les terrains contestés, jusqu'à ce qu'un nouveau décret, remplaçant le décret annulé du 9 juin 1877, ait fixé latéralement les limites du rivage de la mer dans la baie, en aval du cap du Hode ;

Attendu que, dans l'état actuel de la cause, il n'y a pas lieu d'admettre cette demande de sursis, d'abord parce que l'action ne tend, quant à présent, qu'à faire consacrer le principe du droit de propriété revendiqué ; en second lieu, et surtout, parce que le décret à intervenir ne pourrait fixer latéralement les limites du rivage que sous réserve des droits des tiers, et que la prétention des héritiers Bobée consiste précisément à soutenir que, en supposant même, dans l'hypothèse, qu'il s'agisse, dans l'espèce, de terrains dépendant du rivage de la mer, ils auraient, néanmoins, acquis des droits sur ces terrains en vertu d'actes antérieurs à l'Ordonnance de Moulins de février 1566, et que, dès lors, le décret futur, même promulgué, serait sans influence sur la solution de la question ainsi posée ;

Attendu, en effet, que s'il appartient au pouvoir exécutif de délimiter, par voie de décret, l'étendue du rivage de la mer, il ne peut le faire, qu'en réservant expressément les droits des tiers, c'est-à-dire les droits réels de propriété ou de possession que des tiers justifieraient légalement avoir acquis antérieurement, en conformité des lois ; que l'autorité judiciaire a seule compétence pour apprécier la légitimité des droits antérieurs invoqués, et résoudre, dans chaque affaire, les questions de propriété qui peuvent être soulevées ; qu'elle doit, pour statuer en connaissance de cause, rechercher la nature des terrains revendiqués, la zône à laquelle ils appartiennent, se demander s'ils sont situés sur le bord d'un fleuve ou de la mer, examiner, lorsque ces terrains sont temporairement recouverts par les eaux, quelle est la provenance et la nature de l'eau qui les envahit, si l'invasion de cette eau est anormale et accidentelle, ce qui constituerait l'inondation, ou si, au contraire, elle se reproduit périodiquement, à certaines époques, par l'effet naturel des marées ;

Attendu, au fond, que le décret du 24 février 1869, qui fixe tranversalement les limites entre la mer et la Seine, à l'embouchure du fleuve, par une ligne partant du cap du Hode, sur la rive droite, et aboutissant, sur la rive gauche, à un point déterminé en aval de Berville, n'a pas créé un état de choses nouveau, mais a mis fin aux incertitudes qui pouvaient exister précédemment, dans certains esprits, en constatant légalement un état de choses préexistant ; qu'il a été, en effet, décidé par l'arrêt du Conseil d'Etat du 10 mars 1882, rendu au contentieux dans une instance où figuraient les parties qui plaident aujourd'hui contre l'Etat, à l'exception des héritiers Bobée : *que le relief et la direction des côtes, l'étendue et la forme du bassin, en aval du cap du Hode, révèlent l'existence d'une baie maritime ; que, dans cette baie, les eaux du fleuve suivent un chenal relativement étroit ; que le surplus des eaux qui occupent la baie sont les eaux de la mer, qui s'élèvent et s'abaissent à chaque marée, et dont le volume dépasse, dans des proportions considérables, celui des eaux fluviales ; que les atterrissements, qui se forment sur les bords de la baie, proviennent des eaux de la mer, qui déposent les matériaux enlevés par elle aux rivages de la pleine mer ; qu'en un mot, le caractère maritime de la baie de Seine, en aval de la délimitation de 1869, résulte, à la fois, de la configuration physique de ladite baie, de la nature des eaux qui l'occupent, et de la nature des atterrissements qui s'y forment ;* qu'il résulte de toutes ces constatations, faites après l'examen le plus minutieux, que le décret de 1869, précité, n'a fait que résoudre, dans le sens naturel et logique indiqué par la topographie même de l'estuaire, une question qui avait pu, jusque là, faire l'objet de certaines controverses ; mais qu'il est démontré aujourd'hui par la configuration des côtes, la composition des créments qui se forment dans la baie, la provenance des eaux qui l'occupent, ainsi que par toutes les autres constatations matérielles si judicieusement énumérées dans l'arrêt du Conseil d'Etat, que si, antérieurement à 1869, ou même à 1882, quelques documents judiciaires ont décidé, quelques géographes ont enseigné, quelques hauts fonctionnaires ont pensé que la baie de Seine, en aval du cap du Hode, pouvait être considérée comme une baie fluviale, ces décisions sont le résultat d'erreurs de faits, provenant d'un examen insuffisant de l'état matériel de la baie, car un examen plus attentif révèle que cet estuaire non-seulement présente, à l'heure actuelle, mais encore a présenté dans les siècles antérieurs, tous les caractères d'une baie maritime ; qu'en le décidant ainsi, il n'est fait aucun échec au principe de la non rétroactivité de l'effet des lois, puisque le Tribunal se borne à constater, en s'appuyant sur un examen attentif des pièces produites et sur une étude approfondie de la nature de la baie, que le décret de 1869 a légalement consacré une vérité historique et géographique préexistante ;

Attendu que les conséquences légales à tirer de cet état de choses sont que, en aval du cap du Hode, les terrains baignés périodiquement par le grand flot de mars constituent, conformément à l'article premier, titre VII, livre IV, de l'Ordonnance de 1681, le rivage de la mer ; que l'expression *grèves*, employée par l'article de l'Ordonnance, n'a pas le sens restreint qu'on voudrait lui attribuer, et comprend indistinctement le terrain plat, formé de galet, de sable ou de vase, dépourvu de toute végétation, ou recouvert de criste-marine, ou d'herbes, que la mer recouvre périodiquement, à des époques plus ou moins rapprochées, et, spécialement, à l'époque du grand flot de mars, chaque année ; et que les terrains, recouverts autrefois, mais délaissés aujourd'hui par les flots, constituent des lais et relais de mer ; qu'il s'agit de faire maintenant à la cause, l'application de ces principes juridiques ;

Attendu que, pour établir le droit de propriété qu'ils revendiquent sur les terrains périodiquement couverts par les eaux et faisant, dès lors, partie du rivage de la mer, ainsi que sur les alluvions maritimes qui pourraient survenir ultérieurement, les héritiers Bobée, se prétendant aux droits des anciens seigneurs d'Orcher, invoquent, en premier lieu et avant tout, deux aveux non contestés, passés par les seigneurs d'Auricher (aujourd'hui d'Orcher) dans des termes identiques, aux dates des 30 novembre 1458 et 12 mars 1519, antérieurs, par conséquent, à l'Ordonnance de Moulins de 1566, qui a érigé en principe fondamental de notre droit public, la maxime de l'inaliénabilité et de l'imprescriptibilité des biens faisant partie du domaine de l'Etat, soutenant que ces deux aveux leur attribuent la propriété de tous les terrains d'alluvion alors aliénables et prescriptibles, quoique recouverts périodiquement par le flot, que l'Etat réclame aujourd'hui comme rivage de la mer ; — Attendu qu'il est dit seulement dans les aveux précités de 1458 et 1519 que : « *Appartiennent au fief et seigneurie d'Auricher, plusieurs pasturages en marest et costières depuis la côte de Rogerville, en venant du bout du Perroy, avec les vaux et côtes qui sont au-dessus et les costières de devers Gournay, etc.* » ; que les énonciations de ces aveux, ainsi que les abornements indiqués dans des titres postérieurs, permettent de supposer que le perroy dont il est parlé était un perroy existant à l'Est, au pied des falaises, entre Orcher et Rogerville (peut-être même la Pierre-du-Figuier où s'arrêtaient les droits des comtes de Tancarville) et non le perroy de la pointe du Hoc ; mais que, quoi qu'il en soit sur ce point, il importe de remarquer principalement qu'aucun de ces aveux ne fait mention, ni directement ni indirectement, de marais formés par alluvion ou accroissement, en admettant que le mot alluvion ne fût pas encore en usage à cette époque, qu'ils sont, au contraire, absolument muets sur ce point, circonstance d'autant plus notable que les titres postérieurs, à partir de 1586, prennent grand soin de mentionner, à part, les marais de nature alluvionnaire ; d'où on serait fondé à conclure qu'en 1458 et 1519, il n'existait pas encore de marais de cette nature et que les paturages en marest et costières, dont parlent les aveux, sont certainement ceux existant alors dans les vaux ou vallons formés par les petites rivières qui descendent des côteaux ; qu'il n'y a aucun argument à tirer des expressions : « *Seigneurie avec toutes ses appartenances et dépendances quelconques* » employées dans les aveux et qui ne peuvent s'appliquer à des alluvions importantes, qu'on n'eût certainement pas manqué d'indiquer taxativement, comme on l'a fait avec soin dans les titres postérieurs, si elles eussent existé à cette époque ;

Attendu que l'acte de 1586 et le décret forcé sur saisie du domaine d'Orcher, en 1604, parlent pour la première fois de marais de formation alluvionnaire, qui s'étaient vraisemblablement formés dans l'intervalle et dont la contenance variable est approximativement évaluée à six ou sept cents acres, par le décret de 1604, qui ajoute : « *par estimation et autant qu'il y en a de créés* », expressions qui semblent bien indiquer que ces marais étaient seulement en voie de formation à cette époque ; qu'à la vérité, le décret de saisie attribue à la seigneurie d'Orcher : « *tous les marais qui se peuvent former... selon que pourra écheoir par le cours et eslongement du canal de la rivière de Seine* » ; mais que cet acte, postérieur à l'Ordonnance royale de 1566, et dont les énonciations ne sont pas conformes, sous ce rapport, aux termes des aveux antérieurs de 1458 et 1519, ne saurait avoir pour effet d'attribuer aux seigneurs d'Orcher la propriété de terrains baignés par le flot, c'est-à-dire faisant partie du rivage de la mer, et dès lors inaliénables et imprescriptibles, au moins depuis 1566, comme appartenant au grand domaine de l'Etat ;

Attendu que les actes postérieurs, émanant des seigneurs d'Orcher, qui ne peuvent se créer de titres à eux-mêmes, cédant ou affermant certains fonds, vendant, à certaines époques, des *foins salés* excrus sur ces marais (expressions qu'il faut retenir, car elles prouvent les incursions périodiques de la mer qui, seule, rend l'herbe salée), ne peuvent, par les raisons ci-dessus déduites, influer sur la solution du litige ; que si même ces marais ont été cadastrés, et si des impôts ont été payés pour des bancs sous l'eau et des bancs de sables, on ne peut en tirer argument pour prétendre, en droit, avoir acquis, grâce à l'erreur ou au zèle exagéré d'un fonctionnaire public, qui a confondu le domaine maritime avec le domaine fluvial, la propriété de terrains non susceptibles de possession utile, essentiellement imprescriptibles, et dont l'erreur d'un employé n'a pu changer la nature ;

Attendu que le titre d'acquisition de Bobée, en date du 14 mai 1870, postérieur au décret de délimitation de 1869, distingue lui-même les terrains vendus en deux zônes, la première, non contestée, close par les digues de 1828, appelée zône méditerranéenne, et la seconde, au-delà des digues de 1828, appelée zône maritime et indiquée comme ne produisant que des *foins salés*, expressions qui prouvent que les incursions périodiques du flot sur ces terrains sont incontestables ; qu'il n'est pas méconnu par les demandeurs au procès que les terrains de cette seconde zône, au moins jusqu'en 1875 et peut-être encore pour partie depuis cette époque, malgré la digue construite, étaient périodiquement submergés ; qu'il résulte des principes ci-dessus exposés, que les eaux, qui les recouvrent ainsi aux grandes marées, sont les eaux de la mer ; que ces terrains forment donc partie intégrale du rivage de la mer, inaliénables, imprescriptibles et n'ayant pu faire l'objet d'une cession valable ;

Attendu que, en admettant que la digue construite en 1875 ait eu pour effet de soustraire partie de ces terrains à l'action du flot de mars, cet ouvrage construit, sans droit ni qualité, par un tiers sur le rivage de la mer, c'est-à-dire sur une partie du grand domaine de l'Etat, hors du commerce et non susceptible d'appropriation privée, ne pouvait avoir pour conséquence de transformer cette partie du domaine public en domaine privé, droit qui n'appartient qu'à l'Etat (Laurent, tome VI, n° 43, in fine) ; que d'ailleurs, en supposant, par hypothèse, que la partie ainsi soustraite à l'action des flots, fût devenue relais de mer, elle appartiendrait encore à l'Etat puisque les héritiers Bobée ne l'auraient pas prescrite ;

Attendu que les traces d'une digue anciennement construite, entre la digue de 1828 et celle de 1875, dont les héritiers Bobée prétendent tirer argument, prouvent encore, au contraire, qu'il s'agit bien du rivage de la mer, puisque les ouvrages, construits sans droit, ont été détruits par l'action périodique des flots ;

Attendu, en ce qui concerne la partie de terrain contestée, au Nord du tracé du canal de Tancarville non encore creusé à cet endroit, que les héritiers Bobée reconnaissent aujourd'hui qu'ils avaient articulé d'abord, par erreur, que la partie de l'ancien lit de la Lézarde, comprise dans ce terrain, aurait été antérieurement vendue par l'Etat, à leurs auteurs ; mais que, si les auteurs de Bobée lui ont vendu à tort cette partie de l'ancien lit, ils ne paraissent pas l'avoir jamais acquise de l'Etat, par voie d'échange ou autrement ; qu'il semble résulter des documents et plans produits que, jusqu'à la construction de la digue de 1875, cette partie de terrain toute entière baignait périodiquement aux grandes marées et que c'est précisément pour éviter cette invasion périodique des flots, s'étendant jusqu'aux digues de 1828, que Bobée demandait au Préfet, en 1870, l'autorisation de construire la digue qui a été édifiée en 1875 ; que, si les héritiers Bobée peuvent être considérés comme possesseurs ayant juste titre et bonne foi et pouvant dès lors prescrire par dix ans contre l'Etat, les lais et relais de mer, leur possession n'avait pas, à la date de l'action, une durée assez longue pour leur permettre d'invoquer la prescription, puisqu'elle ne datait que de 1875, le terrain étant jusque là baigné périodiquement et faisant partie intégrante du rivage de la mer; que si quelques parcelles de ce terrain pouvaient constituer, avant 1875, des lais et relais, il appartiendrait aux héritiers Bobée, demandeurs en prescription, de le prouver et d'établir qu'ils en ont eu la possession paisible et continue pendant dix ans ;

Attendu que l'Etat, se portant reconventionnellement demandeur, réclame aux héritiers Bobée la restitution des fruits qu'ils ont perçus sur les terrains contestés depuis le 14 mai 1870, date de leur acquisition, prétendant que Bobée, qui a acquis depuis la promulgation du décret du 24 février 1869, doit être considéré comme un possesseur de mauvaise foi ;

Attendu que la promulgation du décret de délimitation transversale ne suffit pas pour établir la mauvaise foi du possesseur, en l'absence de toute délimitation latérale ; que, d'ailleurs, le décret de 1869 était attaqué devant le Conseil d'Etat, et que les héritiers Bobée pouvaient espérer que ce décret serait annulé comme l'a été celui du 9 juin 1877, fixant la délimitation latérale; qu'enfin, et surtout, l'Etat a laissé chaque année les héritiers Bobée récolter les herbes sans jamais faire aucune protestation ni réserve, bien qu'il n'ignorât pas ces actes de possession, et que les possesseurs ont pu penser que leur jouissance ne serait pas troublée ; qu'ils ont donc été, jusqu'à l'introduction de l'instance, des possesseurs de bonne foi et ne doivent la restitution des fruits qu'à partir de cette époque ;

Attendu que les héritiers Bobée succombent dans leur demande principale, mais que la demande reconventionnelle de l'Etat est repoussée et qu'il y a lieu de faire, entre les parties, une équitable répartition des dépens ;

Par ces motifs :

Le Tribunal, statuant en matière ordinaire et en premier ressort,

Sans avoir égard à la demande de sursis formée par l'Etat, et statuant par un seul jugement, tant sur la demande principale que sur la demande reconventionnelle ;

Juge que les héritiers Bobée ne peuvent revendiquer aucun droit de propriété sur les terrains, en nature de marais, situés en dehors des digues de 1828, et qualifiés dans leur contrat d'acquisition de zône maritime, tant qu'ils n'auront pas établi qu'ils possèdent utilement ces terrains à l'état de lais et relais, délaissés par la mer depuis dix ans, et les ont ainsi prescrits contre le domaine de l'Etat ;

Dit et juge que les héritiers Bobée sont des possesseurs de bonne foi, et ne doivent la restitution des fruits que du jour de la demande ; rejette comme mal fondé le surplus de la demande reconventionnelle ;

Dit qu'il sera fait masse des dépens de l'instance pour être supportés dans la proportion de quatre cinquièmes par les héritiers Bobée, et d'un cinquième par l'Etat ; en accorde distraction au profit des avoués en cause sur leur affirmation légale.

Instance de Bernis

Jugement sur le fond, du 17 janvier 1884.

Attendu que l'action, introduite par de Bernis contre l'Etat, tend à faire décider que le demandeur est légalement propriétaire et, d'ailleurs, en possession et jouissance immémoriale de marais et de leurs dépendances alluvionnaires, actuelles et même à venir, situés commune de Gonfreville-l'Orcher, et bornés, au Sud, par le courant ou chenal de la Seine, marais sur lesquels le domaine de l'Etat ne pourrait invoquer utilement aucun droit de propriété ou de jouissance ;

Attendu que l'Etat conteste le bien fondé de cette action, en ce qui concerne, d'abord, les parties de terrains couvertes périodiquement par le grand flot de mars, qui devraient être considérées comme dépendances du rivage de la mer, et ensuite, les parties de ces mêmes terrains constituant, d'après lui, des lais et relais dont la mer se serait définitivement retirée, mais qui seraient possédées depuis moins de trente ans par de Bernis ;

Attendu, en ce qui concerne les parties de terrains au Sud du Canal de Tancarville en construction, parties qui seraient encores couvertes aujourd'hui par le grand flot de mars, que l'Etat demande qu'il soit sursis à statuer jusqu'à ce qu'un nouveau décret, remplaçant le décret annulé du 9 juin 1877, ait fixé latéralement les limites du rivage dans la baie, en aval du Cap du Hode ;

Attendu que, dans l'état actuel de la cause, etc. ;

(Voir la suite du Jugement rendu dans l'instance Bobée, du 4me alinéa de la page 154, jusques et y compris le dernier alinéa de la page 157).

Attendu, dès lors, que l'Etat revendique à bon droit la propriété de tous les terrains recouverts périodiquement par le grand flot de mars ; d'abord, parce que de Bernis ne prouve pas en avoir acquis la propriété avant 1566, et ensuite parce que, depuis cette époque, ces terrains, compris dans le grand domaine de l'Etat, n'ont pu être utilement et légalement possédés par lui ; qu'il n'a donc aucun droit acquis avant le décret du 24 février 1869 ;

Attendu, en ce qui concerne les terrains délaissés aujourd'hui par le flot de mars et constituant, d'après les principes ci-dessus posés, des lais et relais de la mer, qu'il faut d'abord distinguer entre la législation ancienne, jusqu'à 1790, et la législation actuelle ;

Attendu que, jusqu'à la promulgation de la loi des 22 novembre — 1er décembre 1790, l'art. 195 de la Coutume de Normandie ne faisant aucune distinction entre l'alluvion maritime et l'alluvion fluviale, accordait l'une comme l'autre au riverain ; d'où suit que toutes les alluvions formées avant 1790, c'est-à-dire délaissées définitivement par le grand flot de mars, avant cette époque, s'il en existe, appartiennent, sans contestation possible, à de Bernis ; aussi l'Etat n'élève-t-il aucune réclamation en ce qui concerne le marais de la pêcherie, endigué depuis fort longtemps, et qui paraît avoir été délaissé par la mer antérieurement à 1790 ;

Attendu, au contraire, que le § 1er, art. 2, de la loi précitée de 1790, distinguant l'alluvion maritime de l'alluvion fluviale, attribue la première, sous le nom de lais et relais, au domaine de l'Etat ; que, toutefois, les terrains de cette nature, susceptibles de possession utile, peuvent être aliénés (art. 41, loi du 16 septembre 1807), et aussi être acquis par prescription ; — que, dès lors, en conformité de ces principes, si des terrains avaient été possédés pendant trente ans, à l'état de lais et relais, par de Bernis, la propriété ne pourrait pas lui en être contestée dans l'instance actuelle ;

Attendu que les terrains litigieux sont uniquement les lais et relais que la mer a délaissés et qui se sont formés depuis moins de trente années ;

Attendu que, pour établir juridiquement le droit de propriété qu'il réclame, de Bernis soutient que les terrains qui ont pu être envahis par la mer pendant de plus ou moins longues années, puis apparus de nouveau, sont les mêmes que ceux qui avaient déjà existé à certaines époques, dans le cours des XVIe, XVIIe et XVIIIe siècles, disparaissant parfois, pour reparaître ensuite sous l'influence de certains phénomènes physiques ; qu'ils ont été, de tout temps, possédés par lui et que, alors même qu'ils étaient envahis par les eaux, il ne perdait pas pour cela son droit de propriété, mais se trouvait seulement empêché momentanément d'en faire usage par force majeure ;

Attendu qu'il importe de remarquer, en premier lieu, qu'il n'est nullement établi, dans l'affaire actuelle, qu'à une époque quelconque avant 1790, les auteurs de de Bernis avaient jamais possédé les terrains en litige à l'état de lais et relais, c'est-à-dire d'alluvions laissées par le grand flot de mars ; qu'il résulte, au contraire, des faits de la cause et des documents produits par de Bernis lui-même, que ces terrains, pendant leur existence, étaient périodiquement envahis par les eaux, qui tantôt en augmentaient, tantôt en diminuaient la contenance ; que les foins qu'on y récoltait étaient des foins salés ; qu'à différentes reprises, les auteurs de de Bernis ont fait des tentatives pour augmenter l'étendue de l'ancien marais de la pêcherie, non contesté, et pour soustraire une partie de ces terrains aux incursions de la mer, en construisant des digues, détruites bientôt par le flot qui ne tardait pas à reprendre son empire ; qu'il n'y avait donc pas possession paisible et continue ; que, d'ailleurs, en admettant que ces digues eussent résisté, ce qui n'est pas, de tels travaux construits sans droit par un tiers sur un terrain baigné périodiquement, comme les faits l'établissent, c'est-à-dire sur le rivage de la mer inaliénable et imprescriptible, n'auraient pu, dans aucun cas, avoir pour effet de modifier la nature de ce terrain, en créant des lais et relais là où il y avait le rivage, et de substituer le petit domaine au grand domaine de l'Etat (Laurent, tome VI, n° 43 in fine) ;

Attendu que l'espèce soumise à l'appréciation du Tribunal diffère essentiellement de celle sur laquelle a statué la Cour de cassation, par son arrêt du 28 décembre 1864 (Thomas contre Polders de l'Ouest) invoqué par de Bernis ; qu'en effet, dans l'affaire jugée en 1864, la Cour de Cassation constate que le revendiquant avait acquis sur le terrain, envahi depuis par les eaux, un droit de propriété incontesté, en vertu d'un contrat consenti par l'État lui-même, que la substance de la chose n'avait pas changé, que le tréfonds était demeuré le même et que le flot avait recouvert la superficie du terrain pendant moins de trente ans ; tandis que, dans l'affaire actuelle, il n'y a aucune cession, aucun juste titre consenti par l'Etat, le terrain a été non-seulement recouvert par les eaux pendant une longue période d'années, mais le tréfonds lui-même a été profondément modifié ; qu'il résulte, en effet, des documents, plans et cartes soumis au Tribunal, pour ne parler que du XIXe siècle, que, pendant plus de soixante ans, depuis l'an VI de la République jusque vers l'année 1860, non-seulement les marais, objet de la contestation, ont été couverts à marée haute, mais que, pour certaines parties au moins, ils ne découvraient même pas à marée basse ; que le tréfonds lui-même, jusqu'à une certaine profondeur, avait été emporté par la mer, qui a rapporté ensuite de nouveaux matériaux, enlevés à d'autres rivages, et créé de nouveaux bancs, lesquels, par leur exhaussement successif, se sont transformés en marais absolument distincts, comme superficie et comme tréfonds, de ceux qui avaient pu exister précédemment ; que, spécialement, des cartes, dressées par des ingénieurs hydrographes en 1834 et 1853, établissent que là où existent aujourd'hui des marais herbés, il n'y avait que des bancs de sable dégradés par la mer, au point, que, dans certaines parties, les cotes indiquées sur les cartes sont au-dessous du zéro des cartes marines, ce qui prouve que ces parties n'émergeaient jamais ; qu'il importe enfin de remarquer, que, d'après les cartes, des criques ou bâches existaient le long des falaises, ou au bord du rivage, à certains endroits, et que les terrains apparaissaient le plus souvent à l'état d'îles, pour se rapprocher peu à peu du rivage, contrairement à ce qui se produit pour l'alluvion ordinaire ;

Attendu qu'il faut conclure de toutes ces observations que les marais contestés, c'est-à-dire les marais non endigués ou dont les digues ont été détruites, ont constitué pour la presque totalité, jusqu'aux travaux entrepris récemment pour la construction du Canal de Tancarville, des rivages de la mer couverts périodiquement, au moins, par le grand flot de mars et font partie, par conséquent, du grand domaine de l'Etat ; que, si une faible partie de ces marais peut-être considérée comme lais et relais, de Bernis, pour en être reconnu propriétaire, devrait établir qu'il les a possédés en cet état pendant trente années ;

Attendu que l'Etat, se portant reconventionnellement demandeur, réclame à de Bernis la restitution des fruits qu'il a pu percevoir sur les terrains contestés depuis la promulgation du décret du 24 février 1869, admettant la bonne foi de de Bernis jusqu'à cette époque, mais soutenant que depuis la délimitation transversale, il est devenu de mauvaise foi ;

Attendu que la promulgation du décret de délimitation transversale ne suffit pas pour établir la mauvaise foi du possesseur, en l'absence de toute délimitation latérale ; que, d'ailleurs, le décret de 1869 était attaqué devant le Conseil d'Etat et que de Bernis pouvait espérer que ce décret serait annulé, comme l'a été celui du 9 Juin

1877, fixant la délimitation latérale ; qu'enfin et surtout, l'Etat a laissé, chaque année, de Bernis récolter les herbes sans jamais faire aucune protestation ni réserve, bien qu'il n'ignorât pas ces actes de possession, et que le possesseur a pu penser que sa jouissance ne serait pas troublée ; qu'il a donc été, jusqu'à l'introduction de l'instance, un possesseur de bonne foi, et ne doit la restitution des fruits qu'à partir de cette époque ;

Attendu que de Bernis succombe dans sa demande principale, mais que la demande reconventionnelle de l'Etat est repoussée et qu'il y a lieu de faire entre les parties une équitable répartition des dépens ;

Par ces motifs :

Le Tribunal, statuant en matière ordinaire et en premir ressort ;

Sans avoir égard à la demande de sursis formée par l'Etat, et, statuant par un seul jugement, tant sur la demande principale que sur la demande reconventionnelle ;

Juge que les terrains en nature de marais, revendiqués par de Bernis et dont la propriété est contestée par l'Etat, font partie du domaine maritime ; que de Bernis ne peut invoquer aucun droit de propriété et de possession utile sur ces terrains imprescriptibles et inaliénables qui font partie du rivage de la mer, et que les lais et relais ne pourraient lui appartenir qu'autant qu'il justifierait les avoir acquis par prescription, en les possédant à l'état de lais et relais pendant trente ans ;

Dit et juge que de Bernis, possesseur de bonne foi, ne doit la restitution des fruits que du jour de la demande ; rejette, comme mal fondé, le surplus de la demande reconventionnelle ;

Dit qu'il sera fait masse des dépens de l'instance, pour être supportés dans la proportion de quatre cinquièmes par de Bernis et d'un cinquième par l'Etat, en accorde distraction au profit des avoués en cause, sur leur affirmation légale.

Instance Commune de Gonfreville-l'Orcher

Jugement sur le fond, du 17 janvier 1884.

Attendu que l'Etat revendique contre la Commune de Gonfreville-l'Orcher, la propriété de marais d'origine alluvionnaire, qu'il prétend constituer, pour partie, le rivage de la mer et, pour l'autre partie, des lais et relais de la mer non aliénés par lui, ni prescrits contre lui ;

Attendu que l'Etat demande, par des conclusions postérieures, qu'il soit sursis à statuer sur le mérite de son action en ce qui concerne les terrains situés au Sud du Canal de Tancarville, qu'il prétend faire partie encore actuellement du rivage de la mer, jusqu'à ce qu'un nouveau décret, remplaçant le décret annulé du 9 juin 1877, ait fixé latéralement les limites du rivage de la mer dans la baie, en aval du cap du Hode ;

Attendu que dans l'état actuel de la cause, etc. ;

(Voir la suite du jugement rendu dans l'instance Bobée, du 4me alinéa de la page 154, jusques et y compris le dernier alinéa de la page 157).

Attendu, dès lors, que l'Etat revendique à bon droit la propriété de tous les terrains couverts périodiquement par le grand flot de mars, d'abord, parce que la commune de Gonfreville-l'Orcher ne prouve pas en avoir acquis la propriété avant 1566, et, ensuite, parce que, depuis cette époque, ces terrains, compris dans le grand domaine de l'Etat, n'ont pu être utilement et légalement possédés par elle ; qu'elle n'a donc aucun droit acquis avant le décret du 24 février 1869 ;

Attendu, en ce qui concerne les terrains délaissés aujourd'hui par le flot de mars et constituant, d'après les principes ci-dessus posés, des lais et relais de la mer, qu'il faut d'abord distinguer entre la législation ancienne, jusqu'à 1790, et la législation actuelle ;

Attendu que, jusqu'à la promulgation de la loi des 22 novembre — 1er décembre 1790, l'art 195 de la Coutume de Normandie, ne faisant aucune distinction entre l'alluvion maritime et l'alluvion fluviale, accordait, l'une comme l'autre au riverain ; d'où suit que toutes les alluvions formées avant 1790, c'est-à-dire délaissées définitivement par le grand flot de mars avant cette époque, s'il en existe, appartiennent, sans contestation possible, à la commune de Gonfreville-l'Orcher ;

Attendu, au contraire, que le § 1er, art. 2 de la loi précitée de 1790, distinguant l'alluvion maritime de l'alluvion fluviale, attribue la première, sous le nom de lais et relais, au domaine de l'Etat ; que, toutefois, les terrains de cette nature, susceptibles de possession utile, peuvent être aliénés (art. 41, loi du 16 septembre 1807), et ainsi être acquis par prescription ; que, dès lors, en conformité de ces principes, si quelques terrains avaient été possédés pendant trente ans, à l'état de lais et relais, par la commune de Gonfreville-l'Orcher, la propriété ne pouvait pas lui en être contestée dans l'instance actuelle ;

Attendu que les terrains litigieux sont uniquement des lais et relais que la mer a délaissés, et qui se sont formés depuis moins de trente années ;

Attendu que, pour établir périodiquement le droit de propriété qu'elle réclame, la commune de Gonfreville-l'Orcher soutient que les terrains qui ont pu être envahis par la mer pendant de plus ou moins longues années, puis sont apparus de nouveau, sont les mêmes que ceux qui avaient déjà existé, à certaines époques, dans le cours des XVIe, XVIIe et XVIIIe siècles, disparaissant parfois, pour reparaître ensuite sous l'influence de certains phénomènes physiques ; qu'ils ont été, de tous temps, possédés par elle et que, alors même qu'ils étaient envahis par les eaux, elle ne perdait pas pour cela son droit de propriété, mais se trouvait seulement empêchée momentanément d'en faire usage par force majeure ;

Attendu que la commune de Gonfreville-l'Orcher n'établit pas qu'elle ait possédé les terrains litigieux, à une époque quelconque, avant ou après 1790, à l'état de lais et de relais, c'est-à-dire à l'état d'alluvions délaissées définitivement par le grand flot de mars ; qu'il résulte, au contraire, des faits de la cause et des documents mêmes produits par la commune de Gonfreville-l'Orcher, que, pendant qu'ils existaient, ces terrains sur lesquels on ne récoltait que des foins salés, étaient périodiquement envahis par les eaux qui tantôt en augmentaient, tantôt en diminuaient la contenance ; qu'il en est particulièrement ainsi pour toute la partie non endiguée, qui a disparu pendant de longues années, et a cessé de constituer des marais pour devenir bancs de sable, dont partie au moins ne découvrait même pas à basse mer ;

Attendu que l'espèce soumise à l'appréciation du Tribunal diffère essentiellement de celle sur laquelle a statué la Cour de Cassation, par son arrêt du 28 décembre 1864 (Thomas contre Polders de l'Ouest), invoqué par la commune de Gonfreville-l'Orcher ; qu'en effet, dans l'affaire jugée en 1864, la Cour de Cassation constate que le revendiquant avait acquis, sur le terrain envahi depuis par les eaux, un droit de propriété incontesté, en vertu d'un contrat consenti par l'Etat lui-même, que la substance de la chose n'avait pas changé, que le tréfonds était demeuré le même, et que le flot avait recouvert la superficie du terrain pendant moins de trente ans, tandis que, dans l'affaire actuelle, il n'y a, au contraire, aucune cession, aucun juste titre consenti par l'Etat, le terrain a été non-seulement recouvert par les eaux pendant une longue période d'années, mais le tréfonds lui-même a été profondément modifié ; qu'il résulte en effet, des documents, plans et cartes soumis au Tribunal, pour ne parler que du XIXe siècle, que, pendant plus de soixante ans, depuis l'an VI de la République jusque vers l'année 1860, non-seulement les marais, objet de la contestation, ont été recouverts à marée haute, mais que, pour certaines parties au moins, ils ne découvraient même pas à marée basse ; que le tréfonds lui-même, jusqu'à une certaine profondeur, avait été emporté par la mer, qui a rapporté ensuite de nouveaux matériaux enlevés à d'autres rivages et créé de nouveaux bancs, lesquels, par leur exhaussement successif, se sont transformés en marais absolument distincts, comme superficie et comme tréfonds, de ceux qui avaient pu exister précédemment ; que, spécialement, des cartes, dressées par des Ingénieurs hydrographes en 1834 et 1853, établissent que, là où existent aujourd'hui des marais herbés, il n'y avait que des bancs de sable dégradés par la mer, au point que, dans certaines parties, les cotes indiquées sur les cartes, sont au-dessous du zéro des cartes marines, ce qui prouve que ces parties n'émergeaient jamais ; qu'il importe, enfin, de remarquer que, d'après les cartes, des criques ou bâches existaient le long des falaises, ou au bord du rivage, à certains endroits, et que les terrains apparaissaient d'abord, le plus souvent, à l'état d'îles pour se rapprocher peu à peu du rivage, contrairement à ce qui se produit pour l'alluvion ordinaire ;

Attendu que la propriété de la partie de marais endiguée, en 1868-1869, par la commune d'Orcher, ne saurait être non plus contestée à l'Etat ; qu'il résulte, en effet, des pièces produites, et spécialement des délibérations du Conseil municipal des 10 mai 1853 et 14 octobre 1868, que les eaux de la mer s'étendaient périodiquement alors, à marée haute au moins, jusqu'à la partie du marais protégée par la digue construite en 1856, et couvrant ainsi toute la partie qui a été endiguée en 1868-1869, et doit être considérée comme rivage de la mer, puisque cette digue, construite sans droit ni qualité par la commune (car l'autorisation préfectorale était insuffisante, s'agissant, comme cela est démontré aujourd'hui, du domaine maritime), sur un terrain hors du commerce, dépendant du grand domaine de l'Etat, n'a pu avoir pour conséquence de transformer cette partie du domaine public en domaine privé, de substituer des lais et relais au rivage de la mer, droit qui n'appartient qu'à l'Etat (Laurent, tome VI, n° 43 in fine) ;

Que d'ailleurs, en admettant, par hypothèse, que cette partie de marais, soustraite, depuis 1868 seulement, à l'action des flots par le fait d'un tiers, fût devenu relais de mer, elle appartiendrait encore à l'Etat, puisqu'elle n'aurait pas été possédée pendant un laps de temps assez long pour permettre d'acquérir par prescription, et que la commune n'a pas de juste titre, puisqu'elle ne peut établir que son acte d'acquisition de 1613 ait compris une portion de terrain, qui n'a été créé par la mer, avec des matériaux nouveaux, que dans la seconde moitié de notre siècle ;

Attendu qu'il n'y a aucun argument à tirer, dans la cause actuelle, de l'arrêt du Conseil d'Etat, du 7 novembre 1873, qui a décidé qu'il n'y avait pas lieu de condamner la commune d'Orcher, pour contravention de voirie, par cette seule raison qu'il n'était pas suffisamment démontré, en fait, à l'époque de la construction de la digue, antérieure au décret de 1869, que les terrains endigués fissent partie du rivage de la mer ;

Attendu, en ce qui concerne la partie de marais protégée par la digue, votée par le Conseil municipal d'Orcher le 10 mai 1853, et terminée en 1856, que l'Etat, après avoir revendiqué, dans ses premières conclusions, une partie indéterminée de cet enclos, comme battue par les flots avant la digue, déclare, dans ses dernières conclusions du 28 décembre 1883, abandonner cette prétention et reconnaître à la commune la propriété de tout le terrain, jusqu'à la chapelle de Saint-Dignefort, à l'Est, protégé par la digue de 1853, parce qu'elle le possède conformément à son titre primordial de propriété, c'est-à-dire, à la transaction intervenue, le 6 février 1613, entre le seigneur et les habitants d'Orcher ; que, toutefois, l'Etat persiste dans sa revendication de la petite parcelle en triangle du même enclos, comprise entre la chapelle Saint-Dignefort, à l'Ouest, et l'extrémité de la digue, à l'Est, comme n'étant pas concédée par le titre de 1613 ;

Mais, attendu que le titre de 1613 est sans influence dans la cause, car la commune d'Orcher ne pouvait posséder utilement aucune partie de l'enclos endigué, malgré l'acte transactionnel de 1613, postérieur à l'Ordonnance de Moulins, si le terrain devait être considéré comme faisant partie du rivage de la mer ; que l'Etat, en reconnaissant le droit de propriété de la commune sur cet enclos, reconnaît par cela même que les terrains qu'il comprend constituaient, antérieurement à la construction de la digue, des lais et relais de mer prescriptibles ; que la commune de Gonfreville-l'Orcher a toujours possédé, dans les mêmes conditions et de la même manière, tout le terrain enclos sans exception, et que, si la prescription est acquise pour la partie à l'Ouest de la chapelle Saint-Dignefort, elle l'est également pour le petit triangle à l'Est, dont la propriété doit être reconnue appartenir à la commune ;

Attendu que l'Etat réclame la restitution des fruits perçus par la commune, sur les terrains qu'il revendique, depuis la promulgation du décret du 24 février 1869, admettant la bonne foi de la commune jusqu'à cette époque, mais soutenant que, depuis la délimitation transversale, elle serait devenue de mauvaise foi ;

Attendu que la promulgation du décret de délimitation transversale ne suffit pas pour établir la mauvaise foi du possesseur, en l'absence de toute délimitation latérale ; que d'ailleurs, le décret de 1869 était attaqué devant le Conseil d'Etat et que la commune de Gonfreville-l'Orcher pouvait espérer que ce décret serait annulé, comme l'a été celui du 9 juin 1877 fixant la délimitation latérale ; qu'enfin et surtout, l'Etat a laissé chaque année la commune récolter les herbes, sans jamais faire aucune protestation ni réserve, bien qu'il n'ignorât pas ces actes de possession, et que le possesseur a pu penser que sa jouissance ne serait pas troublée ; qu'elle a donc été, jusqu'à l'introduction de l'instance, un possesseur de bonne foi et ne doit la restitution des fruits qu'à partir de cette époque ;

Attendu que les parties succombant respectivement dans certaines de leurs prétentions, il y a lieu de faire entre elles une équitable répartition des dépens ;

Par ces motifs :

Le Tribunal, statuant en matière ordinaire et en premier ressort,

Sans avoir égard à la demande de sursis formée par l'Etat ;

Juge que la commune de Gonfreville-l'Orcher est en possession et jouissance régulière, et d'ailleurs propriétaire, de toute la partie de marais enclose par la digue édifiée de 1853 à 1856 ;

Juge, au contraire, que ladite commune ne peut invoquer aucun droit de propriété ou de possession utiles, sur les terrains inaliénables et imprescriptibles dépendant du rivage de la mer, et que les lais et relais ne peuvent lui appartenir qu'autant qu'elle justifierait les avoir acquis par prescription, et possédés pendant trente ans à l'état de lais et relais ;

Dit, en conséquence, que la commune ne justifie, au moins quant à présent, d'aucun droit de propriété sur le terrain enclos par la digue construite en 1868-1869 et, à plus forte raison, sur les terrains non enclos ;

Dit que la commune de Gonfreville-l'Orcher, possesseur de bonne foi, ne doit la restitution des fruits que du jour de la demande ; rejette, comme mal fondé, le surplus de la prétention de l'Etat sur ce point ;

Dit qu'il sera fait masse des dépens de l'instance, pour être supportés, dans la proportion des trois quarts par la commune de Gonfreville-l'Orcher et un quart par l'Etat ; en accorde distraction au profit des avoués en cause, sur leur affirmation légale.

Instance de Mortemart

Jugement sur le fond, du 17 janvier 1884.

Attendu que l'action introduite par de Mortemart contre l'Etat tend à faire décider que le demandeur est légalement propriétaire, et d'ailleurs en possession et jouissance immémoriales, de marais et de leurs dépendances alluvionnaires actuelles et même à venir, situés commune de Gonfreville-l'Orcher, et bornés au Sud par le courant ou chenal de la Seine, marais sur lesquels le domaine de l'Etat ne pourrait invoquer utilement aucun droit de propriété ou de jouissance ;

Attendu que l'Etat conteste le bien fondé de cette action en ce qui concerne, d'abord, les parties de terrains couvertes périodiquement par le grand flot de mars qui devraient être considérées comme dépendances du rivage de la mer, et, ensuite, les parties de ces mêmes terrains constituant, d'après lui, des lais et relais dont la mer se serait définitivement retirée, mais qui seraient possédées depuis moins de trente ans par M. de Mortemart;

Attendu, en ce qui concerne les parties de terrains au Sud du canal de Tancarville en construction, parties qui seraient encore couvertes aujourd'hui par le grand flot de mars, que l'Etat demande qu'il soit sursis à statuer jusqu'à ce qu'un nouveau décret, remplaçant le décret annulé du 9 juin 1877, ait fixé latéralement les limites du rivage dans la baie, en aval du cap du Hode ;

Attendu que, dans l'état actuel de la cause, etc ;

(Voir la suite du jugement rendu dans l'instance Bobée, du 4me alinéa de la page 154, jusques et y compris le dernier alinéa de la page 157).

Attendu, dès lors, que l'Etat revendique à bon droit la propriété de tous les terrains couverts périodiquement par le grand flot de mars, d'abord, parce que de Mortemart ne prouve pas en avoir acquis la propriété avant 1566, et, ensuite, parce que, depuis cette époque, ces terrains, compris dans le grand domaine de l'Etat, n'ont pu être utilement et légalement possédés par lui ; qu'il n'a donc aucun droit acquis avant le décret du 24 février 1869 ;

Attendu, en ce qui concerne les terrains délaissés aujourd'hui par le flot de mars et constituant, d'après les principes ci-dessus posés, des lais et relais de la mer, qu'il faut d'abord distinguer entre la législation ancienne, jusqu'à 1790, et la législation actuelle;

Attendu que, jusqu'à la promulgation de la loi des 22 novembre — 1er décembre 1790, l'art. 195 de la Coutume de Normandie, ne faisant aucune distinction entre l'alluvion maritime et l'alluvion fluviale, accordait l'une comme l'autre au riverain ; d'où suit que si des alluvions s'étaient formées avant 1790 et avaient été définitivement délaissées par le flot à cette époque, elles appartiendraient à de Mortemart ; mais qu'il résulte, au contraire, des pièces produites que, si certains terrains avaient pu apparaître avant 1790 au-dessous du château d'Orcher, ils ont, depuis cette époque, complètement disparus et ont été emportés par le flot ;

Attendu que le § 1er, art. 2 de la loi précitée de 1790, distinguant l'alluvion maritime de l'alluvion fluviale, attribue la première, sous le nom de lais et relais, au domaine de l'Etat ; que toutefois, les terrains de cette nature, susceptibles de possession utile, peuvent être aliénés (art. 41, loi du 16 septembre 1807), et aussi être acquis par prescription ; que, dès lors, en conformité de ces principes, si de Mortemart établissait avoir possédé, pendant trente années, des terrains à l'état de lais et relais, il devrait en être reconnu propriétaire, mais qu'il n'apporte pas cette preuve, et qu'il résulte, au contraire, des pièces produites que si, dans un aveu de 1782, la dame de Melmont, seigneur d'Orcher, parle, sous le château d'Orcher *d'une pièce de deux cents acres environ, nouvellement accrue et formée depuis quelques années, dont partie commence à être herbée et le surplus ne pousse encore que de la criste-marine*, ce commencement d'alluvion, apparu un instant, disparait presqu'aussitôt emporté par le flot, car le 22 germinal an VI, on procède avec le plus grand soin à l'estimation et à l'évaluation par arbitrage des immeubles, qui sont tous désignés, dépendant de la succession de la dame de Melmont, décédée, et on n'y voit plus figurer le marais en formation en 1782 ; les biens sont partagés et l'acte du 7 prairial, an VI, qui attribue au premier lot (dame de Nagu) le château d'Orcher, qui devient plus tard, la propriété de la douairière de Mortemart, ne fait mention d'aucun marais, ni alluvions, au-dessous de ce château, il n'est même fait aucune réserve pour les alluvions futures ; enfin, lors du partage effectué le 13 février 1854, des biens dépendant de la succession de la douairière de Mortemart, la terre d'Orcher est attribuée au demandeur, mais il n'est pas question des marais alluvionnaires, par la raison qu'il n'en n'existait pas encore à cette époque, et si la Seine est donnée comme abornement au domaine, c'est parce que le flot s'étendait alors jusqu'aux falaises, sous le château ; les plans et cartes du temps, ainsi que certains faits relatés par les journaux, prouvent, en effet, que, de l'an VI à 1860 ou 1861 environ, la mer venait battre aux pieds des falaises au-dessus desquelles est situé le château d'Orcher ; ce n'est que vers 1860 que la mer, apportant de nouveaux matériaux, a peu à peu exhaussé le terrain et créé des bancs de sable, puis des blancs bancs qui se sont successivement herbés et ont fini par se souder au rivage, après être apparus à l'état d'îles; et, en effet, c'est en 1862 seulement qu'on voit, pour la première fois, de Mortemart affermer des marais alluvionnaires existant ou qui pourront exister au-dessous de son domaine, sans même en indiquer la contenance;

Attendu qu'il ressort évidemment des faits ci-dessus que ces marais, dont le tréfonds même est nouveau, en admettant pour un instant qu'ils constituaient avant le canal de Tancarville des relais de la mer, ce qui est cependant contestable, ne seraient pas pour cela la propriété de de Mortemart, qui n'a pas de juste titre, puisqu'ils n'ont pas trente ans de formation ; que la prescription n'est pas accomplie et que les lois en vigueur attribuent à l'Etat la propriété des lais et relais de la mer ;

Attendu que l'Etat, se portant reconventionnellement demandeur, réclame à de Mortemart la restitution des fruits qu'il a pu percevoir sur les terrains contestés, depuis la promulgation du décret du 24 février 1869, admettant la bonne foi de de Mortemart jusqu'à cette époque, mais soutenant que, depuis la délimitation transversale, il est devenu de mauvaise foi ;

Attendu que la promulgation du décret de délimitation transversale ne suffit pas pour établir la mauvaise foi du possesseur, en l'absence de toute délimitation latérale ; que, d'ailleurs, le décret de 1869 était attaqué devant le conseil d'Etat, et que de Mortemart pouvait espérer que ce décret serait annulé, comme l'a été celui du 9 juin 1877 fixant la délimitation latérale ; qu'enfin et surtout, l'État a laissé chaque année de Mortemart récolter les herbes sans jamais faire aucune protestation ni réserve, bien qu'il n'ignorât pas ces actes de possession, et que le possesseur a pu penser que sa jouissance ne serait pas troublée ; qu'il a donc été, jusqu'à l'introduction de l'instance, un possesseur de bonne foi et ne doit la restitution des fruits qu'à partir de cette époque ;

Attendu que de Mortemart succombe dans sa demande principale, mais que la demande reconventionnelle de l'Etat est repoussée, et qu'il y a lieu de faire entre les parties une équitable répartition des dépens ;

Par ces motifs :

Le Tribunal, statuant en matière ordinaire et en premier ressort,

Sans avoir égard à la demande de sursis formée par l'Etat, et statuant par un seul jugement tant sur la demande principale que sur la demande reconventionnelle ;

Juge que les terrains, en nature de marais alluvionnaires, revendiqués par de Mortemart font partie du domaine maritime ; que de Mortemart ne peut invoquer aucun droit de propriété ou de possession utile sur les terrains, imprescriptibles et inaliénables, qui font partie du rivage de la mer, et que les lais et relais ne pourraient lui appartenir qu'autant qu'il justifierait les avoir acquis par prescription, en les possédant pendant trente ans à l'état de lais et relais ;

Dit et juge que de Mortemart, possesseur de bonne foi, ne doit la restitution des fruits que du jour de la demande ; rejette, comme mal fondé le surplus de la demande reconventionnelle ;

Dit qu'il sera fait masse des dépens de l'instance pour être supportés dans la proportion de quatre cinquièmes par de Mortemart, et un cinquième par l'Etat ; en accorde distraction au profit des avoués en cause, sur leur affirmation légale.

Instance de Bois-Hébert

Attendu que M. de Bois-Hébert revendique, contre l'Etat, la propriété d'un marais, et de ses dépendances alluvionnaires, situé commune de Rogerville, et borné au Sud par le courant ou chenal de la Seine ; **Jugement sur le fond, du 17 janvier 1884.**

Attendu que l'Etat conteste le bien fondé de cette action, en ce qui concerne, d'abord, les parties de terrains couvertes périodiquement par le grand flot de mars qui devraient être considérées comme dépendances du rivage de la mer, et, ensuite, les parties de ces mêmes terrains constituant, d'après lui, des lais et relais dont la mer se serait définitivement retirée, mais qui seraient possédées depuis moins de 30 ans par de Bois-Hébert ;

Attendu, en ce qui concerne les parties de terrains au Sud du canal de Tancarville en construction, parties qui seraient encore couvertes aujourd'hui par le grand flot de mars, que l'Etat demande qu'il soit sursis à statuer jusqu'à ce qu'un nouveau décret, remplaçant le décret annulé du 9 juin 1877, ait fixé latéralement les limites du rivage dans la baie, en aval du cap du Hode ;

Attendu que, dans l'état actuel de la cause etc. ;

(Voir la suite du jugement rendu dans l'instance Bobée, du 4me alinéa de la page 154, jusques et y compris le 1er alinéa de la page 156).

Attendu que, pour justifier son action, de Bois-Hébert, prétendant être le représentant des anciens seigneurs de Rogerville, invoque une sentence du bailli de Montivilliers du 27 septembre 1519, antérieure à l'Ordonnance de Moulins de 1566 qui a érigé, en principe fondamental de notre droit public, la maxime de l'inaliénabilité et de l'imprescriptibilité des biens faisant partie du domaine de l'Etat, ainsi que divers autres actes et décisions de justice antérieurs à 1789, d'où il prétend faire résulter que les alluvions qu'il réclame auraient été, avant la Révolution, la propriété des seigneurs de Rogerville, en vertu du droit d'accroissement accordé, au propriétaire de l'héritage contigu, par l'article 195 de la Coutume de Normandie, sans distinguer entre l'alluvion maritime et l'alluvion fluviale ;

Attendu que la sentence de 1519, et les autres monuments anciens invoqués, ne paraissent pas avoir le sens ni la portée que leur attribue le demandeur ; — Qu'il semble en résulter, au contraire (voir notamment arrêt rendu en conseil le 4 mai 1782), que la possession des alluvions, qui ont pu exister à certaines époques devant Rogerville, était attribuée, non aux seigneurs de Rogerville, propriétaires des héritages riverains, mais, au contraire, aux comtes de Tancarville, en leur qualité de seigneurs suzerains de la contrée, et ce, jusqu'à la Pierre-du-Figuier, au-dessous du château d'Orcher, attribution qui constituait, dès lors, non plus le droit territorial de l'art. 195 de la Coutume, mais un droit féodal appartenant au fief seigneurial et qui devait disparaître avec la Révolution ;

Attendu, d'ailleurs, qu'il ne paraît pas nécessaire de s'appesantir plus longuement sur cette prétention première de de Bois-Hébert, qui, acquéreur à titre singulier, ainsi que cela va résulter de l'examen des titres, ne peut prétendre représenter les anciens seigneurs de Rogerville et n'a droit qu'à la propriété qui lui a été vendue, ou qu'il a légalement prescrite ;

Attendu qu'après le décès de Madame de Melmont, il a été procédé avec le plus grand soin, à la date du 22 germinal an VI, à l'évaluation des immeubles et à l'estimation des biens dépendant de la succession ; que, le 7 prairial an VI, ces biens furent partagés en deux lots et que le deuxième lot fut lui-même, par le partage des 8-13 thermidor an VI, subdivisé en trois parties : la ferme de Longuemare sise à Rogerville, qui nous occupe, se trouvant comprise dans la première partie du deuxième lot attribué à la République, aux droits de la dame de Folleville, émigrée, à laquelle elle était restituée peu après, en l'an X ;

Pas un seul de ces actes ne parle de marais alluvionnaires, comme dépendant de cette ferme, et on doit en conclure que si, précédemment, des marais de cette espèce avaient pu se former, ils avaient disparu alors, comme ceux des terres de Rogerval et de Gonfreville-l'Orcher ;

Attendu que la ferme de Longuemare, après avoir passé en 1813 entre les mains de Robert Bigot, a été vendue par acte authentique, le 17 juillet 1816, au marquis de Martainville, acquéreur à titre régulier, auteur du demandeur ; que cet acte, qui énumère et détaille l'importance et la nature des immeubles vendus, auxquels seuls de Martainville et ses successeurs ont droit, contient bien, il est vrai, cette clause de style : que la ferme est vendue avec toutes circonstances et dépendances, mais ne parle pas de terrains de nature alluvionnaire ni de marais, par la raison qu'il n'en existait pas alors, ainsi que l'établissent d'ailleurs les plans et documents de l'époque, et qu'il n'est pas possible de soutenir que les expressions « *circonstances et dépendances* » comprennent, à titre d'accessoires de la propriété vendue, les créments futurs, puisque ces créments, d'après nos lois, au fur et à mesure de leur formation, deviennent la propriété de l'Etat, d'abord à titre de rivage, puis à titre de lais et relais de mer, mais ne sont jamais l'accessoire de la propriété riveraine ;

Attendu, il est vrai, que, quelques années plus tard, vers 1818 ou 1820, des alluvions sont apparues pendant un certain temps et que de l'herbe est excrue sur ces alluvions ; mais que, si on consulte l'enquête à laquelle il a été procédé en 1829, à l'occasion d'un procès pendant devant le Tribunal du Havre, on voit que, au dire des témoins, ce marais, périodiquement recouvert par les eaux de la mer aux grandes marées, constituait, pendant son existence, une dépendance imprescriptible du rivage et qu'il avait d'ailleurs de nouveau disparu sous le flot en 1830, au moment où le jugement était rendu ;

Attendu que la déclaration de succession passée le 22 mars 1848, après le décès du marquis de Martainville, n'indique aucun terrain d'alluvion, parce qu'il n'y en avait pas de formés alors ; qu'il est question d'alluvions, pour la première fois, dans la déclaration de succession du 22 octobre 1859, après le décès de de Martainville fils, où on énonce qu'il existe une alluvion, non louée, dont on ne peut déterminer l'étendue, mais qu'on déclare ne pouvoir dépasser un revenu brut de 200 fr. ; puis, le 20 avril 1863, au décès de de Bois-Hébert, on déclare l'existence d'alluvions d'une étendue très variable qu'il est impossible de déterminer (expressions qui prouvent, jusqu'à l'évidence, que la mer recouvrait, au moins au flot de mars, ces terrains dès lors imprescriptibles), louées verbalement pour le prix de 300 fr., ce qui indique encore le peu d'étendue et de stabilité de l'alluvion à cette époque de 1863 ;

Attendu que ces nouveaux marais que crée ainsi la mer depuis 1859, par suite des modifications des courants, en exhaussant peu à peu, avec de nouveaux matériaux, des fonds précédemment submergés qui deviennent successivement bancs de sable, blancs bancs, puis marais herbés, sont complètement distincts, comme superficie et comme tréfonds, des anciens marais qui ont pu exister antérieurement à la même place ;

Attendu que des principes qui ont été précédemment exposés, il faut conclure que les alluvions, objet du litige, situées dans le domaine maritime, constituent le rivage de la mer tant qu'elles sont couvertes périodiquement, ne fût-ce qu'une fois l'an, par le grand flot de mars ; que la circonstance qu'elles produisent des foins salés ne change pas leur nature, et ne les fait pas passer du grand dans le petit domaine de l'Etat ; que ces mêmes alluvions deviennent prescriptibles alors seulement que délaissées par le flot, elles constituent des lais et relais ; mais que, dans l'espèce soumise au tribunal, la formation de l'alluvion elle-même, et surtout sa transformation en relais de la mer, remontant à moins de trente années, de Bois-Hébert, qui n'a pas de juste titre, en ce qui concerne ces terrains, ne peut utilement invoquer la prescription ;

Attendu que l'Etat, se portant reconventionnellement demandeur, réclame à de Bois-Hébert la restitution des fruits qu'il a pu percevoir sur les terrains contestés depuis la promulgation du décret du 24 février 1869, admettant la bonne foi de de Bois-Hébert jusqu'à cette époque, mais soutenant que, depuis la délimitation transversale, il est devenu de mauvaise foi ;

Attendu que la promulgation du décret de délimitation transversale ne suffit pas pour établir la mauvaise foi du possesseur, en l'absence de toute délimitation latérale ; que, d'ailleurs, le décret de 1869 était attaqué devant le Conseil d'Etat et que de Bois-Hébert pouvait espérer que ce décret serait annulé, comme l'a été celui du 9 juin 1877 fixant la délimitation latérale ; qu'enfin et surtout, l'Etat a laissé chaque année de Bois-Hébert récolter les herbes sans jamais faire aucune protestation ni réserve, bien qu'il n'ignorât pas ces actes de possession, et que le possesseur a pu penser que sa jouissance ne serait pas troublée ; qu'il a donc été, jusqu'à l'introduction de l'instance, un possesseur de bonne foi et ne doit la restitution des fruits qu'à partir de cette époque ;

Attendu que de Boishébert succombe dans sa demande principale en revendication ; mais que la demande reconventionnelle de l'Etat est repoussée, et qu'il y a lieu de faire une équitable répartition des dépens ;

Par ces motifs :

Le Tribunal, statuant en matière ordinaire et en premier ressort,

Sans avoir égard à la demande de sursis formée par l'Etat, et statuant par un seul jugement, tant sur la demande principale que sur la demande reconventionnelle ;

Juge que les terrains alluvionnaires, revendiqués par de Bois-Hébert, font partie du domaine maritime, et que de Bois-Hébert n'a acquis aucun droit de propriété sur ces terrains, soit par titre, soit par prescription ; le déclare, en conséquence, mal fondé dans sa demande, l'en déboute ;

Juge, toutefois, que de Bois-Hébert, possesseur de bonne foi, ne doit la restitution des fruits que du jour de la demande ; rejette, comme mal fondé, le surplus de la demande reconventionnelle ;

Dit qu'il sera fait masse des dépens de l'instance pour être supportés dans la proportion de quatre cinquièmes par de Bois-Hébert, et de un cinquième par l'Etat ; en accorde distraction au profit des avoués en cause, sur leur affirmation légale.

Instance Pinguet

Jugement sur le fond, du 17 janvier 1884.

Attendu que les héritiers Pinguet revendiquent contre l'Etat la propriété d'un marais, et de ses dépendances alluvionnaires, situé Commune de Rogerville, et borné au Sud par le courant ou chenal de la Seine ;

Attendu que l'Etat conteste le bien fondé de cette action, en ce qui concerne, d'abord, les parties de terrains, couvertes périodiquement par le grand flot de mars, qui devraient être considérées comme dépendances du rivage de la mer, et, ensuite, les parties de ces mêmes terrains constituant, d'après lui, des lais et des relais dont la mer se serait définitivement retirée, mais qui seraient possédées depuis moins de 30 ans par les héritiers Pinguet ;

Attendu, en ce qui concerne les parties de terrains au Sud du canal de Tancarville en construction, parties qui seraient encore couvertes aujourd'hui par le grand flot de mars, que l'Etat demande qu'il soit sursis à statuer jusqu'à ce qu'un nouveau décret, remplaçant le décret annulé du 9 juin 1877, ait fixé latéralement les limites du rivage dans la baie, en aval du Cap du Hode ;

Attendu que dans l'état actuel de la cause, etc. ;

(Voir la suite du jugement rendu dans l'instance Bobée, du 4me alinéa de la page 154, jusques et y compris le premier alinéa de la page 156).

Attendu que, pour justifier leur action, les héritiers Pinguet, prétendant être les représentants des anciens seigneurs de Rogerville, invoquent une sentence du bailli de Montivilliers du 27 septembre 1519, antérieure à l'Ordonnance de Moulins de 1566, qui a érigé, en principe fondamental de notre droit public, la maxime de l'inaliénabilité et imprescriptibilité des biens faisant partie du domaine de l'Etat, ainsi que divers autres actes et décisions de justice antérieurs à 1789, d'où ils prétendent faire résulter que les alluvions qu'ils réclament auraient été, avant la révolution, la propriété des seigneurs de Rogerville, en vertu du droit d'accroissement accordé au propriétaire de l'héritage contigu par l'article 195 de la Coutume de Normandie, sans distinguer entre l'alluvion maritime et l'alluvion fluviale ;

Attendu que la sentence de 1519, et les autres monuments anciens invoqués, ne paraissent pas avoir le sens ni la portée que leur attribuent les demandeurs ; qu'il semble en résulter, au contraire, (voir notamment arrêt rendu en Conseil, le 4 Mai 1782) que la possession des alluvions qui ont pu exister, à certaines époques, devant Rogerville était attribuée, non aux seigneurs de Rogerville, propriétaires des héritages riverains, mais, au contraire, aux comtes de Tancarville, en leur qualité de seigneurs suzerains de la contrée, et ce jusqu'à la Pierre-du-Figuier, au-dessous du château d'Orcher ; attribution qui constituait, dès lors, non plus le droit territorial de l'article 195 de la Coutume, mais un droit féodal appartenant au fief seigneurial, et qui devait disparaître avec la révolution ;

Attendu, d'ailleurs, qu'il ne paraît pas nécessaire de s'appesantir plus longuement sur cette prétention première des héritiers Pinguet qui, acquéreurs à titre singulier, ainsi que cela va résulter de l'examen des titres, ne peuvent prétendre représenter les anciens seigneurs de Rogerville, et n'ont droit qu'à la propriété qui leur a été vendue ou qu'ils ont légalement prescrite ;

Attendu que la propriété, dont Pinguet est devenu acquéreur en 1851, est la terre ou ferme de Rogerval, qui figure dans les partages des 7 prairial et 8-13 thermidor an VI ; que, dans aucun de ces actes, il n'est parlé de l'existence de marais alluvionnaires en face Rogerville, parce que, si des marais de cette nature avaient pu exister autrefois, ils avaient complètement disparu à cette époque ; que, le 20 prairial an XI, la terre dont s'agit est vendue par acte authentique, précisant avec soin la nature de la propriété cédée, à Jacques Lefebvre ou Lefébure, auteur de Pinguet, sans qu'il soit encore fait mention des marais alluvionnaires, qui n'existaient pas ; qu'à la vérité, des marais, qui, d'ailleurs, n'ont jamais été cadastrés, et pour lesquels il n'a pas été payé d'impôts, ont apparu ensuite, pendant plusieurs années, de 1818 à 1830 environ, mais qu'il résulte d'un procès suivi devant le Tribunal du Havre, à cette époque, et des dépositions des témoins entendus dans cette instance, que ce marais, périodiquement recouvert, pendant son existence, par les eaux de la mer, aux grandes marées, constituait une dépendance du rivage de la mer imprescriptible, et, de plus, qu'en 1830, au moment où le jugement était rendu, il avait de nouveau disparu sous les flots ;

Attendu que Pinguet, acquéreur des héritiers Lefebvre par adjudication du 23 janvier 1851, sur un cahier des charges du 31 décembre 1850, est devenu propriétaire de la terre de Rogerval : *avec des terrains d'alluvion au bord du fleuve la Seine*, dit l'acte, sans indiquer la contenance de ces terrains, qui ne devaient pas avoir alors une très grande étendue, puisque, dans la déclaration de succession faite le 26 janvier 1861 après le décès de Pinguet, ses héritiers indiquent un hectare environ de marais alluvionnaires ; ce n'est que vers cette époque de 1861 que les alluvions ont commencé à prendre une grande importance, car, après le décès d'un des héritiers Pinguet, et à la date du 10 juillet 1866, on déclare un marais alluvionnaire, variant sans cesse, dont l'étendue ne peut être déterminée, mais qui peut avoir cinq cents mètres de largeur sur cinq cents mètres de longueur, c'est-à-dire vingt-cinq hectares, alors qu'il n'existait qu'un seul hectare en 1861 ;

Attendu que ce marais nouveau, créé par la mer avec des matériaux nouvellement apportés par elle, est complètement distinct, comme superficie et comme tréfonds, des anciens marais qui ont pu exister antérieurement à la même place ;

Attendu que, des principes exposés ci-dessus, il résulte que les vendeurs de Pinguet, en 1851, lui vendaient des terrains d'alluvion qui n'étaient pas leur propriété, mais faisaient partie, au contraire, du domaine de l'Etat, que, toutefois, Pinguet, possesseur avec juste titre et de bonne foi, a pu prescrire par dix ans contre l'Etat, la partie du domaine prescriptible, c'est-à-dire les lais et relais qui pouvaient lui être vendus, mais qu'il incombe aux héritiers Pinguet, demandeurs invoquant la prescription, d'établir, d'abord, l'importance des terrains d'alluvion existant et vendus à leur auteur en 1851, puisqu'aux termes de l'art. 2265 du Code civil, on ne prescrit par dix ans que l'immeuble compris dans le juste titre, et, ensuite, que leur possession a été continue et efficace, c'est-à-dire a porté sur les lais et relais délaissés par le flot, et non sur des parties du rivage de la mer recouvertes périodiquement et imprescriptibles ; que les éléments de décision, suffisants pour fixer l'étendue des marais alluvionnaires que les héritiers Pinguet ont pu ainsi prescrire, ne sont pas, quant à présent, fournis au Tribunal et que le présent jugement ne peut que poser le principe, sauf aux parties à en tirer ultérieurement les conséquences ;

Attendu que l'Etat, se portant reconventionnellement demandeur, réclame aux héritiers Pinguet la restitution des fruits qu'ils ont pu percevoir, sur les terrains contestés, depuis la promulgation du décret du 24 février 1869, admettant la bonne foi des héritiers Pinguet jusqu'à cette époque, mais soutenant que, depuis la délimitation transversale, ils sont devenus de mauvaise foi ;

Attendu que la promulgation du décret de délimitation transversale ne suffit pas pour établir la mauvaise foi du possesseur, en l'absence de toute délimitation latérale ; que, d'ailleurs, le décret de 1869 était attaqué devant le conseil d'Etat, et que les héritiers Pinguet pouvaient espérer que ce décret serait annulé, comme l'a été celui du 9 juin 1877 fixant la délimitation latérale ; qu'enfin, et surtout, l'Etat a laissé, chaque année, les héritiers Pinguet récolter les herbes, sans jamais faire aucune protestation ni réserve, bien qu'il n'ignorât pas ces actes de possession, et que les possesseurs ont pu penser que leur jouissance ne serait pas troublée ; qu'ils ont donc été, jusqu'à l'introduction de l'instance, des possesseurs de bonne foi, et ne doivent la restitution des fruits qu'à partir de cette époque ;

Attendu que les parties succombant respectivement dans certaines de leurs prétentions, il y a lieu de faire entre elles une équitable répartition des dépens ;

Par ces motifs :

Le Tribunal, statuant en matière ordinaire et en premier ressort,

Sans avoir égard à la demande de sursis formée par l'Etat, et statuant par un seul jugement, tant sur la demande principale que sur la demande reconventionnelle ;

Juge que les terrains alluvionnaires, dont la propriété est contestée, font partie du domaine maritime, et que les héritiers Pinguet ne peuvent revendiquer que la partie des marais alluvionnaires qu'ils justifient avoir été vendue à leur auteur par l'acte d'acquisition du 23 janvier 1851, et avoir possédée utilement, pendant dix ans, à l'état de lais et relais délaissés par la mer ;

Dit et juge que les héritiers Pinguet sont des possesseurs de bonne foi, et ne doivent la restitution des fruits que du jour de la demande ; rejette, comme mal fondé, le surplus de la demande reconventionnelle ;

Dit qu'il sera fait masse des dépens de l'instance, pour être supportés dans la proportion de trois quarts par les héritiers Pinguet, et un quart par l'Etat ; en accorde distraction au profit des avoués en cause, sur leur affirmation légale.

Instance Cousin

Attendu que l'Etat, qui revendique contre les consorts Cousin, la propriété de terrains dont ceux-ci ont actuellement la jouissance, se porte incidemment demandeur, et, invoquant les dispositions de l'article 1961 du code civil, sollicite, avant faire droit au fond et tous moyens tenant état, le séquestre des immeubles dont la propriété est contestée ; Jugement de séquestre, du 21 juin 1884.

En ce qui concerne les terrains au Nord du Canal de Tancarville :

Attendu que les consorts Cousin, dont la solvabilité n'est pas contestée, passent obéissance de faire vendre, chaque année, aux enchères publiques, jusqu'au vidé de l'instance, les foins à récolter sur cette partie des terrains revendiqués ; que l'Etat demande acte de ces obéissances, et n'insiste plus sur sa demande de séquestre ;

Attendu qu'il y a lieu de donner acte à l'Etat des réserves par lui faites, en ce qui concerne les regains ou secondes herbes dans le cas où ces regains seraient approfités par les défendeurs ;

En ce qui concerne les terrains au Sud du Canal de Tancarville :

Attendu que, par suite des travaux du Canal, l'accès de ces terrains est devenu difficile ; que les défendeurs déclarent ne pas s'opposer à la nomination du séquestre demandé par l'Etat, pourvu que l'Etat prenne l'engagement de fournir au séquestre les moyens nécessaires pour exploiter et administrer ; que l'Etat promet, dans la mesure du possible, de donner au séquestre toutes facilités pour l'exploitation ;

Attendu que, sur la demande de toutes les parties, les frais du présent incident doivent être employés en frais privilégiés de séquestre, et prélevés sur les fonds que touchera ledit séquestre ;

Par ces motifs :

Le Tribunal, statuant en matière ordinaire et en premier ressort,

En ce qui concerne les terrains au Nord du Canal :

Donne acte à l'Etat de ce que les consorts Cousin passent obéissance de faire vendre, chaque année, aux enchères publiques, jusqu'au vidé de l'instance, les herbes et foins à récolter sur cette partie des terrains litigieux ;

Dit n'y avoir lieu à nomination de séquestre ;

Donne acte à l'Etat de ses réserves, en ce qui concerne les regains ou secondes herbes, dans le cas ou lesdits regains seraient approfités par les défendeurs ;

En ce qui concerne les terrains au Sud du Canal :

Avant faire droit au fond, tous droits et moyens expressément réservés et tenant état ;

Vu l'article 1961, § 2 du Code Civil ;

Met sous séquestre cette partie des terrains contestés ; nomme Dorival, régisseur de biens au Havre, pour, jusqu'à la solution définitive du procès, administrer les dits terrains, prendre les mesures nécessaires pour éviter leur dépérissement et toutes dégradations, percevoir et vendre les fruits, faire tout ce qui sera nécessaire pour arriver à ce résultat, à charge de verser le produit des ventes, pour le compte de qui il appartiendra, à la Caisse des Dépôts et Consignations ;

Dit que l'Etat devra fournir au séquestre nommé, sauf le cas d'impossibilité constatée, les moyens nécessaires pour exploiter et administrer les biens séquestrés, notamment à l'époque de la récolte des foins ;

Juge que les dépens de l'incident seront employés en frais privilégiés de séquestre ; autorise ledit séquestre à payer ces frais aux avoués de la cause, auxquels distraction en est accordée sur leur affirmation légale.

INSTANCE LEMOINE

Jugement de séquestre, du 21 juin 1884.

Même jugement que dans l'affaire Cousin *(voir suprà, page 181).*

INSTANCE LEBERQUIER

Jugement de séquestre, du 21 juin 1884.

Même jugement que dans l'affaire Cousin *(voir suprà, page 181).*

Instance Veuve Duchemin

Même jugement que dans l'affaire Cousin *(voir suprà, page 181)*. Jugement de séquestre, du 21 juin 1884.

Instance Langlois et Ricouard

Ce jugement est conforme au jugement du même jour (Instance Cousin, *voir suprà, page 181)*, sauf en ce qui concerne les terrains au Nord du Canal de Tancarville, dont les considérants et le dispositif sont ainsi conçus : Jugement de séquestre, du 21 juin 1884.

Attendu que les époux Langlois et Ricouard, dont la solvabilité n'est pas contestée, expliquent qu'ils exploitent eux-mêmes les terrains contestés, et font pâturer l'herbe ; qu'ils acceptent, d'ailleurs, comme base de restitution de fruits éventuelle, le prix moyen des ventes publiques de foin faites chaque année sur les propriétés voisines ;

Par ces motifs :

Le Tribunal, statuant en matière ordinaire et en premier ressort,

En ce qui concerne les terrains au Nord du Canal :

Donne acte à l'Etat de ce que les époux Langlois et Ricouard, déclarent exploiter par eux-mêmes les terrains contestés, en faisant pâturer l'herbe, et de ce qu'ils acceptent, comme base de restitution de fruits éventuelle, dans le cas où elle serait ordonnée, le prix moyen des ventes publiques de foin faites chaque année sur les propriétés voisines ;

Dit n'y avoir lieu à nomination de séquestre.

En ce qui concerne les terrains au Sud du Canal ;

Avant faire droit, etc...

Instance Périer

Jugement de séquestre, du 21 juin 1884.

Même jugement que dans l'affaire Langlois et Ricouard *(Voir suprà, page 183)*.

Instance Lecordier

Jugement de séquestre, du 21 juin 1884.

Même jugement que dans l'affaire Langlois et Ricouard (*Voir suprà, page 183*).

Instance Veuve Lequesne

Jugement de séquestre, du 21 juin 1884.

Ce jugement est conforme au jugement du même jour (Instance Cousin, *Voir suprà, page 181)*, sauf en ce qui concerne les terrains au Nord du canal de Tancarville, dont les considérants et le dispositif sont ainsi conçus :

Attendu que les terrains dont la propriété est contestée sont loués, jusqu'en 1889, par bail enregistré ; que l'Etat déclare vouloir respecter le bail en cours ; que la veuve Lequesne, dont la solvabilité n'est pas contestée, prend l'engagement, dans le cas où le bail actuel viendrait à prendre fin, pour une cause quelconque, avant la solution du procès, de vendre les foins en vente publique ; que les droits éventuels de l'Etat semblent donc suffisamment sauvegardés, et qu'il n'insiste plus sur la demande de séquestre...

Par ces motifs :

Le Tribunal, statuant en matière ordinaire et en premier ressort,

En ce qui concerne les terrains au Nord du Canal :

Donne acte à l'Etat de ce que la veuve Lequesne passe obéissance de vendre, aux enchères publiques, les herbes qui excroîtraient sur les terrains contestés, dans le cas où le bail, actuellement en cours, viendrait à prendre fin pour une cause quelconque, avant la solution du procès ;

Dit n'y avoir lieu à nomination de séquestre ;

En ce qui concerne les terrains au Sud du Canal :

Avant faire droit, etc...

Instance Bréauté

Jugement de séquestre, du 21 juin 1884.

Attendu que l'Etat, qui revendique contre Bréauté la propriété de terrains dont celui-ci a actuellement la jouissance, se porte incidemment demandeur, et, invoquant les dispositions de l'art. 1961 du Code civil, sollicite, avant faire droit au fond et tous moyens tenant état, le séquestre des immeubles dont la propriété est contestée ;

Attendu que les travaux de creusement du canal de Tancarville, dans les terrains dont Bréauté est en jouissance et dont la propriété lui est contestée, ne sont pas encore commencés ; que ces terrains sont loués par bail enregistré; que l'Etat déclare respecter le bail en cours; et que Bréauté, dont la solvabilité n'est pas contestée, prend l'engagement, pour le cas où le bail en cours viendrait à prendre fin, pour une cause quelconque, avant la solution du procès, de vendre les foins en vente publique ; que les droits éventuels de l'Etat semblent donc suffisamment sauvegardés ;

Attendu, toutefois, que ces travaux de creusement du canal peuvent commencer d'un jour à l'autre ; que ces travaux, une fois entrepris, rendront l'accès des terrains au Sud du canal fort difficile, sinon impossible, pour le fermier ; que, pour ce cas, il paraît utile, dans l'intérêt de toutes les parties, de nommer un séquestre dont la mission ne commencera que du jour où les travaux du canal seront entrepris et rendront difficile l'accès des terrains au Sud ; que cette décision évite un nouvel incident, qui pourrait se produire dans un bref délai ;

Attendu qu'il convient d'employer les dépens du présent incident en frais privilégiés de séquestre, et de dire qu'ils seront prélevés sur les fonds que touchera ledit séquestre, après son entrée en fonctions ;

Par ces motifs :

Le Tribunal, statuant en matière ordinaire et en premier ressort,

Donne acte à l'Etat de ce que Bréauté passe obéissance de vendre aux enchères publiques les herbes qui excroîtraient sur les terrains dont la propriété est contestée, dans le cas où le bail, actuellement en cours, viendrait à prendre fin, pour une cause quelconque, avant la solution du procès ;

Dit n'y avoir lieu à nomination immédiate de séquestre ;

Juge, toutefois, qu'à partir du moment où les travaux de creusement du canal de Tancarville seront commencés sur la propriété dont Bréauté a la jouissance, la partie de ces terrains, située au Sud du canal, serait mise sous séquestre ; nomme, en qualité de séquestre, Dorival, régisseur de biens au Havre, pour, jusqu'à la solution définitive du procès, administrer lesdits terrains, prendre les mesures nécessaires pour éviter leur dépérissement et toutes dégradations, percevoir et vendre les fruits, faire tout ce qui sera nécessaire pour arriver à ce résultat, à charge de verser le produit des ventes, pour le compte de qui il appartiendra, à la Caisse des dépôts et consignations ;

Dit que l'Etat devra fournir au séquestre nommé, sauf le cas d'impossibilité constatée, les moyens nécessaires pour exploiter et administrer les biens séquestrés, notamment à l'époque de la récolte des foins ;

Juge que les dépens de l'incident seront employés en frais privilégiés de séquestre, autorise ledit séquestre à payer ces frais aux avoués de la cause, auxquels distraction en est accordée sur leur affirmation légale.

Instance Commune de Sandouville

Jugement de séquestre, du 22 décembre 1888.

Attendu que l'Etat revendique contre la commune de Sandouville la propriété de terrains alluvionnaires dont celle-ci est en possession et, invoquant les dispositions de l'art. 1961 du Code civil, sollicite, avant faire droit et tous moyens tenant état, la mise sous séquestre des terrains litigieux ;

Attendu que la commune de Sandouville explique à l'audience que partie de ces terrains ont été affermés publiquement par elle et que le bail en cours ne prendra fin qu'en 1891 ; que l'autre partie des terrains a été, jusqu'à ce jour, abandonnée gratuitement aux habitants de la commune, à titre d'affouage, mais qu'elle prend l'engagement d'affermer par adjudication publique dans les trois mois, à dater d'aujourd'hui, ces terrains, et consent que les fermages à percevoir, tant pour les terrains déjà affermés que pour ceux qui vont l'être, soient, au fur et à mesure des échéances, touchés par le percepteur de la circonscription, qui les versera à la caisse des dépôts et consignations, pour le compte de qui de droit, jusqu'à ce que l'action en revendication ait reçu une solution définitive ;

Attendu que l'Etat ne s'oppose pas à ce que les propositions faites à l'audience par la commune de Sandouville soient accueillies par le Tribunal ;

Par ces motifs :

Le Tribunal, statuant en matière ordinaire et en premier ressort,

Dit et juge que la partie des terrains alluvionnaires, revendiquée par l'Etat contre la commune de Sandouville, abandonnée jusqu'à présent aux habitants de la commune, à titre d'affouage, sera louée, à la diligence de ladite commune de Sandouville, et par adjudication publique, dans les trois mois de ce jour, et que les fermages à provenir, tant du bail à intervenir que du bail précédemment consenti par la commune pour l'autre partie des terrains alluvionnaires revendiquée, seront touchés aux échéances par le percepteur de la circonscription et versés, pour le compte de qui de droit, à la caisse des dépôts et consignations, où ils demeureront déposés jusqu'à ce que l'action en revendication ait reçu une solution définitive ;

Réserve les dépens.

Instance Bréauté

Le Tribunal :

Attendu que, par assignation en date du 18 février 1884, l'Etat revendique contre Bréauté la propriété de terrains de provenance alluvionnaire, cadastrés sous les numéros 721 et 722, section A, de la commune de Sandouville, et qui, d'après lui, faisaient intégralement partie du rivage de la mer, à l'époque où l'instance actuelle a été introduite ;

Jugement sur le fond, du 10 janvier 1889.

Attendu qu'il n'est pas méconnu que les terrains revendiqués proviennent d'alluvions ; qu'il est certain, en effet, qu'en 1843 notamment, les numéros 615 et 617 du cadastre de Sandouville, appartenant aux auteurs de Bréauté et situés à l'extrémité de la falaise, étaient indiqués dans les titres comme bornés au sud par la Seine, et que les terrains, objet du litige actuel, n'ont émergé au-dessus des eaux que dans les années suivantes ;

Attendu qu'il ne saurait être contesté, non plus, que les terrains, objet du litige actuel, sont situés à un endroit de la baie de Seine qui doit être considéré comme constituant encore la partie maritime de la baie, car le décret du 24 février 1869 délimite transversalement la mer et la Seine, à son embouchure, d'après une ligne partant du cap du Hode, au Nord, pour aboutir vers Berville, au Sud, et les terrains dont s'agit se trouvent de beaucoup en deçà de cette ligne, vers la haute mer; or, le décret précité a été attaqué devant le Conseil d'Etat par Bréauté et divers autres propriétaires ; mais le Conseil d'Etat a décidé, le 10 mars 1882, que ce décret devait être maintenu parce qu'il n'avait pas étendu le domaine maritime au-delà de ses limites naturelles ; que cet arrêt a donc, vis-à-vis de Bréauté, l'autorité de la chose jugée ;

Attendu qu'il est de principe certain que le rivage de la mer fait partie du domaine imprescriptible de l'Etat, tandis qu'au contraire, les lais et relais de la mer sont susceptibles de possession, et, par suite, de prescription ; que, si les terrains contestés constituaient des lais et relais de la mer antérieurement à l'action, la propriété devrait en être attribuée à Bréauté, possesseur avec juste titre et de bonne foi ; mais qu'il est soutenu par l'Etat que ces terrains, périodiquement couverts par le grand flot de mars, faisaient encore, en 1884, partie intégrante du rivage de la mer et étaient dès lors imprescriptibles;

Attendu que, depuis l'introduction de l'instance, le canal de Tancarville, qui traverse les terrains en litige, a été créé ; que l'état de choses antérieur s'est trouvé par suite entièrement modifié, puisque les digues, qui protègent ce canal du côté du Sud, ont apporté un obstacle à l'invasion du flot de mer qui vient maintenant se briser contre ces digues, sans pouvoir s'étendre plus loin ;

Attendu que la délimitation latérale de la baie maritime de la Seine, sur la rive nord, qui avait été faite par le décret du 9 juin 1877, d'après des constatations remontant au 30 mars 1873, ayant été annulée par l'arrêt du Conseil d'Etat du 10 mars 1882, par la raison que la marée, observée en 1873, aurait atteint une hauteur exceptionnelle, une nouvelle délimitation latérale a été faite par décret du 13 juillet 1887, qui approuve les constatations faites par la commission, régulièrement constituée à l'effet de déterminer la hauteur du flot à la marée du 21 mars 1886, postérieurement à la construction de la digue Sud du canal de Tancarville ;

Attendu, en ce qui concerne la partie des terrains litigieux située au Sud de la digue du canal de Tancarville, qu'il est constaté, par le décret du 13 juillet 1887, non attaqué par Bréauté dans les délais de droit, et qui a, par conséquent, aujourd'hui, vis-à-vis de lui, toute son autorité, que le grand flot de mars couvre, jusqu'à la digue, ces terrains qui doivent être considérés comme faisant, aujourd'hui encore, partie du rivage de la mer ; qu'il y a donc lieu de dire, dès à présent, à bon droit, la revendication de l'Etat en ce qui concerne ces terrains, sans qu'il soit nécessaire de donner acte à Bréauté des réserves qu'il fait, à cet égard, dans ses conclusions ;

Attendu, en ce qui concerne les terrains litigieux situés au nord de la digue du canal de Tancarville, y compris la parcelle sur laquelle le canal lui-même a été creusé, que les opérations préparatoires du 21 mars 1886, base du décret de 1887, établissent que le flot de mars, arrêté dans son expansion par la digue, a atteint, à cet endroit, la hauteur de 8m65 au-dessus du zéro des cartes, et que les terrains contestés de Bréauté, ayant des hauteurs qui varient de 8m02 à 8m53, au plus, et 8m63 seulement sur la banque du chemin n° 81, qui forme la limite extrême, auraient été couverts par le flot de mars s'il n'eût pas été retenu par la digue ; que l'Etat tire de ces constatations et de celles faites antérieurement, en 1873, cette conséquence qu'à l'époque de l'introduction de l'instance, en 1884, antérieurement à la construction du canal de Tancarville et de sa digue, tout le terrain revendiqué, périodiquement couvert par la mer, faisait partie du rivage maritime ;

Attendu que Bréauté conteste la valeur de cette argumentation, en faisant remarquer que l'arrêt du Conseil d'Etat de 1882 a reconnu et proclamé qu'il ne fallait pas prendre pour base la marée du 30 mars 1873, qui, influencée par des circonstances météorologiques exceptionnelles, avait atteint une hauteur anormale, et qu'il en serait de même, d'après lui, en ce qui concerne la marée du 21 mars 1886, qui, d'après l'annuaire et la cote de prévision, ne devait atteindre que 8m10 à 8m14, au Havre, et a atteint en face ses terrains la hauteur beaucoup plus grande de 8m65 ; que, si cette marée n'avait pas dépassé 8m10, selon les prévisions, tous ses terrains n'auraient pas été couverts ;

Attendu que cet argument, au moins en ce qui concerne la marée de 1886, n'a pas la valeur que lui attribue Bréauté, car la cote de 8 mètres 10 centimètres, prévue à l'annuaire, se rapporte au port du Havre seulement, et il est à remarquer que les cotes de hauteur de la marée augmentent à mesure qu'on s'avance davantage dans la baie de Seine, au moins jusqu'au cap du Hode, ce qui, d'ailleurs, se comprend parfaitement, si l'on tient compte de cette circonstance que, l'espace dans lequel la marée fait son évolution se rétrécissant de plus en plus, l'eau doit naturellement atteindre une plus grande hauteur ; qu'il n'est donc pas anormal et qu'il est, au contraire, rationnel que le flot qui, le 21 mars 1886, par un temps calme, alors qu'aucune influence atmosphérique exceptionnelle n'a pu modifier la hauteur de la marée, a atteint, au Havre, la cote de 8 mètres 15 centimètres, ait atteint, devant les terrains Bréauté, celle de 8 mètres 65 centimètres;

Attendu, toutefois, qu'il ne suffit pas d'établir, pour justifier l'action en revendication introduite par l'Etat, que les terrains au Nord du Canal ont été couverts par le flot de mars en 1873, lors d'une marée qui, d'après le Conseil d'Etat, avait atteint une hauteur anormale, et qu'ils eussent encore été couverts vraisemblablement en 1886, si le canal de Tancarville n'eût pas existé; qu'il faut prouver encore que ces terrains ont été périodiquement et normalement couverts par la mer aux grands flots de mars pendant les années qui ont précédé l'introduction de l'instance actuelle, et que, encore bien que l'Etat apporte, à cet égard, dans la cause, certains éléments de preuve, l'invasion périodique du flot sur les terrains revendiqués ne paraît cependant pas absolument établie, quant à présent; qu'il y a donc lieu d'ordonner, avant faire droit, la preuve par témoins subsidiairement offerte par l'Etat, les faits cotés étant concluants et pertinents;

Attendu que la preuve testimoniale est évidemment recevable, puisque la délimitation latérale de 1886 ne s'applique qu'à l'état de choses postérieur à la construction des digues du canal de Tancarville, et qu'il s'agit, dans l'espèce, de rechercher et de préciser l'état de choses existant en 1884, date de l'action, et pendant les années immédiatement antérieures;

Attendu, en ce qui concerne les fruits recueillis par Bréauté sur la parcelle de terrain au Sud de la digue du canal de Tancarville, reconnue propriété de l'Etat, que Bréauté a fait l'acquisition de ce terrain en 1872, d'un vendeur qui en était en possession; qu'en l'absence de délimitation latérale régulière, tant que l'Etat n'a pas introduit d'action en revendication contre lui, c'est-à-dire jusqu'au 18 février 1884, date de l'action actuelle, Bréauté doit être considéré comme un possesseur avec juste titre et bonne foi, qui fait les fruits siens;

Par ces motifs:

Le Tribunal, statuant en matière ordinaire et en premier ressort,

Dit et juge que la partie des alluvions cadastrée sous les numéros 721 et 722, section A, de la commune de Sandouville, et se trouvant au Sud de la digue du canal de Tancarville, fait partie du rivage maritime, et, par conséquent, du domaine de l'Etat;

Condamne les consorts Bréauté à restituer à l'Etat la valeur des herbes qu'ils ont pu récolter sur cette parcelle depuis l'introduction de l'instance; renvoie les parties compter de ce chef;

Dit n'y avoir lieu d'ordonner la restitution des fruits récoltés antérieurement au 18 février 1884 ;

Et, avant faire droit, en ce qui concerne le surplus des terrains revendiqués, appointe l'Etat à prouver par témoins : que les terrains en litige avec Bréauté, au-delà de la digue Sud du canal de Tancarville, ont tous les ans, et en diverses saisons, notamment à l'époque des grandes marées de mars, et encore à d'autres marées, été recouverts périodiquement par les eaux de la mer, et ce, depuis que les terrains ont commencé à émerger jusqu'au jour où, les digues du canal de Tancarville ayant été définitivement construites et consolidées, ces digues ont empêché le flot de s'épandre sur les terrains situés au Nord de ces mêmes digues ;

Réserve à Bréauté la preuve contraire ;

Commet pour recevoir les enquête et contre-enquête, M. Dulac de Fugères, juge, ou, à son défaut, M. Brindeau, juge-suppléant ;

Dit qu'en cas d'empêchement de ces magistrats, il sera pourvu à leur remplacement par ordonnance rendue par le président de ce siège, ou le magistrat le suppléant, sur simple requête présentée par la partie la plus diligente ;

Autorise le magistrat enquêteur à procéder à l'audition des témoins sur les lieux litigieux, dans le cas où il le jugerait utile ;

Réserve les dépens.

Instance Cousin

Jugement au fond et sur une exception d'incompétence, en date du 6 juin 1889.

Attendu que, par assignation en date des 19 et 21 février 1884, l'Etat revendique contre les consorts Cousin, la propriété de terrains de provenance alluvionnaire sis dans la baie de Seine, en deçà de la ligne qui délimite transversalement la mer et la Seine, en soutenant que ces terrains, baignés périodiquement par le grand flot de mars, font partie du rivage de la mer et du domaine public imprescriptible ou, au moins pour quelques-uns, constituent des lais et relais de mer compris dans le domaine privé de l'Etat ; — Attendu que, depuis l'introduction de l'instance, deux faits importants se sont produits : 1° le canal du Havre à Tancarville qui traverse les terrains en litige a été créé, et les digues, qui protègent ce canal, apportent désormais obstacle à l'invasion du flot de mer sur la partie des terrains situés au Nord de ce canal ; — 2° à la suite d'opérations régulièrement faites par la commission, lors de la marée d'équinoxe du 21 mars 1886, un décret, en date du 13 juillet 1887, a délimité latéralement, pour l'avenir, le rivage de la mer sur la rive Nord de la baie et constaté que partie des terrains revendiqués par l'Etat font encore, en 1886, partie du rivage de la mer ; — Attendu qu'il y a lieu aujourd'hui, pour résoudre la question de propriété soumise à l'appréciation du Tribunal, de distinguer entre les terrains qui, d'après le décret de 1887, font partie du rivage de la mer et ceux qui sont situés au-delà de la ligne rouge du plan de délimitation, formant actuellement la limite de ce rivage.— *En ce qui concerne les terrains englobés par le décret du 13 juillet 1887 dans le rivage de la mer :* — Attendu que les défendeurs reconnaissent formellement, dans les conclusions signifiées, que, le décret de 1887, n'ayant pas été attaqué administrativement dans le délai légal, est devenu définitif ; *qu'il a eu pour effet de rendre l'Etat propriétaire de ces terrains d'une façon incommutable*, puisqu'aucun recours n'est ouvert aux tiers pour rentrer en possession ; que le seul droit qui leur reste est une action en indemnité qu'ils se réservent d'introduire, s'ils avisent que bien soit, et que, dans ces circonstances, l'action en revendication de la propriété de ces terrains, introduite par l'Etat, étant devenue sans objet, le Tribunal n'aurait plus à statuer sur ce chef du litige ; — Attendu que, lors de l'introduction de l'instance, il n'existait pas de délimitation latérale régulière ; que l'Etat, formulant non une demande tendant à la délimitation de son domaine, mais une demande en revendication de propriété contre des possesseurs de terrains produisant des fruits, devait s'adresser aux Tribunaux civils pour faire reconnaître son droit ; que le décret de 1887 n'a été rendu que sous réserve des droits des tiers ; que si, en présence des reconnaissances passées en fin de cause par les défendeurs, le Tribunal n'a plus maintenant qu'à constater la propriété non contestée de l'Etat, il doit cependant de plus statuer sur les demandes en restitution des fruits excrus sur ces terrains, et en mainlevée du séquestre ; — Attendu, en ce qui concerne les fruits, que les consorts Cousin ont eu la possession paisible du terrain reconnu aujourd'hui comme faisant partie du domaine de l'Etat ; qu'en l'absence de délimitation latérale régulière, et tant que l'Etat, les laissant jouir paisiblement, n'avait pas jugé à propos d'introduire d'action en revendication contre eux, ils pouvaient croire que la propriété ne leur serait pas contestée, et doivent être considérés comme des possesseurs de bonne foi auxquels les fruits appartiennent ; qu'ils ne doivent donc la restitution des fruits qu'à partir des 19 et 21 février 1884, date de l'introduction d'instance ; attendu qu'il y a lieu de mettre fin au séquestre sur la partie des terrains qui est, aujourd'hui, sans conteste, la propriété de l'Etat ; — Attendu que, la propriété de l'Etat sur lesdits terrains étant formellement reconnue par les défendeurs, il y a lieu d'ordonner, en ce qui concerne ces terrains, l'exécution provisoire de cette partie du présent jugement, nonobstant appel, et sans caution ;— Attendu qu'une partie a toujours le droit d'introduire contre la partie adverse, si elle le juge à propos, une demande en dommages intérêts ; mais que les défendeurs déclarent ne pas vouloir introduire, dès à présent, de demande de cette nature, se réservant seulement de le faire plus tard, s'ils avisent que bien soit ; qu'il ne paraît pas nécessaire de leur donner acte des réserves ainsi formulées ; — *En ce qui concerne les terrains situés au-delà de la ligne rouge du plan de délimitation du rivage de la mer d'après le décret de 1887 :* — Attendu que les défendeurs opposent à l'action en revendication de l'Etat une exception d'incompétence basée sur ce que l'action introduite par l'Etat tendrait à faire fixer les limites anciennes du domaine public et que la juridiction administrative serait seule compétente pour délimiter ce domaine ; — Attendu que cette exception d'incompétence, basée sur les règles de la séparation des pouvoirs, est d'ordre public, et, par suite, recevable en la forme, encore qu'il ait été préalablement conclu au fond ; — Attendu qu'on est surpris de voir les défendeurs reprocher à l'Etat, dans une affaire de cette nature, de s'être adressé aux Tribunaux civils plutôt qu'aux Tribunaux administratifs ; qu'il est incontestable que la juridiction administrative a, seule, compétence pour délimiter le domaine public ; mais que l'action introduite en 1884 ne tend pas à ce but ; que l'Etat soulève une revendication de propriété contre des possesseurs qui se sont, d'après lui, emparés indûment de terrains productifs de fruits, et faisant partie de son domaine public ou de son domaine privé ; que l'Etat aurait pu, il est vrai, délimiter son domaine public, mais qu'il n'a pas cru devoir employer ce moyen, qu'on n'eût pas manqué de qualifier de léonin, et a préféré introduire, contre chaque possesseur, une action en revendication de parcelles de terrain qu'il prétend lui appartenir, soit comme rivages de la mer, soit comme lais et relais de mer ; que les décisions, que le Tribunal est appelé à rendre, ne peuvent être considérées, à aucun titre, comme une délimitation du domaine de l'Etat, mais résolvent uniquement des questions de revendication d'immeubles ; que les Tribunaux civils sont évidemment compétents pour statuer sur les questions de cette nature, aussi bien lorsqu'elles se soulèvent entre des particuliers que lorsque l'Etat est une des parties intéressées ;— Attendu que l'Etat, en concluant au rejet de l'exception d'incompétence, demande que le Tribunal nomme un séquestre pour percevoir les fruits à excroître sur les terrains qui ne font plus partie du rivage de la mer d'après le décret de 1887, mais que le Tribunal ne peut statuer sur cette demande par le même jugement qui repousse l'exception d'incompétence, et qu'il y a lieu, en retenant l'affaire, de renvoyer la cause et les parties à l'audience du jeudi 18 juillet prochain, pour qu'il soit statué sur la demande en nomination de séquestre ; — Par ces motifs : Le Tribunal, statuant en matière ordinaire et en premier ressort, — *En ce qui concerne les terrains englobés par le décret du 13 juillet 1887 dans le rivage de la mer :* Donne acte à l'Etat de ce que les défendeurs reconnaissent le droit de propriété de l'Etat sur les terrains alluvionnaires situés en deçà de la ligne rouge du plan de délimitation et faisant partie, aux termes du décret du 13 juillet 1887, du rivage de la mer, et, par suite, du domaine public de l'Etat ; — Juge que les défendeurs doivent rendre compte, à l'Administration de l'Enregistrement et des Domaines, des produits et revenus desdits terrains, s'il en a été perçu par eux, depuis les 19 et 21 février 1884, date de la demande, jusqu'au jour où le séquestre, nommé par le jugement du 21 février 1884, est entré en fonction ; rejette, comme mal fondée, la demande de l'Etat en restitution des fruits perçus antérieurement à l'introduction de l'instance ; met fin au séquestre ordonné par le jugement précité, en ce qui concerne les terrains dont s'agit ; dit que le séquestre devra vider ses mains en celles des préposés de l'enregistrement et des domaines ; — Condamne les défendeurs aux intérêts de droit, à partir du jour de la demande, des sommes qu'ils peuvent avoir à payer à titre de restitution de fruits ; — Ordonne, vu la reconnaissance formelle du droit de propriété de l'Etat sur les terrains dont s'agit, l'exécution provisoire des dispositions ci-dessus du présent jugement, nonobstant appel et sans caution ; — Dit n'y avoir lieu d'accorder acte des réserves faites par les défendeurs en ce qui concerne l'introduction possible par eux, dans l'avenir, d'une action en dommages intérêts ou en restitution des fruits perçus par le séquestre ; — *En ce qui concerne les terrains situés au-delà de la ligne rouge du plan de délimitation, qui ne sont pas compris par le décret du 13 juillet 1887 dans le rivage de la mer :* Déclare recevable, en la forme, l'exception d'incompétence soulevée par les défendeurs ; déclare ladite exception mal fondée, en déboute lesdits défendeurs ; retient la cause, et renvoie les parties à l'audience du jeudi 18 juillet prochain, pour statuer sur la demande en nomination de séquestre des terrains dont la propriété est contestée ; — Condamne les défendeurs aux dépens, dont distraction est accordée à Me Tailleux, avoué, sur son affirmation légale.

Instance Lemoine

Même jugement que dans l'affaire Cousin *(voir suprà, pages 191 et suivantes)*, sauf en ce qui concerne le point de départ de la restitution des fruits qui a été fixé au 18-19 février 1884, date de l'introduction de l'instance.

Jugement au fond et sur une exception d'incompétence, du 6 juin 1889.

Instance Leberquier

Même jugement que dans l'affaire Cousin *(voir suprà, pages 191 et suivantes)*, sauf en ce qui concerne le point de départ de la restitution des fruits qui a été fixée au 19 février 1884, date de l'introduction de l'instance.

Jugement au fond et sur une exception d'incompétence, du 6 juin 1889.

Instance Veuve Duchemin

Même jugement que dans l'affaire Cousin *(voir suprà, pages 191 et suivantes)*, sauf en ce qui concerne le point de départ de la restitution des fruits qui a été fixée au 19 février 1884, date de l'introduction de l'instance.

Jugement au fond et sur une exception d'incompétence, du 6 juin 1889.

Instance Langlois et Ricouard

Même jugement que dans l'affaire Cousin (*voir suprà, pages 191 et suivantes*), sauf en ce qui concerne le point de départ de la restitution des fruits qui a été fixée au 18 février 1884, date de l'introduction de l'instance.

Jugement au fond et sur une exception d'incompétence, du 6 juin 1889.

Instance Périer

Jugement au fond et sur une exception d'incompétence, du 6 juin 1889.

Même jugement que dans l'affaire Cousin *(voir suprà, pages 191 et suivantes)*, sauf en ce qui concerne le point de départ de la restitution des fruits qui a été fixée au 18-20 février 1884, date de l'introduction de l'instance.

Instance Lecordier

Jugement au fond et sur une exception d'incompétence, du 6 juin 1889.

Même jugement que dans l'affaire Cousin *(voir suprà, pages 191 et suivantes)*, sauf en ce qui concerne le point de départ de la restitution des fruits qui a été fixée au 20 février–10 mars 1884, date de l'introduction de l'instance.

Instance Veuve Lequesne

Jugement au fond et sur une exception d'incompétence, du 6 juin 1889.

Même jugement que dans l'affaire Cousin *(voir suprà, pages 191 et suivantes)*, sauf en ce qui concerne le point de départ de la restitution des fruits qui a été fixée au 18 février 1884, date de l'introduction de l'instance.

Instance Commune de Sandouville

Jugement au fond et sur une exception d'incompétence, du 6 juin 1889.

Attendu que, par assignation en date du 1er mai 1884, l'Etat revendique, contre la commune de Sandouville, la propriété de terrains de provenance alluvionnaire, sis dans la baie de Seine, en deçà de la ligne qui délimite transversalement la mer et la Seine, en soutenant que ces terrains, baignés périodiquement par le grand flot de mars, font partie du rivage de la mer et du domaine public imprescriptible, ou, au moins pour quelques-uns, constituent des lais et relais de mer compris dans le domaine privé de l'Etat ;

Attendu que, depuis l'introduction de l'instance, deux faits importants se sont produits : 1° Le canal du Havre à Tancarville, qui traverse les terrains en litige, a été créé et les digues qui protègent ce canal, apportent désormais obstacle à l'invasion du flot de mer sur la partie des terrains situés au Nord de ce canal ; 2° à la suite d'opérations régulièrement faites par la commission, lors de la marée d'équinoxe du 21 mars 1886, un décret, en date du 13 juillet 1887, a délimité latéralement, pour l'avenir, le rivage de la mer sur la rive Nord de la baie et contaté que partie des terrains revendiqués par l'Etat font encore, en 1886, partie du rivage de la mer ;

Attendu qu'il y a lieu aujourd'hui, pour résoudre la question de propriété soumise à l'appréciation du Tribunal, de distinguer entre les terrains qui, d'après le décret de 1887, font partie du rivage de la mer, et ceux qui sont situés au-delà de la ligne rouge du plan de délimitation formant actuellement la limite de ce rivage ;

En ce qui concerne les terrains englobés par le décret du 13 juillet 1887 dans le rivage de la mer :

Attendu que la défenderesse reconnaît formellement, dans les conclusions signifiées, que le décret de 1887 n'ayant pas été attaqué administrativement dans le délai légal, est devenu définitif ; *qu'il a eu pour effet de rendre l'Etat propriétaire de ces terrains d'une façon incommutable*, puisqu'aucun recours n'est ouvert aux tiers, pour rentrer en possession ; que le seul droit qui lui reste est une action en indemnité qu'elle se réserve d'introduire, si elle avise que bien soit, et que, dans ces circonstances, l'action en revendication de la propriété de ces terrains, introduite par l'Etat, étant devenue sans objet, le Tribunal n'aurait plus à statuer sur ce chef du litige ;

Attendu que, lors de l'introduction de l'instance, il n'existait pas de délimitation latérale régulière ; que l'Etat formulant non une demande tendant à la délimitation de son domaine, mais une demande en revendication de propriété contre des possesseurs de terrains produisant des fruits, devait s'adresser aux Tribunaux Civils, pour faire reconnaître son droit ; que le décret de 1887 n'a été rendu que sous réserve des droits des tiers ; que si, en présence des reconnaissances passées en fin de cause par la défenderesse, le Tribunal n'a plus maintenant qu'à constater la propriété non contestée de l'Etat, il doit cependant, de plus, statuer sur la demande en restitution des fruits excrus sur ces terrains ;

Attendu, en ce qui concerne les fruits, que la commune de Sandouville a eu la possession paisible du terrain reconnu aujourd'hui comme faisant partie du domaine de l'Etat ; qu'en l'absence de délimitation latérale régulière, et tant que l'Etat, la laissant jouir paisiblement, n'avait pas jugé à propos d'introduire d'action en revendication contre elle, ladite commune pouvait croire que la propriété ne lui serait pas contestée, et doit être considérée comme un possesseur de bonne foi auquel les fruits appartiennent ; que la commune ne doit donc la restitution des fruits qu'à partir du 1er mai 1884, date de l'introduction de l'instance, jusqu'au jour où elle a cessé de percevoir, par suite des dispositions du jugement du 22 décembre 1888 ;

Attendu que la propriété de l'Etat, sur lesdits terrains, étant formellement reconnue par la défenderesse, il y a lieu d'ordonner, en ce qui concerne ces terrains, l'exécution provisoire de cette partie du jugement, nonobstant appel et sans caution ;

Attendu qu'une partie a toujours le droit d'introduire contre la partie adverse, si elle le juge à propos, une demande en dommages intérêts ; mais que la défenderesse déclare ne pas vouloir introduire, quant à présent, de demande de cette nature, se réservant seulement de le faire plus tard, si elle avise que bien soit ; qu'il ne paraît pas nécessaire de lui donner acte des réserves ainsi formulées ;

En ce qui concerne les terrains au-delà de la ligne rouge du plan de délimitation du rivage de la mer d'après le décret de 1887 :

Attendu que la défenderesse oppose à l'action en revendication de l'Etat, une exception d'incompétence basée sur ce que l'action introduite par l'Etat, tendrait à faire fixer les limites anciennes du domaine public, et que la juridiction administrative serait seule compétente pour délimiter ce domaine ;

Attendu que cette exception d'incompétence, basée sur les règles de la séparation des pouvoirs, est d'ordre public, et, par suite, recevable en la forme, encore qu'il ait été préalablement conclu au fond ;

Attendu qu'on est surpris de voir la défenderesse reprocher à l'Etat, dans une affaire de cette nature, de s'être adressé aux Tribunaux civils, plutôt qu'aux Tribunaux administratifs ; qu'il est incontestable que la juridiction administrative a seule compétence pour délimiter le domaine public, mais que l'action introduite en 1884 ne tend pas à ce but ; que l'Etat soulève une revendication de propriété contre des possesseurs qui se sont, d'après lui, emparés indûment de terrains productifs de fruits, et faisant partie de son domaine public ou de son domaine privé ; que l'Etat, il est vrai, aurait pu délimiter son domaine public, mais qu'il n'a pas cru devoir employer ce moyen, qu'on n'eût pas manqué de qualifier de léonin, et a préféré introduire, contre chaque possesseur, une action en revendication de parcelles de terrain, qu'il prétend lui appartenir soit comme rivage de la mer, soit comme lais et relais de mer ; que les décisions que le Tribunal est appelé à rendre ne peuvent être considérées, à aucun titre, comme une délimitation du domaine de l'Etat, mais résolvent uniquement des questions de revendication d'immeubles ; que les Tribunaux civils sont évidemment compétents pour statuer sur les questions de cette nature, aussi bien lorsqu'elles se soulèvent entre des particuliers, que lorsque l'Etat est une des parties interressées ;

Par ces motifs :

Le Tribunal, statuant en matière ordinaire et en premier ressort,

En ce qui concerne les terrains englobés par le décret du 13 juillet 1887 dans le rivage de la mer :

Donne acte à l'Etat de ce que la défenderesse reconnait son droit de propriété sur les terrains alluvionnaires situés en deçà de la ligne rouge du plan de délimitation et faisant partie, aux termes du décret du 13 juillet 1887, du rivage de la mer, et, par suite, du domaine public de l'Etat ;

Juge que la commune de Sandouville devra, dans la quinzaine de ce jour, rendre compte à l'Administration de l'Enregistrement et des Domaines, des produits et revenus desdits terrains, depuis le 1er mai 1884 jusqu'au 22 décembre 1888 ;

Dit que les dispositions du jugement précité du 22 décembre 1888, cesseront d'avoir effet à compter de cejourd'hui, en ce qui concerne les terrains englobés par le décret du 13 juillet 1887, dans le rivage de la mer, et que l'Etat aura, à partir de ce jour, la libre disposition de ces terrains et de leurs fruits et revenus ;

Condamne la commune de Sandouville aux intérêts de droit, à partir du jour de la demande, des sommes qu'elle aura à payer à titre de restitution de fruits ;

Ordonne, vu la reconnaissance formelle du droit de propriété de l'Etat sur les terrains dont s'agit, l'exécution provisoire des dispositions ci-dessus du présent jugement, nonobstant appel et sans caution ;

Dit n'y avoir lieu d'accorder acte des réserves faites par la défenderesse en ce qui concerne l'introduction possible par elle, dans l'avenir, d'une action en dommages intérêts ou en restitution des fruits ;

En ce qui concerne les terrains situés au-delà de la ligne rouge du plan de délimitation, qui ne sont pas compris par le décret du 13 juillet 1887 dans le rivage de la mer :

Déclare recevable, en la forme, l'exception d'incompétence soulevée par la défenderesse ; déclare ladite exception mal fondée, en déboute la commune de Sandouville ; retient la cause, et la renvoie à tous jours, pour être conclu et statué au fond ;

Condamne la commune de Sandouville aux dépens, dont distraction est accordée à Me Tailleux avoué, sur son affirmation légale.

Instance Commune de Sandouville

Jugement sur un incident de séquestre, du 18 juillet 1889.

Attendu que la commune de Sandouville, tout en réservant les droits qu'elle prétend avoir, déclare retirer sa demande en ce qui concerne les terrains alluvionnaires au Sud du canal de Tancarville, compris dans la délimitation du 13 juillet 1887, et que la Commune ne refuse pas la communication des baux et adjudications ;

Attendu, en ce qui concerne le surplus des terrains litigieux, que l'Etat ne soutient pas que ces terrains aient été placés sous séquestre par le jugement du 22 décembre 1888, comme l'avait cru le receveur municipal, qu'il n'existe plus à proprement parler de difficulté, sauf en ce qui concerne les frais d'entretien et d'administration des terrains litigieux ;

Attendu que l'administration n'a pas été enlevée au Maire par le jugement du 22 décembre 1888 ; que, toutefois, il n'est pas possible de laisser au Maire l'administration, sans aucun contrôle, des terrains litigieux, et qu'il convient de décider que les dépenses d'entretien et d'administration, jugées nécessaires par le Maire, doivent être indiquées à l'Administration des Domaines, dans la personne du Sous-Inspecteur des Domaines au Havre, qui prend l'engagement de faire la réponse dans les trois jours de l'avis ;

Attendu qu'il y a lieu d'employer les frais du présent incident en frais d'administration ;

Par ces motifs :

Le Tribunal, statuant en matière ordinaire et en premier ressort,

Donne acte à la commune de Sandouville de ce que, sous réserve des droits qu'elle prétend avoir, elle retire sa demande en ce qui concerne les terrains alluvionnaires au Sud du canal de Tancarville, compris dans la délimitation du 13 juillet 1887, et de ce qu'elle consent communiquer à l'Etat les baux et adjudications concernant lesdits terrains ;

Juge que le Maire de Sandouville, administrateur des terrains litigieux au Nord du canal de Tancarville, devra faire connaître à l'Administration des Domaines, dans la personne du Sous-Inspecteur des Domaines au Havre, qui prend l'engagement de faire connaître sa réponse dans les trois jours de l'avis, les dépenses d'administration et d'entretien qu'il jugerait utile d'entreprendre sur les terrains litigieux au Nord du canal de Tancarville ;

Dit que les dépens du présent incident seront employés en frais d'administration.

Instance Cousin

Jugement de séquestre — Terrains au Nord du Canal — du 24 octobre 1889.

Le Tribunal : Attendu, qu'à la date du vingt-et-un juin 1884, le Tribunal civil du Havre a rendu, dans l'affaire en revendication de terrains de nature alluvionnaire introduite par l'Etat contre les consorts Cousin, un jugement par lequel, statuant au provisoire, il constate que l'Etat n'insiste plus sur la demande de séquestre des terrains revendiqués, situés au Nord du canal de Tancarville, parce que les consorts Cousin passent obéissance de faire vendre, chaque année, aux enchères publiques, jusqu'au vidé de l'instance, les herbes et foins à récolter sur les terrains litigieux, et donne acte aux parties en cause de cet accord ;— Attendu que cette décision, essentiellement provisoire, ne saurait être invoquée, en 1889, comme constituant une fin de non recevoir contre la demande de séquestre formée par l'Etat, dans ses conclusions du 21 mai 1889, car les circonstances de fait ne sont plus aujourd'hui ce qu'elles étaient en 1884, et qu'un jugement qui statue au provisoire n'acquiert pas l'autorité de la chose jugée ;— Attendu que, si, en 1884, on pouvait espérer que le litige prendrait fin dans un délai relativement peu éloigné, il semble qu'il faille aujourd'hui renoncer à cet espoir, et qu'il y a lieu de penser que plusieurs années s'écouleront encore avant qu'une solution définitive intervienne ; que, dans ces circonstances, sans rien préjuger et afin de sauvegarder les droits éventuels des parties en cause, il y a lieu d'appliquer l'art. 1961 du Code civil, et d'ordonner le séquestre des immeubles dont la propriété est litigieuse entre les parties. Par ces motifs : Le Tribunal, statuant en matière ordinaire et en premier ressort, — Rejette, comme mal fondée, la fin de non recevoir opposée à la demande de séquestre formée par l'Etat et, statuant au provisoire, tous droits et moyens des parties expressément réservés, ordonne le séquestre des terrains en litige situés au Nord du canal de Tancarville ;— Nomme comme séquestres Maîtres Tailleux et Preschez, avoués au Havre ; — Juge que les séquestres seront tenus de faire vendre les herbes, que produiront les terrains litigieux, aux enchères publiques et de déposer le net produit des sommes qu'ils pourront encaisser à la Caisse des dépôts et consignations, pour le compte de qui de droit ; joint les dépens de l'incident au fond, mais autorise les séquestres à acquitter, sur les premiers fonds qui seront touchés par eux, les frais du présent jugement ; — Ordonne l'exécution provisoire du présent jugement nonobstant appel et sans caution.

INSTANCE LEMOINE

Jugement de séquestre — Terrains au Nord du Canal — du 24 octobre 1889.

Même jugement que dans l'affaire Cousin *(voir suprà, page 201)*.

INSTANCE LEBERQUIER

Jugement de séquestre — Terrains au Nord du Canal — du 24 octobre 1889.

Même jugement que dans l'affaire Cousin *(voir suprà, page 201)*.

INSTANCE VEUVE DUCHEMIN

Jugement de séquestre — Terrains au Nord du Canal — du 24 oc-octobre 1889.

Même jugement que dans l'affaire Cousin *(voir suprà, page 201)*.

INSTANCE LANGLOIS ET RICOUARD

Jugement de séquestre — Terrains au Nord du Canal — du 24 octobre 1889.

Même jugement que dans l'affaire Cousin *(voir suprà, page 201)*.

INSTANCE PÉRIER

Jugement de séquestre — Terrains au Nord du Canal — du 24 octobre 1889.

Même jugement que dans l'affaire Cousin *(voir suprà, page 201)*.

Instance Lecordier

Même jugement que dans l'affaire Cousin (*voir suprà, page 201*).

Jugement de séquestre — Terrains au Nord du Canal — du 24 octobre 1889.

Instance Veuve Lequesne

Même jugement que dans l'affaire Cousin (*voir suprà, page 201*).

Jugement de séquestre — Terrains au Nord du Canal — du 24 octobre 1889.

§ 2. — **Cour d'Appel de Rouen**

Instance Bobée

Arrêt refusant le séquestre, du 26 mai 1884.

Attendu que les consorts Bobée exploitent par eux-mêmes les herbages litigieux et font pâturer par leurs bestiaux les foins excrus sur ces terrains ;

Que, dans ces conditions, l'administration d'un séquestre semble de nature à présenter plus d'inconvénients que d'avantages ;

Qu'il ne paraît pas à craindre qu'en restant confiée aux soins des défendeurs, intéressés jusqu'à la solution définitive à sa conservation, la propriété litigieuse puisse dépérir ou subir des dégradations notables ; que, si le compte ultérieur des fruits doit donner matière à certaines des difficultés signalées au nom de l'Etat, il n'est pas suffisamment justifié que la nomination d'un séquestre aurait pour résultat de faire disparaître ou même d'atténuer ces difficultés ;

Qu'il n'y a pas lieu, dès lors, d'user en l'état de la faculté accordée par l'article 1961 du Code Civil ;

Par ces motifs :

La Cour, parties ouïes et M. l'Avocat Général entendu dans ses conclusions ;

Dit, à tort, la demande formée au nom de l'Etat, de mise en séquestre du terrain litigieux revendiqué par les consorts Bobée, l'en déboute ;

Et condamne le Préfet de la Seine-Inférieure, ès-qualités, aux dépens de l'incident ;

Accorde distraction des dépens à Mᵉ Portal, avoué, sur son affirmation de les avoir avancés.

Instance de Bernis

Arrêt de séquestre, du 26 mai 1881.

En ce qui concerne les terrains situés au Nord du Canal :

Attendu que la plus grande partie de ces terrains sont loués et que l'Etat déclare entendre respecter les baux en cours ;

Qu'à quelque point de vue qu'on se place, les droits éventuels de l'Etat semblent suffisamment sauvegardés ;

Que, pour ce qui est des terrains affermés, en effet, l'inspection des baux devra suffire pour déterminer l'importance des sommes dont la propriété restera subordonnée à la décision sur le fond ;

Que, pour les terrains, d'ailleurs peu nombreux, qui ne sont pas donnés à bail, un usage constant veut que toutes les herbes excrues sur ces terrains alluvionnaires se vendent aux enchères publiques ; qu'aucune dissimulation n'est donc, davantage, possible, et que la vérification des procès-verbaux de ventes ne saurait présenter des difficultés vraiment sérieuses, après que la Cour aura prononcé ;

Que le défendeur passe d'ailleurs obéissance, en tant que de besoin, de vendre, de la même façon, les produits des terrains, dont les baux viendraient à expirer en cours d'instance ;

Que, dans ces circonstances, et la solvabilité du Vicomte de Bernis étant hors de toutes contestations, la mise en séquestre des terrains dont il s'agit n'apparaît pas comme nécessaire ;

En ce qui concerne les terrains situés au Sud du Canal :

Attendu que, par suite des travaux entrepris par l'Etat et de la difficulté d'accéder aux alluvions situées au Sud du Canal, l'administration desdites alluvions, et la récolte des fruits en provenant, exigent la nomination d'un séquestre, et que, pour ces terrains, le défendeur ne s'oppose pas à la mesure sollicitée par l'Etat ;

Par ces motifs :

La Cour, parties ouïes, et M. l'Avocat Général entendu dans ses conclusions ;

En ce qui concerne les terrains situés au Nord du Canal :

Donne acte au Vicomte de Bernis de ce qu'il passe obéissance de vendre, aux enchères publiques, les herbes excrues sur ceux desdits terrains dont les baux viendraient à expirer en cours d'instance ;

Dit, à tort, la demande de mise en séquestre de ces terrains conclue par l'Etat ;

En ce qui concerne les terrains situés au Sud du Canal :

Donne acte au Vicomte de Bernis de ce que, par suite des travaux entrepris par l'Etat et de la difficulté d'accéder aux alluvions dont s'agit, il ne s'oppose pas à la nomination d'un séquestre, pour administrer lesdites alluvions et la récolte des fruits ;

Reçoit de ce chef M. le Préfet, ès-nom, incidemment demandeur,

Et, statuant sur ladite demande incidente,

Avant faire droit au fond, tous droits et tous moyens, tant de la forme que du fond, expressément réservés et tenant état,

Vu l'article 1961, § 2 du Code civil ;

Met en séquestre la partie de la propriété litigieuse située au Sud du Canal ;

Nomme M. Dorival, régisseur de biens, demeurant au Havre, pour, jusqu'à la solution définitive, administrer ladite propriété, prendre les mesures nécessaires pour éviter son dépérissement et toutes dégradations, percevoir les fruits, faire tout ce qui sera utile pour arriver à ce résultat, à charge de verser lesdits fruits à la Caisse des dépôts et consignations, pour le compte de qui il appartiendra ;

Réserve à statuer sur les dépens de l'incident en même temps que sur le fond.

Instance de Mortemart

Arrêt de séquestre, du 26 mai 1884.

Même arrêt que dans l'affaire de Bernis (*voir suprà, page 204*).

Instance de Bois-Hébert

Arrêt de séquestre, du 26 mai 1884.

Même arrêt que dans l'affaire de Bernis (*voir suprà, page 204*).

Instance Pinguet

Arrêt de séquestre, du 26 mai 1884.

Cet arrêt est conforme à celui rendu le même jour dans l'instance de Bernis (*voir suprà, page 204*), sauf en ce qui concerne les terrains au Nord du Canal de Tancarville. Sur ce point, les considérants et le dispositif de l'arrêt sont ainsi conçus :

Attendu que les consorts Pinguet se sont, jusqu'à présent, conformés à l'usage, d'ailleurs constant, qui veut que toutes les herbes excrues sur des terrains alluvionnaires de la nature de ceux qu'ils revendiquent, se vendent, quand ces terrains ne sont pas loués, aux enchères publiques ;

Qu'aucune dissimulation n'est, par suite, possible, et que la vérification des procès-verbaux de ventes ne saurait présenter de difficultés vraiment sérieuses après que la Cour aura prononcé ;

Que les défendeurs passent, d'ailleurs, obéissance, en tant que de besoin, de vendre aux enchères, anisi qu'ils l'ont toujours fait, les herbes excrues sur les terrains revendiqués ;

Que, dans ces circonstances, la solvabilité des consorts Pinguet étant hors de toute contestation, et la garantie des droits éventuels de l'Etat se trouvant pleinement sauvegardée, à quelque point de vue qu'on se place, la mise en séquestre des terrains dont il s'agit, n'apparait pas comme nécessaire...

Par ces motifs :

La Cour, parties ouïes, et M. l'Avocat Général entendu dans ses conclusions;

En ce qui concerne les terrains situés au Nord du Canal :

Donne acte aux consorts Pinguet de ce qu'ils passent obéissance de vendre aux enchères, ainsi qu'ils l'ont toujours fait, les herbes excrues sur les terrains dont s'agit;

Dit, à tort, la demande de mise en séquestre de ces terrains, conclue par l'Etat ;

En ce qui concerne les terrains situés au Sud du Canal :

Donne acte, etc...

Instance Commune de Gonfreville

Arrêt de séquestre, du 26 mai 1884.

Attendu que, sur l'instance introduite par le Préfet du Département de la Seine-Inférieure, ès-nom, contre la commune de Gonfreville-l'Orcher, en revendication de lais de mer et de leurs dépendances, il est intervenu, le 17 janvier dernier, un jugement qui a reconnu le droit de propriété de l'Etat sur ces terrains ;

Que, par exploit du 7 mai courant, le duc de Mortemart, se disant agir au nom de la commune de Gonfreville-l'Orcher, en son lieu et place, en sa qualité de contribuable de ladite Commune, a interjeté appel dudit jugement ;

Que, nonobstant cet appel, le duc de Mortemart ne peut évidemment pas se substituer à la Commune, celle-ci n'ayant pas relevé appel de la décision des premiers juges, pour faire les actes de gestion et d'administration que réclament les biens litigieux ;

Que, dans ces circonstances, l'Etat a le plus grand intérêt à ce que la conservation et la bonne administration des terrains, dont il a été reconnu propriétaire, soient assurés ;

Qu'en outre, tant au point de vue de la réclamation ultérieure des fruits que des travaux d'entretien des rigoles et des mesures à prendre relativement au passage nécessaire pour l'exploitation des herbages dont il s'agit, la mesure purement conservatoire proposée par l'Etat doit être considérée comme avantageuse et dans l'intérêt commun des parties ;

Attendu que l'avoué du duc de Mortemart ne conclut pas ;

Par ces motifs :

La Cour, parties ouïes, et M. l'Avocat général entendu dans ses conclusions,

Prononce défaut contre le duc de Mortemart, faute par lui de conclure,

Et, pour le profit,

Reçoit M. le Préfet, ès-noms, incidemment demandeur ;

Et, statuant sur ladite demande incidente,

Avant faire droit au fond, et tous droits et moyens, tant de la forme que du fond, expressément réservés et tenant état,

Vu l'article 1961 § 2 du Code civil,

Met en séquestre les terrains dont s'agit,

Nomme M. Dorival, régisseur de biens, demeurant au Havre, pour, jusqu'à la solution définitive, administrer lesdits biens, prendre les mesures nécessaires pour éviter leur dépérissement et toutes dégradations, percevoir les fruits, faire tout ce qui sera utile pour arriver à ce résultat, à charge de verser le montant desdits fruits, pour le compte de qui il appartiendra, à la Caisse des Dépôts et Consignations ;

Condamne le duc de Mortemart aux dépens de l'incident ; — Accorde distraction des dépens à Me Daviel, avoué, sur son affirmation de les avoir avancés.

INSTANCE BOBÉE

Arrêt sur le fond, du 29 juillet 1885.

Attendu que les limites entre la mer et la Seine, à l'embouchure du fleuve, ont été déterminées conformément aux prescriptions de l'art. 2 du décret du 21 février 1852, par un décret du chef de l'Etat, rendu sous forme de réglement d'administration publique, tous les droits des tiers réservés, le 24 février 1869 ;

Que les limites de la mer, dans la baie de Seine, ont été fixées par décret du Président de la République, en date du 9 juin 1877, rendu également sous forme de réglement d'administration publique, tous les droits des tiers réservés ;

Qu'à la suite de cette délimitation, l'Etat a pris possession des terrains qui s'y trouvaient compris sur la rive Nord ;

Que, dans ces circonstances, un certain nombre de riverains ont demandé au Conseil d'Etat l'annulation, pour excès de pouvoir, des décrets de délimitation intervenus ;

Que, devant le Conseil d'Etat, la prétention des riverains était que les terrains, compris par le décret du 9 juin 1877 dans le domaine public de l'Etat comme faisant partie du rivage maritime, étaient en rive de Seine ; que, d'autre part, n'étant pas couverts par les eaux du fleuve coulant à pleins bords avant tout débordement, ces terrains leur appartenaient en qualité de riverains de la Seine, à titre d'alluvions fluviales ;

Que l'administration soutenait, au contraire, que les terrains dont il s'agissait étaient bordés par la mer ; qu'ils étaient couverts par le grand flot de mars ; que, par suite, par application de l'Ordonnance d'août 1681 sur la marine, ils faisaient partie du rivage maritime et, par conséquent, du domaine public de l'Etat (D. P. 83. 3. 7) ;

Attendu que, statuant sur ces prétentions respectives, le Conseil d'Etat a, par arrêt du 10 mars 1882, annulé le décret du 9 juin 1877 portant délimitation du rivage de la mer dans la partie Nord et la partie Sud de la baie de Seine, en aval de la délimitation transversale fixée par le décret du 24 février 1869, et rejeté le surplus du pourvoi des riverains (D. P. 83. 3. 73) ;

Qu'en ce qui touche la délimitation transversale de la mer et de la Seine, à son embouchure, le Conseil prononce ainsi qu'il suit :

Considérant qu'il résulte de l'instruction que le décret du 24 février 1869, en fixant la délimitation transversale de la mer et de la Seine, à son embouchure, d'après une ligne partant du cap du Hode, au Nord, et aboutissant, au Sud, à un point en aval de Berville, **n'a pas étendu le domaine maritime au-delà de ses limites naturelles** *par rapport à l'embouchure de la Seine ;*

Que, relativement à la délimitation latérale du rivage de la mer dans la baie, le Conseil d'Etat statue en ces termes :

Considérant que le décret du 9 juin 1877 a fixé la limite du rivage de la mer dans la partie Nord et la partie Sud de la baie, en aval de la délimitation transversale fixée par le décret précédent (du 24 février 1869), d'après la ligne atteinte par le flot dans la marée du 30 mars 1873, conformément au tracé fait sur les lieux par une commission instituée à cet effet ; mais, considérant qu'il résulte de l'instruction, et, notamment, de la vérification faite par la commission instituée par la décision du 22 juillet 1881, que la marée observée en mars 1873, qui a servi de base à la délimitation attaquée aujourd'hui par les riverains, a été influencée par des circonstances météorologiques exceptionnelles sans lesquelles le flot n'aurait pas atteint la hauteur où il est parvenu ; que les requérants sont fondés à se prévaloir de cette circonstance pour demander l'annulation de la délimitation intervenue, laquelle a pu avoir pour effet de comprendre dans le rivage de la mer, même dans la partie Sud, des terrains qui ne sont pas habituellement couverts par le grand flot de mars dans le sens de l'art. 1er, titre VII, du livre IV de l'ordonnance d'août 1681 sur la marine ;

Attendu qu'à la suite de cet arrêt, et bien que n'y ayant pas été parties, les héritiers Bobée ont revendiqué contre l'Etat la propriété d'herbages et de leurs dépendances, situés commune de Graville-Ste-Honorine et, par extension, sur Gonfreville-l'Orcher, jusqu'à la rive droite de la Lézarde ; que l'Etat n'a pas contesté aux héritiers Bobée la propriété de la partie d'herbages protégée par la digue construite en 1828, mais a prétendu que le surplus des terrains revendiqués, baigné périodiquement par les flots de la mer qui, avant la construction d'une nouvelle digue par les demandeurs en

1875, s'étendaient jusqu'aux digues de 1828, constitue des rivages de la mer imprescriptibles et inaliénables ;

Que l'Etat demandait d'ailleurs qu'il fût sursis à statuer sur la prétention des héritiers Bobée, en ce qui concerne les terrains contestés, jusqu'à ce qu'un nouveau décret, remplaçant le décret annulé du 9 juin 1877, ait fixé les limites du rivage de la mer dans la baie en aval du cap du Hode ;

Attendu que, devant le Tribunal, les héritiers Bobée prétendant qu'en supposant même, par hypothèse, qu'il s'agisse, dans l'espèce, de terrains dépendant du rivage de la mer, ils auraient néanmoins acquis des droits sur ces terrains, en vertu d'actes de concession antérieurs à l'Ordonnance de Moulins, ont conclu au rejet de la demande de sursis présentée par l'Etat ;

Attendu que le Tribunal, tout en repoussant la prétention des héritiers Bobée relativement aux actes de concession par eux invoqués, a décidé qu'il n'y avait pas lieu, en l'état actuel de la cause, d'admettre la demande de sursis, et que, de plus, statuant au fond, il a jugé que les héritiers Bobée ne pouvaient revendiquer aucun droit de propriété sur les terrains en nature de marais, situés en dehors des digues de 1828 et qualifiés, dans leur contrat d'acquisition, de zône maritime, tant qu'ils n'auront pas établi qu'ils possèdent ces terrains à l'état de lais et relais délaissés par la mer depuis dix ans, et les ont ainsi prescrits contre le domaine de l'Etat ;

Qu'en même temps, le Tribunal repousse la demande en restitution de fruits, formée par l'Etat à partir de 1869, date du décret de délimitation transversale ;

Attendu que les héritiers Bobée ont interjeté appel de ce jugement ; que, de son côté, l'Etat a formé appel incident, sans toutefois persister dans sa demande de sursis ;

Que, par suite de ces appels et des conclusions prises au fond devant la Cour, la cause présente à juger, d'abord, la question de savoir si, comme le prétendent les héritiers Bobée, ils doivent être déclarés légalement propriétaires, et d'ailleurs en possession et jouissance immémoriales des marais par eux revendiqués et de leurs dépendances alluvionnaires actuelles et même à venir, ou si, au contraire, ainsi que le soutient l'Etat, les terrains, dont il s'agit, doivent être considérés soit comme dépendances du rivage de la mer, inaliénables et imprescriptibles à ce titre, ou comme des lais et relais dont la propriété ne pourrait être reconnue au profit des riverains qu'autant que ceux-ci justifieraient d'une possession suffisante pour prescrire ;

Attendu que, pour statuer sur les prétentions respectives des parties, telles qu'elles viennent d'être énoncées, il est évidemment nécessaire de procéder à la détermination des limites actuelles de la mer dans la baie de Seine, au droit des terrains contestés ; que, d'une part, en effet, les changements de limites qui peuvent résulter du mouvement naturel des eaux n'ouvrent aucun droit à une indemnité, et ne peuvent par suite, donner matière à la consécration d'aucun droit ; que, d'autre part, en l'absence de toute délimitation latérale, résultant de l'annulation du décret du 9 juin 1877, le décret de délimitation transversale du 24 février 1869 ne saurait être, quant à présent du moins, invoqué avec toute la portée que l'Etat pourrait lui attribuer si ce décret venait à être complété par une délimitation nouvelle du rivage de la mer, au droit des propriétés qui le bordent ;

Qu'il est, en effet, certain que la fixation des limites de la mer, telle que la prévoit et la règle l'article 2 du décret du 21 février 1852, dans une double hypothèse, doit avoir de toutes autres conséquences, suivant qu'elle a lieu par rapport au fleuve, dans l'estuaire, ou par rapport aux propriétés riveraines, sur le littoral ;

Que l'application de ce principe a été faite d'une manière constante par le Conseil d'Etat, qui, à maintes reprises (D. P. 1876. 3.99 et 1879. 3.57), a formellement proclamé que la détermination de la ligne séparative de la mer et d'un fleuve n'a pour but ni de déterminer le rivage de la mer, ni de fixer le caractère des alluvions au droit des propriétés riveraines ;

Qu'il va de soi, en effet, que ce n'est pas la démarcation tracée à travers la baie, entre la mer et le fleuve, mais seulement la laisse des eaux repérée sur le littoral, qui peut déterminer la limite en arrière de laquelle le sol devient susceptible de propriété privée, et qui caractérise ainsi juridiquement les titres et la possession des riverains ;

Or, attendu que c'est à l'autorité administrative qu'il appartient de veiller à la conservation du domaine public, et, qu'en ce qui concerne la détermination des limites du rivage de la mer, l'article 2 du décret du 21 février 1852 dispose expressément qu'elle est faite par l'autorité supérieure, tous droits des tiers réservés ;

Qu'il suit de là que quand, comme dans l'espèce, il y a contestation sur les limites actuelles de la mer, la détermination de ces limites par l'autorité administrative est préjudicielle à toute décision des tribunaux judiciaires ;

Qu'il importe évidemment alors peu qu'il s'agisse uniquement de la reconnaissance, en principe, de droits de propriété ou de possession réclamés par les riverains, la délimitation latérale pouvant seule permettre, en définitive, qu'il y ait lieu, au fond, de consacrer la décision frappée d'appel, ou d'accueillir la prétention des adversaires de l'Etat, de déterminer, dans le premier cas, les terrains sur lesquels des actes de possession auront pu être utilement exercés, et, dans le second, de désigner ceux de ces terrains qui devraient être considérés comme ayant constitué, dans l'état ancien, des alluvions acquises par les riverains au moment même de la formation ;

Que, de toutes les considérations invoquées, une seule devrait conduire la Cour à juger, de suite, la contestation portée devant elle ;

Que s'il était vrai, en effet, que les riverains eussent acquis des droits sur les terrains contestés en vertu d'actes antérieurs à l'Ordonnance de Moulins de 1566, il est manifeste qu'il n'y aurait pas lieu de surseoir en prévision d'une délimitation préalable ;

Mais attendu, sur ce point, que la prétention des riverains ne doit pas être admise ;

Que s'il peut résulter, en effet, de l'ensemble des actes produits, notamment des aveux rendus en 1458, renouvelés en 1509 et postérieurement en 1702 et en 1782, comme aussi des termes du procès-verbal de saisie de la terre d'Orcher en 1604, que c'était bien une vocation éventuelle aux terrains en litige, que les plus anciens de ces titres, comme les plus récents, consacraient au profit des seigneuries de Rogerville et d'Orcher, il faut reconnaître que ce droit ne se rencontre dans les documents sus-visés qu'à l'état de droit féodal et non territorial, puisqu'il ne se trouve mentionné dans les titres les plus précis que *privativement aux propriétaires des héritages contigus* ;

Qu'il faut en conclure que la concession alléguée a disparu en 1789, en même temps que tous les autres privilèges de la féodalité, et que, sauf à rechercher, lors de l'examen du fond, au profit de qui l'abolition du droit seigneurial dont il s'agit a eu lieu, et quelles conséquences il en faudrait tirer, au point de vue des solutions que comporte la contestation dont la Cour doit demeurer saisie, il n'y a pas lieu de s'arrêter, ni d'avoir égard aux conclusions prises au nom des riverains à cet égard ;

Attendu que, ce moyen écarté, la Cour se trouve en présence de la question préjudicielle indiquée plus haut, et résultant de ce que, pour la décision du procès qui lui est soumis, il y a lieu de déterminer les limites du rivage de la mer au droit des terrains contestés ; qu'il n'appartient pas à l'autorité judiciaire de fixer cette limite ;

Que, dans ces circonstances, la Cour doit surseoir, même d'office, à statuer sur le fond, et renvoyer les parties à se pourvoir, au préalable, devant l'autorité compétente ;

Mais, attendu que la question préjudicielle ne saurait tenir indéfiniment le fond en suspens, et qu'aucun délai n'étant déterminé, quand il s'agit de faire résoudre administrativement une question de cet ordre, il est du devoir du juge d'en fixer un, afin que le cours de la justice ne puisse demeurer interrompu ;

Qu'un délai de dix mois paraît suffisant ;

En ce qui concerne spécialement les héritiers Bobée,

Attendu que, bien qu'ils n'aient pas été parties dans l'instance engagée devant le Conseil d'Etat, l'Etat n'a jamais invoqué contre eux dans ses conclusions, pas plus en première instance qu'en appel, le décret du 9 juin 1877 dont l'annulation a été prononcée par l'arrêt du 10 mars 1882 ;

Que, devant les premiers juges, l'Etat avait, au surplus, reconnu qu'aussi bien vis-à-vis d'eux que vis-à-vis des autres riverains parties en cause à l'arrêt précité, la délimitation préalable était nécessaire ;

La Cour, parties ouïes, et M. l'Avocat Général entendu, sans s'arrêter, ni avoir égard aux conclusions des appelants, tendant à voir dire et juger qu'ils avaient des droits acquis sur les terrains en litige, en vertu d'actes de concessions antérieurs à l'Ordonnance de Moulins de 1566, lesquelles doivent être d'ores et déjà, en tant que de besoin, rejetées comme mal fondées ;

Dit et juge que, pour la solution des difficultés pendantes entre les parties devant la Cour, il y a lieu de déterminer la limite du rivage de la mer, au droit des terrains contestés, entre les héritiers Bobée et l'Etat ;

Dit qu'il n'appartient pas à l'autorité judiciaire de fixer cette limite ;

Surseoit, en conséquence, à statuer sur le fond, et renvoie les parties à se pourvoir, au préalable, devant l'autorité compétente ;

Leur accorde, pour faire procéder à la délimitation dont est cas, dans les formes spéciales tracées par le décret du 21 février 1852, un délai de dix mois, passé lequel il sera fait droit ;

Réserve à statuer sur les dépens, en même temps que sur le fond.

Instance de Bernis

Arrêt sur le fond, du 29 juillet 1885.

Attendu que les limites entre la mer et la Seine, à l'embouchure du fleuve, ont été déterminées, conformément aux prescriptions de l'article 2 du décret du 21 février 1852, par un décret du chef de l'Etat, rendu sous forme de réglement d'administration publique, tous les droits des tiers réservés, le 24 février 1869 ;

Que les limites de la mer, dans la baie de Seine, ont été fixées par décret du Président de la République, en date du 9 juin 1877, rendu également sous forme de réglement d'administration publique, tous les droits des tiers réservés ;

Qu'à la suite de cette délimitation, l'Etat a pris possession des terrains qui s'y trouvaient compris sur la rive Nord ;

Que, dans ces circonstances, un certain nombre de riverains ont demandé au Conseil d'Etat l'annulation, pour excès de pouvoir, des décrets de délimitation intervenus ;

Que, devant le Conseil d'Etat, la prétention des riverains était que les terrains, compris par le décret du 9 juin 1877 dans le domaine public de l'Etat comme faisant partie du rivage maritime, étaient en rive de Seine ; que, d'autre part, n'étant pas couverts par les eaux du fleuve coulant à pleins bords avant tout débordement, ces terrains leur appartenaient en qualité de riverains de la Seine, à titre d'alluvions fluviales ;

Que l'administration soutenait, au contraire, que les terrains dont il s'agissait étaient bordés par la mer ; qu'ils étaient couverts par le grand flot de mars ; que, par suite, par application de l'Ordonnance d'août 1681 sur la marine, ils faisaient partie du rivage maritime et, par conséquent, du domaine public de l'Etat (D. P. 83. 3. 7) ;

Attendu que, statuant sur ces prétentions respectives, le Conseil d'Etat a, par arrêt du 10 mars 1882, annulé le décret du 9 juin 1877 portant délimitation du rivage de la mer dans la partie Nord et la partie Sud de la baie de Seine, en aval de la délimitation transversale fixée par le décret du 24 février 1869, et rejeté le surplus du pourvoi des riverains (D. P. 83. 3. 73) ;

Qu'en ce qui touche la délimitation transversale de la mer et de la Seine à son embouchure, le Conseil prononce ainsi qu'il suit :

Considérant qu'il résulte de l'instruction que le décret du 24 février 1869, en fixant la délimitation transversale de la mer et de la Seine à son embouchure, d'après une ligne partant du cap du Hode, au Nord, et aboutissant, au Sud, à un point en aval de Berville, **n'a pas étendu le domaine maritime au delà de ses limites naturelles** *par rapport à l'embouchure de la Seine ;*

Que, relativement à la délimitation latérale du rivage de la mer dans la baie, le Conseil d'Etat statue en ces termes :

Considérant que le décret du 9 juin 1877 a fixé la limite du rivage de la mer, dans la partie Nord et la partie Sud de la baie, en aval de la délimitation transversale fixée par le décret précédent (du 24 février 1869), d'après la ligne atteinte par le flot dans la marée du 30 mars 1873, conformément au tracé fait sur les lieux par une commission instituée à cet effet; mais, considérant qu'il résulte de l'instruction, et notamment de la vérification faite par la commission instituée par la décision du 22 juillet 1881, que la marée observée en mars 1873, qui a servi de base à la délimitation attaquée aujourd'hui par les riverains, a été influencée par des circonstances météorologiques exceptionnelles sans lesquelles le flot n'aurait pas atteint la hauteur où il est parvenu ; que les requérants sont fondés à se prévaloir de cette circonstance pour demander l'annulation de la délimitation intervenue, laquelle a pu avoir pour effet de comprendre dans le rivage de la mer, même dans la partie Sud, des terrains qui ne sont pas habituellement couverts par le grand flot de mars dans le sens de l'article 1er, titre VII, du livre IV de l'Ordonnance d'août 1681 sur la marine ;

Attendu qu'à la suite de cet arrêt, de Bernis, qui y était partie, a actionné l'Etat devant le Tribunal de première instance du Havre, pour voir dire et déclarer qu'il est légalement propriétaire, et d'ailleurs en possession et jouissance immémoriales, de marais et de leurs dépendances alluvionnaires actuelles et même à venir, situés commune de Gonfreville-l'Orcher, et bornés au Sud par le courant ou chenal de la Seine, marais sur lesquels le domaine de l'Etat ne pourrait invoquer utilement aucun droit de propriété ou de jouissance ;

Que l'Etat, en réponse, a contesté le bien fondé de cette action, en ce qui concerne d'abord les parties de terrains couvertes périodiquement par le grand flot de mars, qui devraient être considérées comme dépendances du rivage de la mer, et, ensuite, les parties de ces mêmes terrains constituant, d'après lui, les lais et relais dont la mer se serait définitivement retirée, mais qui seraient possédés depuis moins de trente ans par de Bernis ;

Qu'en ce qui concerne les parties de terrains au Sud du canal de Tancarville en construction, parties qui seraient encore actuellement couvertes par le grand flot de mars, l'Etat demandait qu'il fût sursis à statuer jusqu'à ce qu'un nouveau décret, remplaçant le décret annulé du 9 juin 1877, ait fixé latéralement les limites du rivage dans la baie, en aval du cap du Hode ;

Attendu que, devant le Tribunal, de Bernis, prétendant qu'en supposant même, par hypothèse, qu'il s'agisse, dans l'espèce, de terrains dépendant du rivage de la mer, il aurait néanmoins acquis des droits sur ces terrains , en vertu d'actes de concession antérieurs à l'Ordonnance de Moulins, a conclu au rejet de la demande de sursis présentée par l'Etat ;

Attendu que le Tribunal, tout en repoussant la prétention de de Bernis, relativement aux actes de concession par lui invoqués, a décidé qu'il n'y avait pas lieu, en l'état actuel de la cause, d'admettre la demande de sursis, et que, de plus, statuant au fond, il a jugé qu'effectivement les terrains revendiqués ont toujours fait partie du rivage de la mer, ou qu'ils en sont des lais et relais ; que le grand flot de mars couvre les terrains situés au Sud du canal de Tancarville ; qu'il couvrait même, avant la construction du canal, une grande partie des terrains situés au Nord, et que, si une faible partie de ces derniers terrains peuvent être considérés comme lais et relais, c'est aux riverains à établir qu'ils les ont possédés en cet état pendant le temps voulu pour prescrire ;

Qu'en même temps, le Tribunal repousse la demande en restitution de fruits formée par l'Etat à partir de 1869, date du décret de délimitation transversale ;

Attendu que de Bernis a interjeté appel, etc...

(Voir la suite de l'arrêt rendu dans l'instance Bobée, du 5me alinéa de la page 210, jusques et y compris le 4er alinéa de la page 213).

Par ces motifs :

La Cour, parties ouïes, et M. l'Avocat général entendu, sans s'arrêter ni avoir égard aux conclusions de l'appelant tendant à voir dire et juger qu'il avait des droits acquis sur les terrains en litige, en vertu d'actes de concessions antérieurs à l'Ordonnance de Moulins de 1566, lesquelles doivent être d'ores et déjà, en tant que de besoin, rejetées comme mal fondées ;

Dit et juge que, pour la solution des difficultés pendantes entre les parties devant la Cour, il y a lieu de déterminer la limite du rivage de la mer, au droit des terrains contestés, entre de Bernis et l'Etat ;

Dit qu'il n'appartient pas à l'autorité judiciaire de fixer cette limite ;

Surseoit, en conséquence, à statuer sur le fond, et renvoie les parties à se pourvoir au préalable devant l'autorité compétente ;

Leur accorde, pour faire procéder à la délimitation dont est cas, dans les formes spéciales tracées par le décret du 21 février 1852, un délai de dix mois, passé lequel il sera fait droit ;

Réserve à statuer sur les dépens, en même temps que sur le fond.

Instance de Mortemart

Même arrêt que dans l'affaire de Bernis *(voir suprà, page 213).* Arrêt sur le fond, du 29 juillet 1885.

Instance Commune de Gonfreville

Attendu que les limites entre la mer et la Seine, à l'embouchure du fleuve, ont été déterminées, conformément aux prescriptions de l'art. 2 du décret du 21 février 1852, par un décret du chef de l'Etat rendu sous forme de règlement d'administration publique, tous les droits des tiers réservés, le 24 février 1869 ; Arrêt sur le fond, du 29 juillet 1885.

Que les limites de la mer, dans la baie de Seine, ont été fixées par décret du Président de la République, en date du 9 juin 1877, rendu également sous forme de réglement d'administration publique, tous les droits des tiers réservés ;

Qu'à la suite de cette délimitation, l'Etat a pris possession des terrains qui s'y trouvaient compris sur la rive Nord ;

Que, dans ces circonstances, un certain nombre de riverains ont demandé au Conseil d'Etat l'annulation, pour excès de pouvoir, des décrets de délimitation intervenus ;

Que, devant le Conseil d'Etat, la prétention des riverains était que les terrains compris par le décret du 9 juin 1877 dans le domaine public de l'Etat, comme faisant partie du rivage maritime, étaient en rive de Seine ; que, d'autre part, n'étant pas couverts par les eaux du fleuve coulant à pleins bords avant tout débordement, ces terrains leur appartenaient en qualité de riverains de Seine, à titre d'alluvions fluviales ;

Que l'administration soutenait, au contraire, que les terrains dont il s'agissait étaient bordés par la mer ; qu'ils étaient couverts par le grand flot de mars ; que, par suite, par application de l'Ordonnance d'août 1681 sur la marine, ils faisaient partie du rivage maritime et, par conséquent, du domaine public de l'Etat (D. P. 83. 3. 7) ;

Attendu que, statuant sur ces prétentions respectives, le Conseil d'Etat a, par arrêt du 10 mars 1882, annulé le décret du 9 juin 1877 portant délimitation du rivage de la mer dans la partie Nord et la partie Sud de la baie de Seine, en aval de la délimitation transversale fixée par le décret du 24 février 1869, et rejeté le surplus du pourvoi des riverains (D. P. 83. 3. 73) ;

Qu'en ce qui touche la délimitation transversale de la mer et de la Seine, à son embouchure, le Conseil prononce ainsi qu'il suit :

Considérant qu'il résulte de l'instruction que le décret du 24 février 1869, en fixant la délimitation transversale de la mer et de la Seine, à son embouchure, d'après une ligne partant du cap du Hode, au Nord, et aboutissant, au Sud, à un point en aval de Berville, **n'a pas étendu le domaine maritime au delà de ses limites naturelles** *par rapport à l'embouchure de la Seine ;*

Que, relativement à la délimitation latérale du rivage de la mer dans la baie, le Conseil d'Etat statue en ces termes :

Considérant que le décret du 9 juin 1877 a fixé la limite du rivage de la mer, dans la partie Nord et la partie Sud de la baie, en aval de la délimitation transversale fixée par le décret précédent (24 février 1869) d'après la ligne atteinte par le flot dans la marée du 30 mars 1873, conformément au tracé fait sur les lieux par une commission instituée à cet effet ; mais, considérant qu'il résulte de l'instruction, et notamment de la vérification faite par la commission instituée par la décision du 22 juillet 1881, que la marée observée en mars 1873, qui a servi de base à la délimitation attaquée aujourd'hui par les riverains, a été influencée par des circonstances météorologiques exceptionnelles sans lesquelles le flot n'aurait pas atteint la hauteur où il est parvenu ; que les requérants sont fondés à se prévaloir de cette circonstance pour demander l'annulation de la délimitation intervenue, laquelle a pu avoir pour effet de comprendre dans le rivage de la mer, même dans la partie Sud, des terrains qui ne sont pas habituellement couverts par le grand flot de mars dans le sens de l'art. 1er, titre VII, du livre IV de l'Ordonnance d'août 1681 sur la marine ;

Attendu qu'à la suite de cet arrêt, l'Etat a réclamé devant le Tribunal de première instance du Havre, contre la commune de Gonfreville-l'Orcher qui y était partie, la propriété des marais d'origine alluvionnaire, prétendant qu'ils constituaient pour partie le rivage de la mer et, pour l'autre partie, des lais et relais de la mer, non aliénés par lui, ni prescrits contre lui ;

Qu'en ce qui concerne les parties de terrains au Sud du Canal de Tancarville en construction, parties qui seraient encore actuellement couvertes par le grand flot de mars, l'Etat demandait qu'il fût sursis à statuer jusqu'à ce qu'un nouveau décret, remplaçant le décret annulé du 9 juin 1877, ait fixé latéralement les limites du rivage dans la baie, en aval du cap du Hode ;

Attendu que, devant le Tribunal, la commune de Gonfreville, prétendant qu'en supposant même, par hypothèse, qu'il s'agisse, dans l'espèce, de terrains dépendant du rivage de la mer, elle aurait néanmoins acquis des droits sur ces terrains en vertu d'actes de concession antérieurs à l'Ordonnance de Moulins, a conclu au rejet de la demande de sursis présentée par l'Etat ;

Attendu que le Tribunal, tout en repoussant la prétention de la commune de Gonfreville relativement aux actes de concession par lui invoqués, a décidé qu'il n'y avait pas lieu, en l'état actuel de la cause, d'admettre la demande de sursis, et que, de plus, statuant au fond, il a jugé qu'effectivement les terrains revendiqués ont toujours fait partie du rivage de la mer, ou qu'ils en sont des lais et relais ; que le grand flot de mars couvre les terrains situés au Sud du canal de Tancarville ; qu'il couvrait même, avant la construction du canal, une grande partie des terrains situés au Nord, et que, si une faible partie de ces derniers terrains peuvent être considérés comme lais et relais, c'est aux riverains à établir qu'ils les ont possédés en cet état pendant le temps voulu pour prescrire ;

Qu'en même temps, le Tribunal repousse la demande en restitution de fruits formée par l'Etat à partir de 1869, date du décret de délimitation transversale ;

Attendu que la Commune n'ayant pas tout d'abord interjeté appel de ce jugement, le duc de Mortemart, agissant comme contribuable, l'a fait dans son intérêt ; que l'Etat ayant alors formé appel, sans persister toutefois dans sa demande de sursis, la Commune a, sur cet appel principal, appelé elle-même incidemment ;

Que, par suite de ces appels, etc. ;

(Voir la suite de l'arrêt rendu dans l'instance Bobée, du 6me alinéa de la page 210, jusques et y compris le 1me alinéa de la page 213).

Par ces motifs :

La Cour, parties ouïes, et M. l'Avocat Général entendu, sans s'arrêter ni avoir égard aux conclusions tant de M. de Mortemart, ès-nom, que de la commune de Gonfreville, tendant à voir dire et juger que ladite commune avait des droits acquis sur les terrains en litige en vertu d'actes de concessions antérieurs à l'Ordonnance de Moulins de 1566, lesquelles doivent être d'ores et déjà, en tant que besoin, rejetées comme mal fondées ;

Déclare joints comme connexes l'appel du duc de Mortemart envers l'appel du Préfet de la Seine-Inférieure, ès-qualité, et l'appel incident de la commune de Gonfreville, et statuant sur le fond par un seul et même arrêt ;

Dit et juge que, pour la solution des difficultés pendantes entre les parties devant la Cour, il y a lieu de déterminer la limite du rivage de la mer, au droit des terrains contestés, entre la commune de Gonfreville et l'Etat;

Dit qu'il n'appartient pas à l'autorité judiciaire de fixer cette limite ;

Surseoit en conséquence à statuer sur le fond, et renvoie les parties à se pourvoir, au préalable, devant l'autorité compétente ;

Leur accorde, pour faire procéder à la délimitation dont est cas, dans les formes spéciales tracées par le décret du 21 février 1852, un délai de dix mois, passé lequel il sera fait droit;

Réserve à statuer sur les dépens, en même temps que sur le fond.

Instance de Bois-Hébert

Arrêt sur le fond, du 29 juillet 1885.

Attendu que les limites entre la mer et la Seine, à l'embouchure du fleuve, ont été déterminées, conformément aux prescriptions de l'article 2 du décret du 21 février 1852, par un décret du chef de l'Etat rendu sous forme de réglement d'administration publique, tous les droits des tiers réservés, le 24 février 1869 ;

Que les limites de la mer, dans la baie de Seine, ont été fixées par décret du Président de la République, en date du 9 juin 1877, rendu également sous forme de réglement d'administration publique, tous les droits des tiers réservés ;

Qu'à la suite de cette délimitation, l'Etat a pris possession des terrains qui s'y trouvaient compris sur la rive Nord ;

Que, dans ces circonstances, un certain nombre de riverains ont demandé au Conseil d'Etat l'annulation, pour excès de pouvoir, des décrets de délimitation intervenus ;

Que, devant le Conseil d'Etat, la prétention des riverains était que les terrains compris par le décret du 9 juin 1877 dans le domaine public de l'Etat, comme faisant partie du rivage maritime, étaient en rive de Seine ; que, d'autre part, n'étant pas couverts par les eaux du fleuve coulant à pleins bords avant tout débordement, ces terrains leur appartenaient en qualité de riverains de la Seine, à titre d'alluvions fluviales ;

Que l'Administration soutenait, au contraire, que les terrains dont il s'agissait étaient bordés par la mer, qu'ils étaient couverts par le grand flot de mars ; que, par suite, par application de l'Ordonnance d'août 1681 sur la marine, ils faisaient partie du rivage maritime et, par conséquent, du domaine public de l'Etat (D. P. 83.3.7) ;

Attendu que, statuant sur ces prétentions respectives, le Conseil d'Etat a, par arrêt du 10 mars 1882, annulé le décret du 9 juin 1877 portant délimitation du rivage de la mer dans la partie Nord et la partie Sud de la baie de Seine, en aval de la délimitation transversale fixée par le décret du 24 février 1869, et rejeté le surplus du pourvoi des riverains (D. P. 83.3.73) ;

Qu'en ce qui touche la délimitation transversale de la mer et de la Seine, à son embouchure, le Conseil prononce ainsi qu'il suit :

Considérant qu'il résulte de l'instruction que le décret du 24 février 1869, en fixant la délimitation transversale de la mer et de la Seine, à son embouchure, d'après une ligne partant du cap du Hode, au Nord, et aboutissant, au Sud, à un point en aval de Berville, **n'a pas étendu le domaine maritime au delà de ses limites naturelles** *par rapport à l'embouchure de la Seine ;*

Que, relativement à la délimitation latérale du rivage de la mer dans la baie, le Conseil d'Etat statue en ces termes :

Considérant que le décret du 9 juin 1877 a fixé la limite du rivage de la mer, dans la partie Nord et la partie Sud de la baie, en aval de la délimitation transversale fixée par le décret précédent (du 24 février 1869) d'après la ligne atteinte par le flot dans la marée du 30 mars 1873, conformément au tracé fait sur les lieux par une commission instituée à cet effet ; mais, considérant qu'il résulte de l'instruction, et notamment de la vérification faite par la commission instituée par la décision du 22 juillet 1881, que la marée observée en mars 1873, qui a servi de base à la délimitation attaquée aujourd'hui par les riverains, a été influencée par des circonstances météorologiques exceptionnelles sans lesquelles le flot n'aurait pas atteint la hauteur où il est parvenu ; que les requérants sont fondés à se prévaloir de cette circonstance pour demander l'annulation de la délimitation intervenue, laquelle a pu avoir pour effet de comprendre dans le rivage de la mer, même dans la partie Sud, des terrains qui ne sont pas habituellement couverts par le grand flot de mars dans le sens de l'article 1er, titre VII, du livre IV de l'Ordonnance d'août 1681 sur la marine ;

Attendu qu'à la suite de cet arrêt, de Bois-Hébert, qui y était partie, a revendiqué contre l'Etat la propriété d'un marais et de ses dépendances alluvionnaires, situé commune de Rogerville, et borné, au Sud, par le courant ou chenal de la Seine ;

Que l'Etat, en réponse, a contesté le bien fondé de cette action, en ce qui concerne, d'abord, les parties de terrains, couvertes périodiquement par le grand flot de mars, qui devraient être considérées comme dépendances du rivage de la mer, et, ensuite, les parties de ces mêmes terrains constituant, d'après lui, les lais et relais dont la mer se serait définitivement retirée, mais qui seraient possédés depuis moins de trente ans par de Bois-Hébert ;

Qu'en ce qui concerne les parties de terrains situés au Sud du canal de Tancarville, en construction, parties qui seraient encore actuellement couvertes par le grand flot de mars, l'Etat demandait qu'il fût sursis à statuer jusqu'à ce qu'un nouveau décret, remplaçant le décret annulé du 9 juin 1877, ait fixé latéralement les limites du rivage dans la baie, en aval du cap du Hode ;

Attendu que, devant le Tribunal, de Bois-Hébert, prétendant qu'en supposant même, par hypothèse, qu'il s'agisse, dans l'espèce, de terrains dépendant du rivage de la mer, il aurait néanmoins acquis des droits sur ces terrains, en vertu d'actes de concession antérieurs à l'Ordonnance de Moulins, a conclu au rejet de la demande de sursis présentée par l'Etat ;

Attendu que le Tribunal, tout en repoussant la prétention de de Bois-Hébert relativement aux actes de concession par lui invoqués, a décidé qu'il n'y avait pas lieu, en l'état actuel de la cause, d'admettre la demande de sursis, et que, de plus, statuant au fond, il a jugé qu'effectivement les terrains revendiqués ont toujours fait partie du rivage de la mer, ou qu'ils en sont des lais et relais ; que le grand flot de mars couvre les terrains situés au Sud du canal de Tancarville ; qu'il couvrait même, avant la construction du canal, une grande partie des terrains situés au Nord et que, si une faible partie de ces derniers terrains peuvent être considérés comme lais et relais, c'est aux riverains à établir qu'ils les ont possédés en cet état pendant le temps voulu pour prescrire ;

Qu'en même temps, le Tribunal repousse la demande en restitution des fruits, formée par l'Etat à partir de 1869, date du décret de délimitation transversale ;

Attendu que de Bois-Hébert a interjeté appel, etc...

(Voir la suite de l'arrêt rendu dans l'instance Bobée, du 5me alinéa de la page 210, jusques et y compris le 4me alinéa de la page 213).

Par ces motifs :

La Cour, parties ouïes, et M. l'Avocat Général entendu, sans s'arrêter ni avoir égard aux conclusions de l'appelant tendant à voir dire et juger qu'il avait des droits acquis sur les terrains en litige en vertu d'actes de concessions antérieurs à l'Ordonnance de Moulins de 1566, lesquelles doivent être d'ores et déjà, en tant que de besoin, rejetées comme mal fondées;

Dit et juge que, pour la solution des difficultés pendantes entre les parties devant la Cour, il y a lieu de déterminer la limite du rivage de la mer, au droit des terrains contestés, entre de Bois-Hébert et l'Etat ;

Dit qu'il n'appartient pas à l'autorité judiciaire de fixer cette limite ;

Surseoit, en conséquence, à statuer sur le fond, et renvoie les parties à se pourvoir, au préalable, devant l'autorité compétente ;

Leur accorde, pour faire procéder à la délimitation dont est cas, dans les formes spéciales tracées par le décret du 21 février 1852, un délai de dix mois, passé lequel il sera fait droit ;

Réserve à statuer sur les dépens, en même temps que sur le fond.

Instance Pinguet

Arrêt sur le fond, du 29 juillet 1885.

Attendu que les limites entre la mer et la Seine, à l'embouchure du fleuve, ont été déterminées, conformément aux prescriptions de l'article 2 du décret du 21 février 1852, par un décret du chef de l'État rendu sous forme de règlement d'administration publique, tous les droits des tiers réservés, le 24 février 1869 ;

Que les limites de la mer, dans la baie de Seine, ont été fixées par décret du Président de la République, en date du 9 juin 1877, rendu également sous forme de règlement d'administration publique, tous les droits des tiers réservés;

Qu'à la suite de cette délimitation, l'Etat a pris possession des terrains qui s'y trouvaient compris sur la rive Nord ;

Que, dans ces circonstances, un certain nombre de riverains ont demandé au Conseil d'Etat l'annulation, pour excès de pouvoir, des décrets de délimitation intervenus ;

Que, devant le Conseil d'État, la prétention des riverains était que les terrains compris par le décret du 9 juin 1877 dans le domaine public de l'Etat, comme faisant partie du rivage maritime, étaient en rive de Seine ; que, d'autre part, n'étant pas couverts par les eaux du fleuve coulant à pleins bords avant tout débordement, ces terrains leur appartenaient en qualité de riverains de la Seine, à titre d'alluvions fluviales ;

Que l'administration soutenait, au contraire, que les terrains dont il s'agissait étaient bordés par la mer ; qu'ils étaient couverts par le grand flot de mars ; que, par suite, par application de l'Ordonnance d'août 1681 sur la marine, ils faisaient partie du rivage maritime et, par conséquent, du domaine public de l'Etat (D. P. 83. 3. 7) ;

Attendu que, statuant sur ces prétentions respectives, le Conseil d'Etat a, par arrêt du 10 mars 1882, annulé le décret du 9 juin 1877 portant délimitation du rivage de la mer dans la partie Nord et la partie Sud de la baie de Seine, en aval de la délimitation transversale fixée par le décret du 24 février 1869, et rejeté le surplus du pourvoi des riverains (D. P. 83. 3. 73) ;

Qu'en ce qui touche la délimitation transversale de la mer et de la Seine, à son embouchure, le Conseil prononce ainsi qu'il suit :

Considérant qu'il résulte de l'instruction que le décret du 24 février 1869, en fixant la délimitation transversale de la mer et de la Seine, à son embouchure, d'après une ligne partant du cap du Hode, au Nord, et aboutissant, au Sud, à un point en aval de Berville, **n'a pas étendu le domaine maritime audelà de ses limites naturelles** *par rapport à l'embouchure de la Seine ;*

Que, relativement à la délimitation latérale du rivage de la mer dans la baie, le Conseil d'Etat statue en ces termes :

Considérant que le décret du 9 juin 1877 a fixé la limite du rivage de la mer dans la partie Nord et la partie Sud de la baie, en aval de la délimitation transversale fixée par le décret précédent (du 24 février 1869), d'après la ligne atteinte par le flot dans la marée du 30 mars 1873, conformément au tracé fait sur les lieux par une commission instituée à cet effet ; mais, considérant qu'il résulte de l'instruction, et, notamment, de la vérification faite par la commission instituée par la décision du 22 juillet 1881, que la marée observée en mars 1873, qui a servi de base à la délimitation attaquée aujourd'hui par les riverains, a été influencée par des circonstances météorologiques exceptionnelles sans lesquelles le flot n'aurait pas atteint la hauteur où il est parvenu ; que les requérants sont fondés à se prévaloir de cette circonstance pour demander l'annulation de la délimitation intervenue, laquelle a pu avoir pour effet de comprendre dans le rivage de la mer, même dans la partie Sud, des terrains qui ne sont pas habituellement couverts par le grand flot de mars dans le sens de l'art. 1er, titre VII, du livre IV de l'ordonnance d'août 1681 sur la marine ;

Attendu qu'à la suite de cet arrêt, les héritiers Pinguet, qui y étaient parties ont revendiqué contre l'Etat la propriété d'un marais et de ses dépendances alluvionnaires, situé commune de Rogerville et borné au Sud par le courant ou chenal de la Seine ;

Que l'Etat, en réponse, a contesté le bien fondé de cette action, en ce qui concerne, d'abord, les parties de terrains couvertes périodiquement par le grand flot de mars, qui devraient être considérées comme dépendances du rivage de la mer, et, ensuite, les parties de ces mêmes terrains constituant, d'après lui, les lais et relais dont la mer se serait définitivement retirée, mais qui seraient possédés depuis moins de trente ans par les héritiers Pinguet ;

Qu'en ce qui concerne les parties de terrains au sud du canal de Tancarville, en construction, parties qui seraient encore actuellement couvertes par le grand flot de mars, l'Etat demandait qu'il fût sursis à statuer jusqu'à ce qu'un nouveau décret, remplaçant le décret annulé du 9 juin 1877, ait fixé latéralement les limites du rivage dans la baie, en aval du cap du Hode ;

Attendu que, devant le Tribunal, les héritiers Pinguet prétendant qu'en supposant même, par hypothèse, qu'il s'agisse, dans l'espèce, de terrains dépendant du rivage de la mer, ils auraient néanmoins acquis des droits sur ces terrains en vertu d'actes de concession antérieurs à l'Ordonnance de Moulins, ont conclu au rejet de la demande de sursis présentée par l'Etat ;

Attendu que le Tribunal, tout en repoussant la prétention des héritiers Pinguet relativement aux actes de concession par eux invoqués, a décidé qu'il n'y avait pas lieu, en l'état actuel de la cause, d'admettre la demande de sursis, et que, de plus, statuant au fond, il a jugé qu'effectivement les terrains revendiqués ont toujours fait partie du rivage de la mer, ou qu'ils en sont des lais et relais ; que le grand flot de mars couvre les terrains situés au Sud du canal de Tancarville ; qu'il couvrait même, avant la construction du canal, une grande partie des terrains situés au Nord ; et que, si une faible partie de ces derniers terrains peuvent être considérés comme lais et relais, c'est aux riverains à établir qu'ils les ont possédés en cet état pendant le temps voulu pour prescrire ;

Qu'en même temps, le Tribunal repousse la demande en restitution de fruits, formée par l'Etat à partir de 1869, date du décret de délimitation transversale;

Attendu que les héritiers Pinguet ont interjeté appel, etc...

(Voir la suite de l'arrêt rendu dans l'instance Bobée, du 5me alinéa de la page 210, jusques et y compris le 4me alinéa de la page 213).

Par ces motifs :

La Cour, parties ouïes, et M. l'Avocat Général entendu, sans s'arrêter ni avoir égard aux conclusions des appelants, tendant à voir dire et juger qu'ils avaient des droits acquis sur les terrains en litige en vertu d'actes de concessions antérieurs à l'Ordonnance de Moulins de 1566, lesquelles doivent être d'ores et déjà, en tant que de besoin, rejetées comme mal fondées ;

Dit et juge que, pour la solution des difficultés pendantes entre les parties devant la Cour, il y a lieu de déterminer la limite du rivage de la mer, au droit des terrains contestés, entre les héritiers Pinguet et l'Etat ;

Dit qu'il n'appartient pas à l'autorité judiciaire de fixer cette limite ;

Surseoit, en conséquence, à statuer sur le fond, et renvoie les parties à se pourvoir, au préalable, devant l'autorité compétente ;

Leur accorde, pour faire procéder à la délimitation dont est cas, dans les formes spéciales tracées par le décret du 21 février 1852, un délai de dix mois, passé lequel il sera fait droit ;

Réserve à statuer sur les dépens, en même temps que sur le fond.

TABLE DES MATIÈRES

TABLE CHRONOLOGIQUE

Imprimerie du Journal LE HAVRE (L. MURER), 35, rue Fontenelle.

LE HAVRE

www.ingramcontent.com/pod-product-compliance
Ingram Content Group UK Ltd.
Pitfield, Milton Keynes, MK11 3LW, UK
UKHW020210250726
13967UKWH00003B/1376

9 782013 634205